核心素养视野下初中化学实验教学指导与案例解析

岳莉坤 著

河南大学出版社
HENAN UNIVERSITY PRESS
·郑州·

图书在版编目(CIP)数据

核心素养视野下初中化学实验教学指导与案例解析 / 岳莉坤著. -- 郑州：河南大学出版社，2024.6

ISBN 978-7-5649-5963-0

Ⅰ. G633.82

中国国家版本馆 CIP 数据核字第 20241ZB675 号

核心素养视野下初中化学实验教学指导与案例解析

HEXIN SUYANG SHIYE XIA CHUZHONG HUAXUE SHIYAN JIAOXUE ZHIDAO YU ANLI JIEXI

责任编辑 董庆超

责任校对 赵海霞

封面设计 马　龙

出　版 河南大学出版社

地址：郑州市郑东新区商务外环中华大厦 2401 号　邮编：450046

电话：0371-22821215　网址：hupress.henu.edu.cn

排　版 郑州市今日文教印制有限公司

印　刷 郑州市今日文教印制有限公司

版　次 2024 年 6 月第 1 版　**印　次** 2024 年 6 月第 1 次印刷

开　本 787 mm×1092 mm　1/16　**印　张** 17.75

字　数 390 千字　**定　价** 52.00 元

序　言

实验是学习化学理论知识的重要方法和手段，也是九年级化学教学的重要组成部分，它能促使学生更有效地理解所学的化学知识，引导学生进行科学探究，培养学生运用科学方法解决实际问题的技能，提升实验探究和创新能力。因此，实验设计及其实施的质量，不仅是提升化学教学质量的重要维度和衡量课程改革成效的关键尺度，还是体现教师专业能力的重要标志，更是影响学生发展的核心因素。

正如我国著名无机化学家戴安邦先生所说："化学实验教学是全面实施化学教育的一种最有效的形式。"实验对于全面发展学生的化学学科核心素养有着极为重要的作用，可以说实验是化学学科的灵魂，是帮助学生认识化学的重要实践活动。现阶段教师对实验功能挖掘不够，课堂上单纯呈现实验操作和现象、用多媒体播放实验，甚至在黑板上讲实验的现象还普遍存在，且课堂上没有引导学生深入研究实验中的细节，更谈不上真正的实验探究教学了。这样的实验教学方式能否帮助学生建立化学基本观念？能否使学生习得实验技能经验？能否培养学生的正确科学实验观？随着教育内涵的不断丰富和很多深层次问题的显现，如何通过化学实验教学与实验探究有效培养学生化学实验能力、提升学生化学素养，是很多教师关注的问题。

核心素养视野下的初中化学实验教学强调实验的独特教学功能，强调精心设计实验探究活动，强调科学有效地开展实验探究教学。有效开展实验教学的前提是提升教师专业能力，挖掘实验功能，改进实验教学策略。

本书基于核心素养对九年级化学实验探究活动进行剖析，首次将实验按照其承载的功能进行分类，分为物质的性质和应用类，化学反应和规律类，物质的组成和结构类，物质分离、检验和制备类等类型，分类整理实验将实验教学的有效性与实验功能的挖掘相关联，对每一个实验所承载的知识、方法、能力及核心素养等方面的功能进行了细致的梳理，以人教版教科书为主，对比北京版、科粤版、科普版、鲁教版、沪教版等不同版本教科书（各版本教科书主要以 2023 年的印次为准）中该实验的呈现形式，提炼出挖掘化学实验功能的角度和方法;此外还总结了不同类型实验的教学策略,如保证实验成功的操作要点、发展学生高阶思维的方法、安全环保节约的策略、实验方案的改进等,形成遴选、整理、呈现、应用的基本教学范式,结合演示实验、学生实验的内容进行教学改进,并创新基础演示实验、学生实验的模型,以典型案例的形式供教师参考。

本书的典型案例注重发挥实验在探究问题、培养化学观念、发展化学学科核心素养等方面的作用,提倡通过实验观察发现问题、通过实验探究解决问题、在探究过程中养成科学的态度和方法,在“用科学”“做科学”的探究实践活动中逐步培养学生的科学素养,为学生更好地适应未来社会发展奠定基础。

教师要充分发挥实验自身的价值,同时更要将实验教学与课堂有效融合,这样才能将实验的价值和功能充分发挥出来。本书呈现了九年级化学教科书中实验探究活动的功能和教学策略,以及典型实验的教学案例,以期为广大化学教师提供挖掘实验功能的角度和方法,使教师形成对实验正确而全面的认识,让教师认识到实验是学习化学的重要途径,从而转变教师的实验观念。本书中提炼的不同类型实验的教学策略和教学范式,可为初中化学教师在进行相关实验教学实践或研究时提供有价值的参考,有助于转变教师的实验观念,促进化学实验在教学中有效实施,提升化学课堂教学效率。

探索无止境!本书针对当前初中化学实验教学中存在的问题,试图提供有效的教学策略和教学案例,为实际教学活动提供借鉴,提升学生的实验能力和化学学科核心素养。

目　录

上篇　功能探析与教学策略

下篇　实验教学典型案例及其评析

上篇

功能探析与教学策略

第一章　物质的性质和应用类实验功能探析与教学策略

研究物质的性质通常使用观察、实验、分类以及比较等方法，其中实验法是应用其他方法的基础。化学物质性质实验是学习化学基本概念和掌握化学基本理论的根本手段，亦是化学课程内容的重要组成部分，它承载着全面形成化学课程核心素养的功能。学生通过实验探究物质的性质，建立“物质的性质决定用途”“通过物质类别认识物质性质”“在一定条件下可以实现物质转化”等化学观念；同时，也发展了证据推理、模型建构、探究实践以及应用物质性质解决实际问题的能力，并能增强合理使用化学品、保护和节约资源的可持续发展意识与社会责任。在物质的性质实验教学中，教师主要采用启发式、探究式的教学方法，学生在学习活动中分析图文、进行预测、设计实验方案、动手操作实验、总结实验，从而建构探究物质性质与应用的认知模型，深化学科思维，提高化学课程核心素养。

第1节　氧气的性质

一、实验的基本情况及不同版本教科书呈现

【实验名称】

氧气使带火星的木条复燃实验，硫、木炭、铁丝的燃烧实验。

【实验目的】

(1) 通过观察实验获得对氧气化学性质的认识，知道氧气具有助燃性。

(2) 初步学习观察物质燃烧现象的方法，对比物质在空气中和在氧气中燃烧现象的不同并分析原因。

【实验原理】

(1) 硫＋氧气$\xrightarrow{\text{点燃}}$二氧化硫；

(2) 木炭＋氧气$\xrightarrow{\text{点燃}}$二氧化碳；

(3) 铁＋氧气$\xrightarrow{\text{点燃}}$四氧化三铁。

【实验用品】

集气瓶、玻璃片、火柴、酒精灯、小木条、氧气、燃烧匙、药匙、硫、水、坩埚钳、镊子、木炭、细铁丝、砂纸。

【实验步骤】

（1）氧气使带火星的木条复燃实验：把带火星的木条伸到盛有氧气的集气瓶中，观察木条是否复燃。

（2）硫燃烧实验：在燃烧匙里放少量硫，加热，直到发生燃烧，观察硫在空气中燃烧的现象。然后，把盛有燃着硫的燃烧匙伸进充满氧气的集气瓶里，再观察硫在氧气中燃烧的现象。比较硫在空气中和在氧气中燃烧的现象有什么不同。

（3）木炭燃烧实验：用坩埚钳夹取一小块木炭，在酒精灯上加热，直到发生燃烧，观察木炭在空气中燃烧的现象。然后，把燃着的木炭由瓶口向下缓慢插入充满氧气的集气瓶里，再观察木炭在氧气中燃烧的现象。比较木炭在空气中和在氧气中燃烧的现象有什么不同。

（4）铁丝燃烧实验：选两根光亮的细铁丝，把铁丝盘成螺旋状，取一根在酒精灯上烧至红热，观察现象；另取一根，在下端系一根火柴，点燃火柴，待火柴快燃尽时，插入盛有氧气的集气瓶中（瓶中预先加适量的水或细沙），观察现象。

【实验现象】

（1）氧气使带火星的木条复燃实验：带火星的木条复燃。

（2）硫燃烧实验：硫在空气中燃烧时发出微弱的淡蓝色火焰，放热，生成无色有刺激性气味的气体；硫在氧气中燃烧时发出明亮的蓝紫色火焰，放热，生成无色有刺激性气味的气体。

（3）木炭燃烧实验：木炭在空气中燃烧时发出红光，放热；木炭在氧气中燃烧时发出白光，放热。

（4）铁丝燃烧实验：铁丝在空气中发生红热现象，不能燃烧；铁丝在氧气中剧烈燃烧，火星四射，放出大量热，生成黑色固体。

【实验结论】

（1）氧气的化学性质比较活泼，能支持燃烧，具有助燃性。

（2）物质在空气中燃烧，实际上是与其中的氧气发生反应。由于空气中的氧气含量相对较少，因此在空气中燃烧不如在氧气中燃烧剧烈。

【不同版本教科书呈现】

各版本教科书都选用了木炭、铁丝作为实验用品，大多数版本教科书还选用了蜡烛，科普版则和人教版一致，选用了硫。通过观察实验获得对氧气化学性质的认识，比较物质在空气中和在氧气中燃烧现象的不同并分析原因。

在鲁教版教科书中，通过对木炭、铁丝、蜡烛在空气中和在氧气中燃烧现象的观察，探究氧气的化学性质。

在科粤版教科书中，通过对木炭、铁丝、蜡烛在空气中和在氧气中燃烧现象的观察，探究氧气的化学性质。

在北京版教科书中，通过对蜡烛、木炭、铁丝在空气中和在氧气中燃烧现象的观察，探究氧气的化学性质。

在沪教版教科书中，通过对木炭、蜡烛、铁丝在空气中和在氧气中燃烧现象的观察，探究氧气的化学性质。

在科普版教科书中，通过对木炭、硫、铁丝在空气中和在氧气中燃烧现象的观察，探究氧气的化学性质。

二、功能探析

该实验在教育教学上的功能如下图所示：

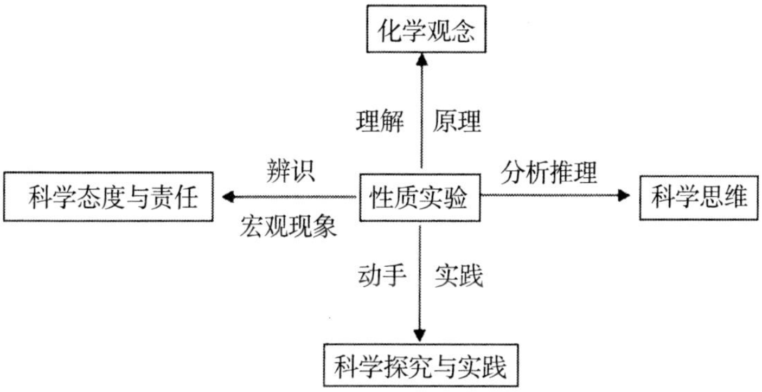

1. 培养科学态度与责任感

通过引导学生准确、系统地观察硫、木炭、铁丝、蜡烛等物质的燃烧现象（光或火焰、放热、生成物的特征等），帮助学生发展对物质世界的好奇心、想象力和探究欲，使其保持对化学学习和科学探究的浓厚兴趣。

2. 发展科学思维

基于所记录的实验现象，运用对比、分析、归纳等方法进行证据推理，可以得出以下结论：氧气具有助燃性，且化学性质比较活泼，物质燃烧的剧烈程度与氧气的浓度有关。物质在氧气中燃烧实验可作为反应物浓度会影响反应现象、反应速率的实例，从而发展学生的科学思维。

3. 建构化学观念

整个实验过程中要注意引导学生关注物质的变化，知道化学变化有新物质产生，且伴随着能量变化，逐步建构起“在一定条件下通过化学反应可以实现物质转化”的变化观。通过书写相关反应的文字表达式，为后面学习反应的化学方程式打下基础，并为建构化合反应的概念、初步认识氧化反应提供实例。通过分析得出物质在空气中燃烧，实际上是与其中的氧气发生反应的结论，从而进一步深化对已学概念“混合物”和“纯净物”的理解。

4. 提升科学探究与实践能力

可以对实验进一步开发，提炼出一些可供学生开展实验探究的问题，让学生亲自动手实践，经历实验探究过程，从而提高其科学探究能力。

三、教学策略

1. 保证实验成功的策略

本系列实验需要事先收集多瓶氧气，工作量大，可提前用氧气袋收集氧气备用。

(1) 氧气使带火星的木条复燃实验

本实验选择带火星的木条，不建议通过对比燃着的木条分别在空气中和在氧气中的燃烧现象说明氧气具有助燃性。因为燃烧的剧烈程度还与木条伸入瓶中的速度、位置、倾斜的程度、初始燃烧情况等许多因素有关。

(2) 木炭燃烧实验

这项实验可以增加对燃烧产物的探究，使研究内容更加全面。可以将燃着的木炭分别缓慢伸入充满空气和氧气的集气瓶中燃烧(目的是使木炭与空气或氧气充分接触)，燃烧结束后向两个集气瓶中倒入少量且等量的澄清石灰水并振荡。

(3) 硫燃烧实验

二氧化硫有毒，要让学生感知到二氧化硫的气味，初步学会“扇闻”感知气体气味的方法。建议本实验由教师演示，并在通风橱内进行。向集气瓶中倒入吸收二氧化硫效果更好的氢氧化钠溶液。燃烧匙应选用浅匙，既可以减少硫的用量，进而减少二氧化硫的产生量，又不影响对实验现象的观察。若燃烧匙为深匙，可在其底部平铺一层石棉绒，既能防止加热时铜与硫直接接触而损坏燃烧匙，也能使之接近使用浅匙的实验效果。

(4) 铁燃烧实验

选用两根光亮的铁丝，若铁丝表面有铁锈，需要先打磨。铁丝燃烧的剧烈程度与铁丝的粗细有关，直径为 0.3～0.4 mm 的铁丝较为合适。要把铁丝盘成螺旋状，以增大反应时与氧气的接触面积及铁丝的受热面积。其中一根铁丝下端系一根火柴，点燃火柴，待火柴快燃尽时，插入盛有氧气的集气瓶中(瓶中预先加适量水或细沙，防止高温熔化物溅落炸裂集气瓶底)，避免火柴燃烧消耗过多氧气。也可以用酒精代替火柴来引燃铁丝，因为酒精易燃，且燃烧的生成物不会干扰实验现象。

2. 实验优化策略

(1) 实验一体化

可以设计持续供氧的一体化装置①，使物质在氧气中的燃烧时间更长，实验现象更加明显。持续供氧的一体化装置如图 1-1。

---

① 任和林，周建国，姚志红. 初中化学探究性实验教学的实践与研究——以“物质在氧气中燃烧”为例[J]. 中小学实验与装备，2021，31(02)：8-10.

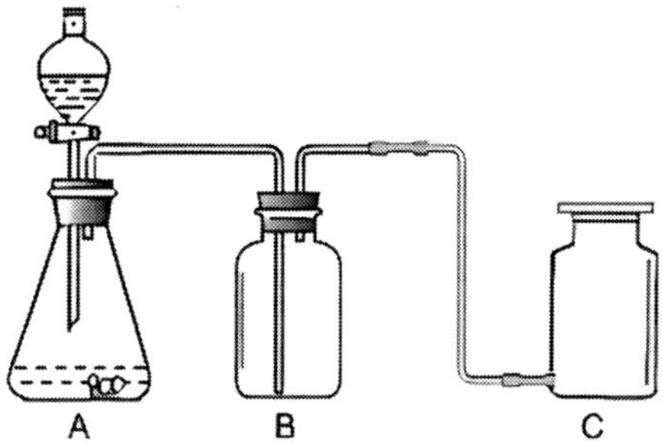

图 1-1 持续供氧的一体化装置

A 处利用分液漏斗来控制过氧化氢溶液生成氧气的速率;B 处集气瓶中加入适量水,通过瓶中产生气泡的快慢来监测生成氧气的速率;C 处打孔的集气瓶既是收集氧气的容器,也是物质燃烧的容器,因氧气不断通入,物质持续燃烧,直至烧尽,现象非常明显。

(2) 实验探究化

在原硫燃烧实验的基础上,进一步细化实验,探究在不同浓度的氧气中,物质燃烧剧烈程度的不同。可选用几个 250 mL 容积的集气瓶,分别盛放不同体积的水,用排水法收集不同浓度的氧气。收集装置如图 1-2。

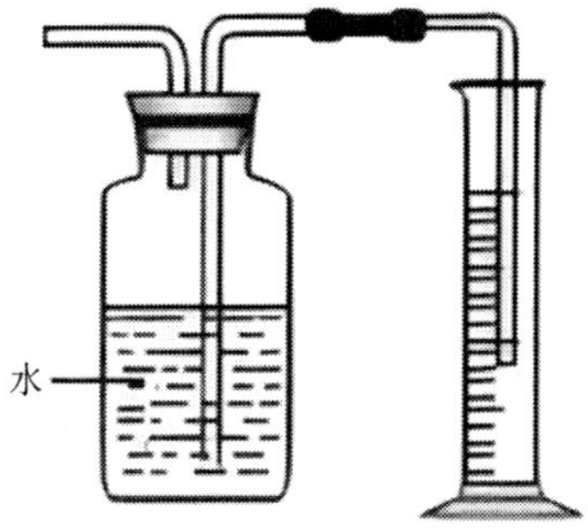

图 1-2 排水法收集氧气

分别观察硫在不同浓度的氧气中燃烧的现象。

(3) 实验数字化

选用图 1-3 装置,利用硫的燃烧测定空气中氧气含量。在烧杯中加入 20% 的氢氧化钠溶液,硫停止燃烧后打开弹簧夹即可。在该实验过程中也可以借助数字化传感器进行更为精准、全面的数据采集。

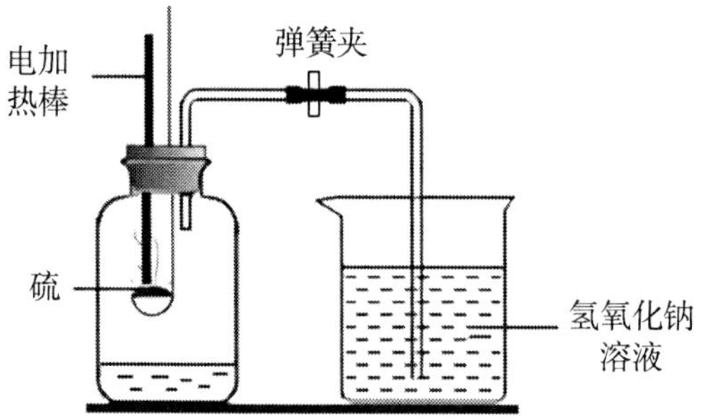

图 1-3　测定空气中氧气含量

(4) 实验微型化

可以设计如图 1-4 所示微型化装置，这种装置可以减少药品的使用量，减轻对环境的污染。用气卿(能不断鼓入空气的装置)不断地向弯型具支试管中鼓入空气，同时用酒精灯把硫粉加热至燃烧，移去酒精灯，可观察到硫在空气中燃烧的现象；然后，停止鼓入空气，再用酒精灯给高锰酸钾加热，使硫在氧气中燃烧，观察现象。

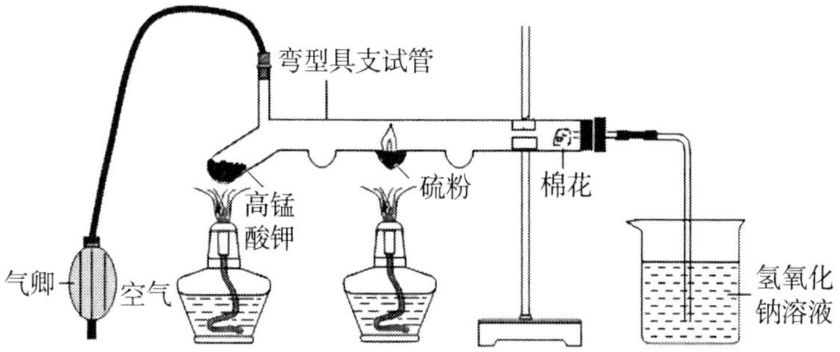

图 1-4　硫燃烧

第 2 节　二氧化碳的性质

一、实验的基本情况及不同版本教科书呈现

【实验名称】

倾倒二氧化碳实验、二氧化碳的溶解性实验、二氧化碳与水的反应实验、二氧化碳与澄清石灰水的反应实验。

【实验目的】

(1) 通过观察实验获得对二氧化碳的颜色、状态、气味、密度(与空气比较)、是否支持燃烧、溶解性，以及二氧化碳与澄清石灰水反应的认识，引导学生观察、分析实验现象，培养学生观察、分析、表述及归纳概括的能力。

(2) 通过实验探究二氧化碳与水反应，引导学生学会猜想、设计对比实验、探究、推理、判断，最终得出结论，经历科学探究的基本过程，培养学生的科学思维和探究能力。

【实验原理】

(1) $CO_2+H_2O=H_2CO_3$；

(2) $H_2CO_3=H_2O+CO_2\uparrow$；

(3) $CaCO_3+2HCl=CaCl_2+H_2O+CO_2\uparrow$；

(4) $CO_2+Ca(OH)_2=CaCO_3\downarrow+H_2O$。

【实验用品】

集气瓶、玻璃片、两支蜡烛、大烧杯、阶梯支架、酒精灯、火柴、小木条、二氧化碳、软塑料瓶、烧杯、水、分别装有水和稀醋酸的喷壶各一个、用石蕊溶液染成紫色的干燥纸花、试管、玻璃导管、胶皮管、单孔橡胶塞、铁架台(带铁夹)、大理石、稀盐酸、澄清石灰水。

【实验步骤】

(1) 倾倒二氧化碳实验：展示一瓶二氧化碳，让学生观察其颜色、状态，闻气味，再将二氧化碳气体慢慢倒入烧杯中(如图 1-5)，观察现象并分析。

图 1-5　倾倒二氧化碳

(2) 二氧化碳的溶解性实验：如图 1-6，向一个收集满二氧化碳气体的质地较软的塑料瓶中加入约 1/3 体积的水，立即旋紧瓶盖，振荡，观察并分析现象。

(3) 二氧化碳与水的反应实验：如图 1-7，取三朵用石蕊溶液染成紫色的干燥纸花。把第一朵纸花喷上水，把第二朵纸花直接放入盛满二氧化碳的集气瓶中，把第三朵纸花喷上水后，再放入盛满二氧化碳的集气瓶中，观察三朵纸花的颜色变化。然后将第三朵纸花取出，小心地用吹风机烘干，观察现象。

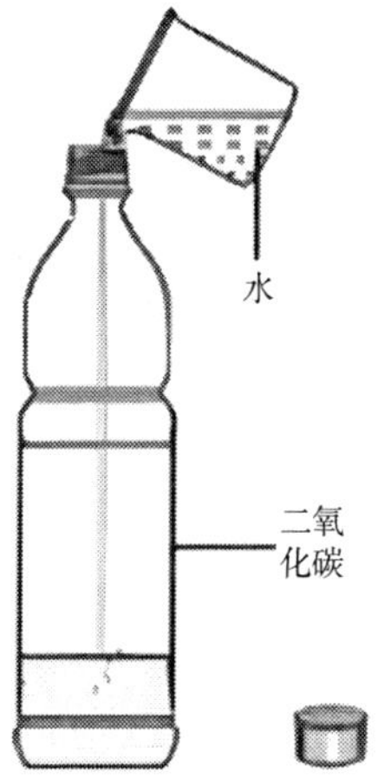

图 1-6　二氧化碳的溶解性实验

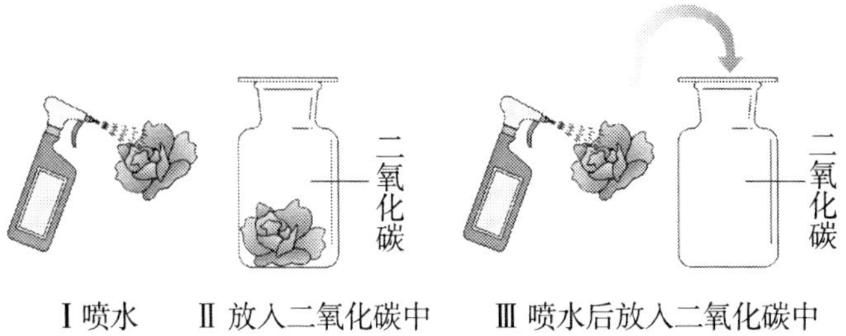

图 1-7　二氧化碳与水的反应

(4) 二氧化碳与澄清石灰水的反应实验：如图 1-8，取适量大理石和稀盐酸放入试管中，将产生的二氧化碳通入澄清石灰水中，观察现象。

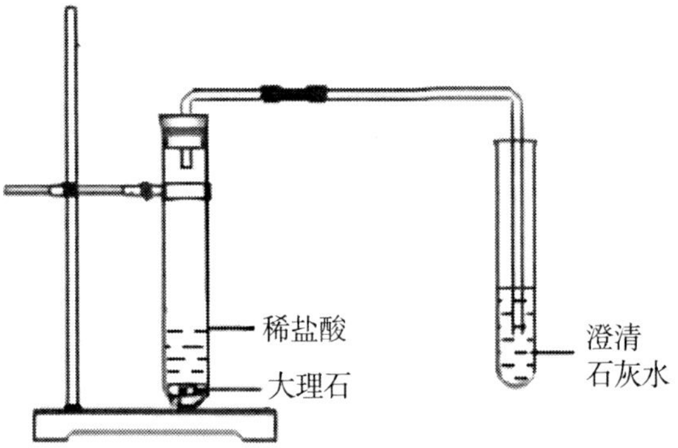

图 1-8　二氧化碳与澄清石灰水的反应

【实验现象】

(1) 倾倒二氧化碳实验：二氧化碳常温下为气体，无色，无味。倾倒二氧化碳，观察到两支蜡烛自下而上依次熄灭。

(2) 二氧化碳的溶解性实验：塑料瓶变瘪。

(3) 二氧化碳与水的反应实验：第一朵纸花由紫变红，第二朵纸花不变色，第三朵纸花由紫变红；烘干第三朵花，纸花由红变紫。

(4) 二氧化碳与澄清石灰水的反应实验：澄清石灰水变浑浊。

【实验结论】

(1) 倾倒二氧化碳实验：二氧化碳常温下为无色、无味的气体，密度比空气的密度大，不支持燃烧，也不可燃烧。

(2) 二氧化碳的溶解性实验：二氧化碳能溶于水。

(3) 二氧化碳与水的反应实验：二氧化碳能与水反应生成酸性物质。

(4) 二氧化碳与澄清石灰水的反应实验：二氧化碳能与澄清石灰水反应生成难溶于水的物质。

【不同版本教科书呈现】

各版本教科书均借助一系列实验，引导学生观察、分析实验现象，培养学生观察、分析、表述及归纳概括的能力，从而逐步形成对二氧化碳性质的全面认识。下列版本教科书中，探究二氧化碳是否与水反应的实验均较为简单，未像人教版教科书中设置严密的对照。

在鲁教版教科书中，本实验活动先利用如图 1-9 装置制取与收集二氧化碳，再利用制取的二氧化碳验证二氧化碳的性质。实验步骤如下：

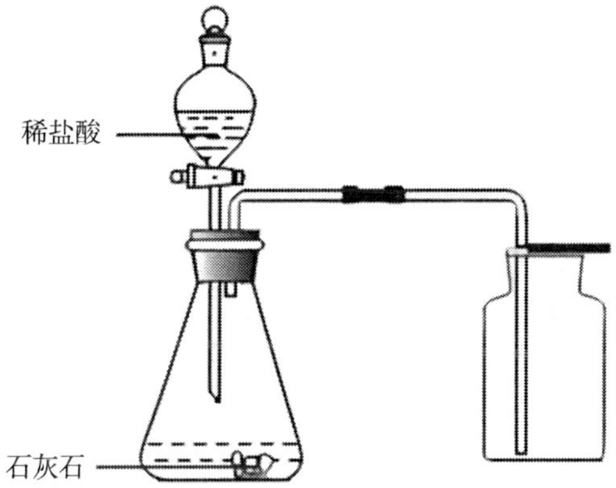

图 1-9　制取与收集二氧化碳

(1) 在托盘天平两边各放一只 250 mL 的烧杯，调节天平至平衡。然后向其中一只烧杯中慢慢倾倒集气瓶中的二氧化碳气体。

(2) 向盛有二氧化碳的塑料瓶 A 中加入适量的蒸馏水，迅速拧紧瓶盖，振荡，观察现象。

(3) 向上述盛有二氧化碳水溶液的塑料瓶 A 中滴入 1～2 滴紫色石蕊试液，拧紧瓶盖，振荡，观察现象。

(4) 向盛有二氧化碳的塑料瓶 B 中倒入适量的澄清石灰水，振荡，观察现象。

在科粤版教科书中，该实验主要由以下内容构成：

(1) 如图 1-10，在大烧杯中放置一个铁皮架，架上固定两支点燃的蜡烛，通过喇叭形纸筒将一瓶二氧化碳向烧杯中倾倒。

(2) 向集满二氧化碳的软质塑料瓶里注入约 1/3 瓶蒸馏水，立即旋紧瓶盖，充分振荡，观察现象。将瓶内液体倒数毫升至试管中，滴紫色石蕊溶液，振荡，有什么现象？再将上述试管加热，又有什么现象？

(3) 取一支盛有澄清石灰水的试管，通过较长玻璃管，往石灰水里吹一会儿气，有什么现象？

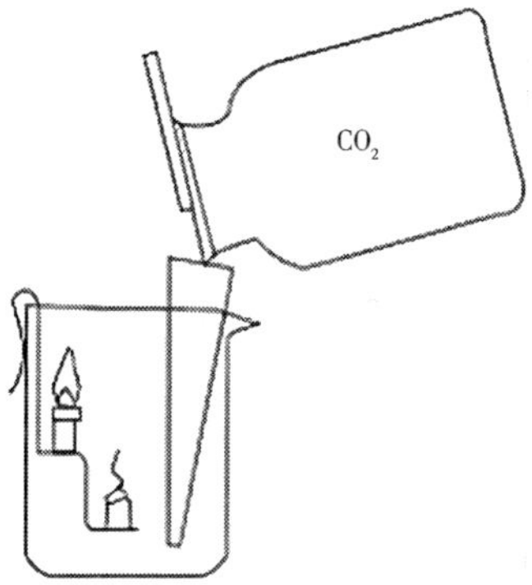

图 1-10　倾倒二氧化碳灭火

在北京版教科书中，该实验主要由以下内容构成：

(1) 如图 1-11,在自制杠杆天平两端挂上大小和质量相同的纸盒,调节天平至平衡。将集气瓶中的二氧化碳像倒水一样倒入其中的一个纸盒。

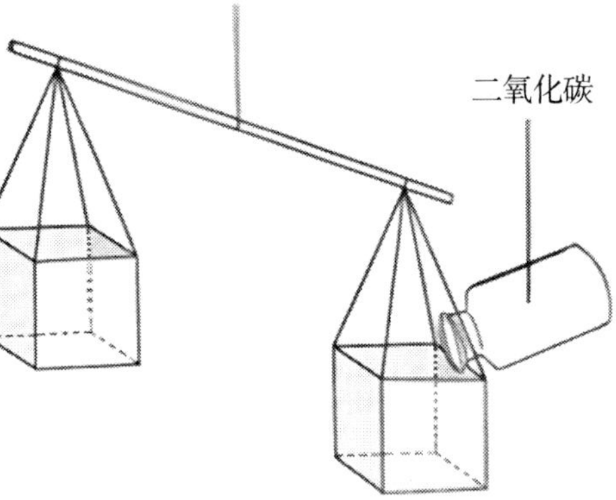

图 1-11　二氧化碳与空气密度比较

(2) 向充满二氧化碳的塑料瓶里迅速倒入半瓶水,旋紧瓶盖(不能漏气),充分振荡塑料瓶。

(3) 取一支试管,向其中倒入半试管上一个探究活动中塑料瓶中的液体,再滴加几滴石蕊溶液,稍振荡。然后分出一半倒入另一支试管中。对其中一支试管稍稍进行加热,对比观察现象。

(4) 在烧杯中放置一高一低的两支燃着的蜡烛,将集气瓶中的二氧化碳倒入烧杯中。

在沪教版教科书中,该实验主要由以下内容构成:

(1) 如图 1-12,打开一个汽水瓶的盖子,塞上带导管的橡皮塞(注意导管口不能插入汽水中),另一端伸入装有滴加了紫色石蕊试液的蒸馏水的试管中,轻轻振荡汽水瓶,观察实验现象。

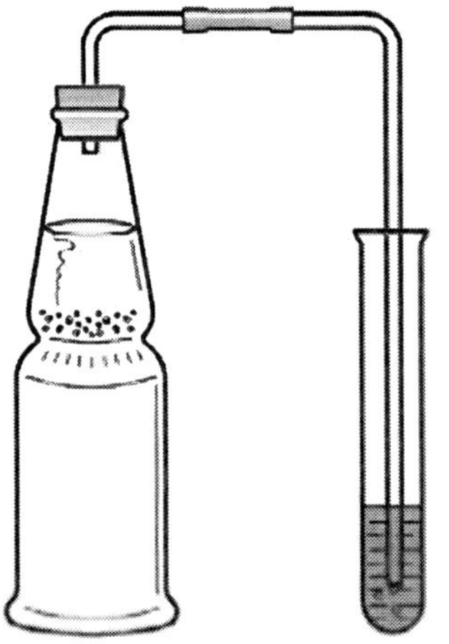

图 1-12　将汽水中的二氧化碳通入含石蕊试液的水中

加热含石蕊的碳酸溶液(如图 1-13),观察现象。

图 1-13　加热含石蕊的碳酸溶液

(2) 制取一瓶二氧化碳,将二氧化碳气体慢慢倒入放有燃着的蜡烛的烧杯中,观察现象。

(3) 将二氧化碳气体通入盛有少量澄清石灰水的试管中。

在科普版教科书中,该实验主要位于“专题 4　燃烧与燃料”的“单元 2　碳及其化合物”和“学生实验 4　二氧化碳的实验室制取与性质”。该实验主要由以下内容构成:

(1) 将燃着的小木条插入盛满二氧化碳的集气瓶中,观察现象。

(2) 点燃两支短蜡烛,分别放在烧杯中一高一低的两个“阶梯”上,沿烧杯内壁缓慢倾倒二氧化碳气体,仔细观察有什么现象发生。

(3) 如图 1-14,取两支试管,在试管 A 中加入 2 mL 蒸馏水,滴入 2 滴紫色石蕊试液。在试管 B 中加入几小块大理石(或石灰石),再加入一定量的稀盐酸,迅速塞上带导管的橡胶塞,并将导气管伸入试管 A 中。一段时间后,观察试管 A 中液体颜色的变化。

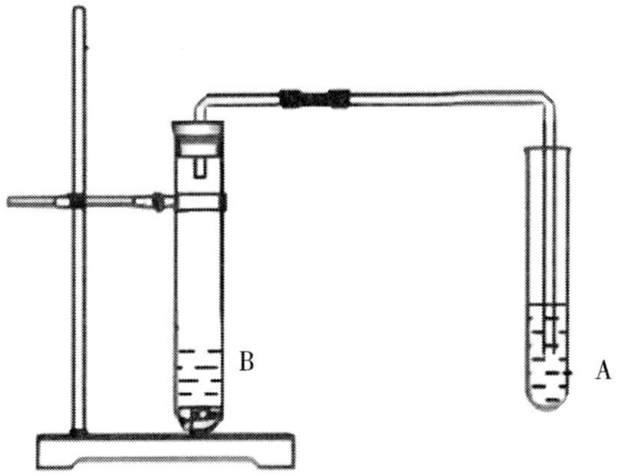

图 1-14　将产生的二氧化碳通入紫色石蕊溶液中

(4) 加热试管 A,使试管 A 中的液体沸腾,观察液体的颜色是否有变化。

(5) 在另一支试管中加入少量的澄清石灰水并通入 CO_2。

二、功能探析

通过对二氧化碳性质的一系列实验探究活动,帮助学生建构实验探究模型。模型见如下框图:

猜想与假设 → 设计实验 → 进行实验 → 收集证据 → 解释与结论

学生在实验中体验科学探究的一般过程和方法,在此过程中运用比较、分析等科学方法,基于实验事实进行证据推理,推测、归纳二氧化碳的性质,既发展了科学思维和科学探究能力,也有助于建立"物质性质决定用途"的化学观念。同时,妙趣横生的实验活动可以培养学生对物质世界的好奇心、想象力和探究欲,保持对化学学习和科学探究的浓厚兴趣。

三、教学策略

1. 保证实验成功的策略

倾倒二氧化碳实验:为了看到更明显的实验现象,二氧化碳的量要充足,集气瓶的容积比烧杯的容积要大一些,倾倒时可以用一个玻璃片进行遮挡,防止将二氧化碳直接倒在上层而使高处的蜡烛先熄灭,对学生造成实验干扰。

本实验得出的二氧化碳的性质可以及时与二氧化碳的用途——灭火联系,建构"物质性质决定用途"的化学观念。二氧化碳通常不支持燃烧,但可以支持镁条的燃烧,因此可以增加这个实验,完善学生的认知。

2. 实验优化策略

(1) 实验一体化

教科书中的实验虽然经典,但需要提前制备多瓶二氧化碳,比较浪费药品和时间,且需要完成多个实验,操作也较为复杂。因此,可以设计集制取二氧化碳和检验二氧化碳性质为一体的实验装置①。装置如图 1-15 所示。

---

① 张泽志,高霞,张颂平.二氧化碳性质实验的创新及微型化[J].河南教育学院学报(自然科学版),2017,26(02):58-60.

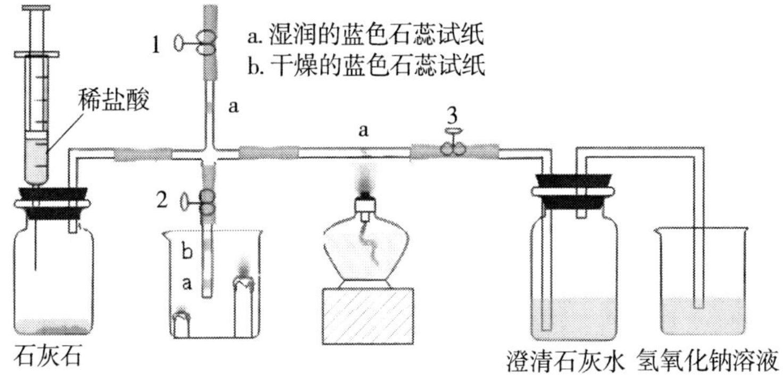

图 1-15　制取二氧化碳和检验二氧化碳的性质

(2) 实验微型化

可以设计如图 1-16 所示的微型化装置①,减少药品的使用量。

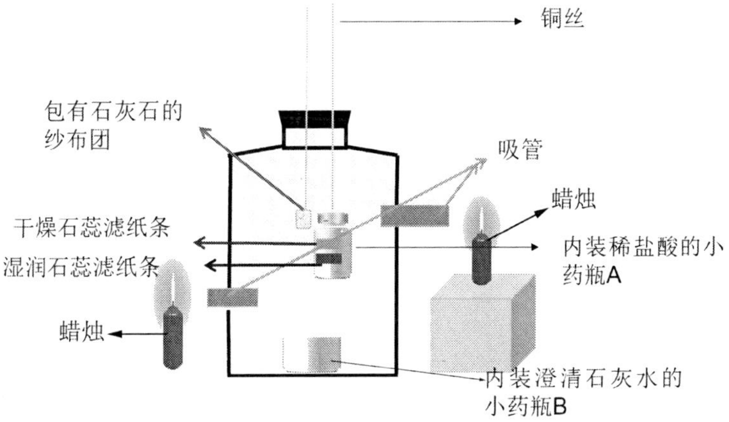

图 1-16　探究二氧化碳性质的微型化装置

(3) 实验探究化

通过创设真实而具有启发性的情境,设计驱动型问题,引导学生进行实验设计和探究,发展其科学探究与实践能力。

例 1:学习二氧化碳收集方法时,学生已了解到二氧化碳的密度比空气的密度大,可以引导学生设计实验进行验证(如图 1-17)。给学生提供必要的装置和药品,启发学生思考和讨论,设计实验方案,并完成实验。

① 第八届全国中小学实验教学说课活动,许紫炜.

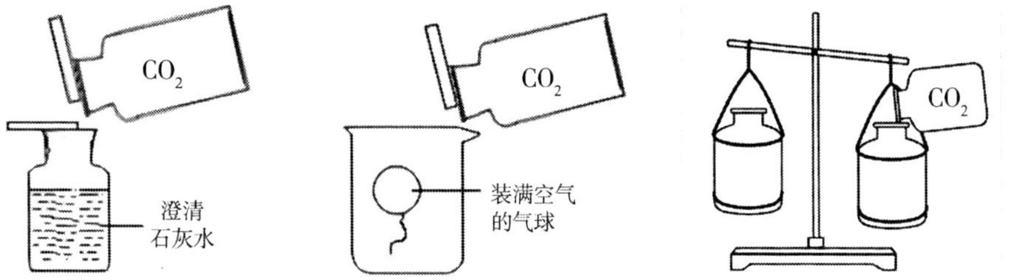

图 1-17 探究二氧化碳的密度比空气大

例 2:完成二氧化碳能溶于水的实验之后,可以从塑料瓶中倒出部分液体装入喷壶,喷到一朵紫色石蕊溶液染成的干燥纸花上,发现纸花变红,趁机抛出问题:哪种物质使紫色石蕊小花变红了?是二氧化碳、水,还是其他物质?然后组织学生思考和讨论,引导学生控制单一变量,设计对比实验,依据实验现象进行分析并得出结论。实验设计如图 1-18 所示。

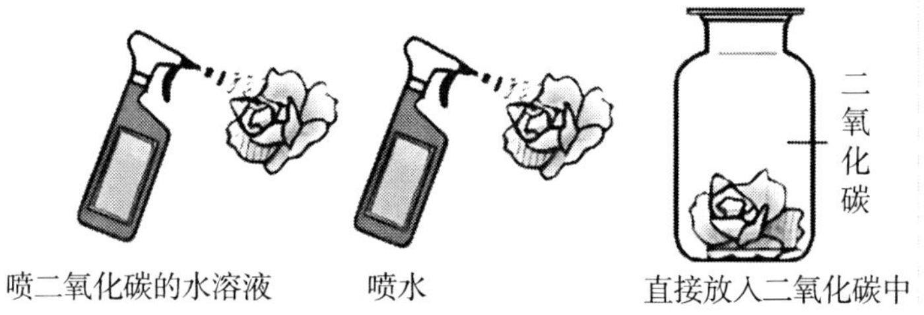

图 1-18 二氧化碳和水反应

完成上述实验后,可以得出是二氧化碳与水反应生成的新物质使小花变红,然后再结合资料“石蕊是一种色素,遇酸变成红色”,得出二氧化碳与水反应生成的新物质是酸的结论。

例 3:生活中为了使饮料的口感清凉,常常将二氧化碳通入水中,制得碳酸饮料。如何通过实验证明碳酸饮料中含有二氧化碳?可以借鉴沪教版教科书中的实验方案。

第 3 节 常见金属的物理性质和化学性质

一、实验的基本情况及不同版本教科书呈现

【实验名称】

常见金属的物理性质和化学性质。

【实验目的】

(1) 巩固和加深对金属性质的认识;

(2) 培养实验设计能力。

【实验用品】

试管、试管夹、酒精灯、坩埚钳、电池、导线、小灯泡、火柴、镁条、锌粒、铝片、铁片、铁粉、铜片、黄铜片(或白铜片)、银丝、稀盐酸、稀硫酸、硫酸铜溶液、硝酸银溶液、硫酸亚铁溶液。

【实验步骤】

(1) 金属的物理性质

① 观察并描述镁、铝、铁、铜的颜色和光泽。

② 采取相互刻划的方法,比较铜片和铝片、铜片和黄铜片(或白铜片)的硬度。

③ 请你设计并进行实验,证明金属具有导电性(或导热性、延展性)。

导电性:用两根导线分别连接电池的正极、负极,一端连接一个小灯泡,另一端连接一根金属丝,金属丝连接灯泡,观察。

导热性:手持金属的一端,在酒精灯火焰上烘烤另一端(注意时间不要太长,以免烫伤),感受金属的导热性。

延展性:用锤子敲打金属,观察其是否可以延伸而不易断裂。

(2) 金属的化学性质

① 用坩埚钳夹取一块铜片,放在酒精灯外焰上加热,观察铜片表面的变化。

② 向 5 支试管中分别放入少量镁条、铝片、锌粒、铁片、铜片,然后分别加入 5 mL 稀盐酸(或稀硫酸),观察现象。如果有气体生成,判断生成的气体是什么。

③ 请你设计并进行实验,比较铁、铜、银的金属活动性强弱。

方案一:将铜片分别放入硫酸亚铁溶液和硝酸银溶液中,观察现象。

方案二:将铁片和银丝分别放入硫酸铜溶液中,观察现象。

方案三:将铁片、铜片分别放入稀硫酸中,将铜片放入硝酸银溶液中,观察现象。

【实验现象】

(1) 金属的物理性质

① 镁条、铝片和铁片均为银白色,有金属光泽;铜片为紫红色,也有金属光泽;铁粉为黑色,无金属光泽。

② 铜片容易在铝片上留下划痕,黄铜片(或白铜片)容易在铜片上留下划痕。

③ 将金属串联在电路中,灯泡会亮;手能在金属的另一端感受到热量;金属在锤子的敲打下能够延展而不易断裂。

(2) 金属的化学性质

① 铜片表面变黑。

② 镁条、铝片、锌粒、铁片表面均有气泡产生,铜片表面无明显变化。

③ 请你设计并进行实验,比较铁片、铜片的金属活动性强弱。

方案一:把铜片放入硫酸亚铁溶液中,无明显变化;把铜片放入硝酸银溶液中,铜片表面有银白色固体产生。

方案二：把铁片放入硫酸铜溶液中，铁片的表面有紫红色固体析出；把银丝放入硫酸铜溶液中，无明显变化。

方案三：把铁片、铜片分别放入稀硫酸中，铁片表面有气泡产生，铜片表面无明显变化；把铜片放入硝酸银溶液中，铜片表面有银白色固体产生。

【实验结论】

(1) 金属的物理性质

① 镁条、铝片和铁片为银白色，铜片为紫红色，均有金属光泽；铁粉为黑色，无金属光泽。

② 铜片的硬度比铝片大，黄铜片(或白铜片)的硬度比铜片大。

③ 金属具有导电性、导热性和延展性。

(2) 金属的化学性质

① 铜片在加热条件下会与氧气反应生成氧化铜。

② 镁条、铝片、锌粒、铁片常温下可以与稀盐酸(或稀硫酸)反应生成氢气，铜片常温下不能与稀盐酸(或稀硫酸)反应。

③ 铁、铜、银的金属活动性顺序由强到弱为：铁＞铜＞银。

【问题与交流】

铁是银白色金属。在上述实验中，你观察到的铁片和铁粉是什么颜色的？你有什么问题？查阅资料，与同学交流。

铁片为银白色，铁粉为黑色，同为铁单质，二者颜色为什么不同呢？

铁片的晶体结构比较完整，当光线照射到铁片表面时，大部分可见光发生镜面反射，因此铁片呈银白色。

铁粉没有规则的几何外形，照射在其表面的可见光几乎全部被吸收，所以呈黑色。

【不同版本教科书呈现】

各版本教科书都通过一系列实验探究了金属的物理性质和化学性质，其中北京版、鲁教版和人教版教科书都设置了比较几种金属活动性顺序的板块，由学生自主设计实验，观察实验现象并得出结论。

在鲁教版教科书中，所选用的一部分金属直接从生活中取材，例如白炽灯的灯丝、订书钉等，探究了金属的颜色、光泽、硬度、延展性、导热性、导电性以及能否被磁铁吸引等物理性质。

(1) 金属的物理性质

探究金属的性质①

实验步骤	实验现象和结果	分析和结论
1. 用砂纸打磨细铜丝、细铁丝、铝箔、白炽灯的灯丝、订书钉等，用滤纸（或软布）擦拭后观察颜色和光泽。		
2. 选择几种金属制品，尝试一下是否容易被弯曲、折断。		
3. 选择铁丝、铝箔、铜丝，手持金属的一端，在酒精灯火焰上烘烤另一端(注意时间不要太长，以免烫伤!)，试试金属的传热能力。		
4. 利用电池、小灯泡试试步骤3中的三种金属的导电能力。		
5. 用磁铁分别吸引上述金属材料。		

(2) 金属的化学性质

化学性质方面，以铝和镁为例，探究了它们与氧气的反应。对于金属与酸、金属与盐溶液的反应，以探究锌、铁、铜的活动性顺序为抓手，引导学生自主设计实验方案，并进行操作、观察、分析、反思和交流。

① 金属与氧气的反应。

实验步骤	实验现象和结果	分析和结论
(1) 取少量铝粉，用胶水均匀地粘在滤纸上，再将滤纸小心地卷起来，用坩埚钳夹持，在酒精灯上点燃。		
(2) 用坩埚钳夹取一段用砂纸打磨过的镁带，在酒精灯上点燃。		

① 阴影部分为教科书中的内容。

② 设计实验，探究锌、铁、铜三种金属的活动性顺序。

实验步骤	实验现象和结果	分析和结论

反思交流

1. 金属有哪些共性？金属的用途与性质之间有什么关系？

2. 我国古代就发明了湿法冶金技术，其基本原理是什么？金属与盐溶液反应有什么规律？你能想到哪些化学方法来判断金属的活动性顺序？

在科粤版教科书中，该实验探究了金属的颜色、导热性、硬度等物理性质，以及金属能与酸、盐溶液反应等化学性质，并在完成实验之后，对金属的性质进行了归纳和小结。教科书中相关内容如下：

实验四的活动后反思

活动后反思	1. 请将金属的物理性质异同点作概括性的归纳、比较。 2. 金属化学性质的实验 2、3 发生的化学反应，属于什么反应类型？具有什么特点？遵循什么规律？

在北京版教科书中，本实验探究了金属的颜色、光泽、硬度、导热性、导电性等物理性质，并设计了比较铜、铁、锌三种金属的活动性顺序的实验活动，以此探究金属的化学性质。教科书中相关内容如下：

实验步骤

1. 金属的物理性质。

(1)用砂纸分别将铜丝、铁丝和镁条打磨，观察。

(2)用双手试着弯曲铁丝。

(3)将一根铁丝插入一支蜡烛中，点燃酒精灯，对铁丝的另一端加热，观察蜡烛的变化。

(4)用两根导线分别连接电池的正负两极，一端连接一个小灯泡，另一端连接一根铁丝，铁丝连接灯泡，观察。

为什么在实验开始时要用砂纸将三种金属打磨光亮？

2. 请你设计实验，探究铜、铁、锌的金属活动性顺序。

[猜想与假设]

铜、铁、锌的金属活动性顺序是________________________。

[实验探究]

实验步骤	实验现象	实验结论

[反思与评价]________________________。

3. 记录以上实验的操作步骤、现象，整理实验用品，撰写实验报告。

在沪教版教科书中，该实验探究了金属的外观、硬度、导电性等物理性质，以及金属能与氧气、酸反应等化学性质，设计了探究铁钉锈蚀条件的实验，未涉及金属与盐溶液的反应。参照第127页的活动与探究所述的实验方法探究铁钉锈蚀的条件，将观察到的实验现象记录在表格中，归纳铁钉发生锈蚀的主要因素。教科书中相关内容如下：

试管	①	②	③	④	⑤
立即观察					
1天后					
3天后					
1周后					

在科普版教科书中，该实验探究了金属的颜色、光泽、硬度、导热性、导电性、能否被磁铁吸引等物理性质，以及金属与酸、盐溶液反应等化学性质。

二、功能探析

1. 建构化学观念

通过一系列的实验活动，帮助学生巩固和加深对金属性质的认识，建立对金属性质和化学反应规律的整体认知框架。

2. 发展科学思维

通过实验，学生能根据初步建立的金属性质及其变化的相关模型预测金属的性质。通过观察所记录的实验现象，引导学生运用对比、分析、归纳等方法进行证据推理，验证自己的预测，发展科学思维。

3. 提升科学探究与实践能力

本实验中有多个由学生自己设计并进行实验的部分，可以让学生先设计，再进行小组讨论，筛选出合理的实验方案，再进行分组实验，从获取的证据中分析得出结论，用科学的语言与同学交流，培养其提出解决实际问题初步方案的能力和科学探究能力。此外，对金属导热性和导电性的研究，属于跨学科（物理）实践活动，有利于培养学生的综合实践能力。“问题与交流”中有关铁片和铁粉颜色不同的原因，需要学生利用网络查询等技术手段获取信息，这有助于培养学生的自主学习能力。

4. 培养科学态度与责任感

本实验中的一系列实验活动，能帮助学生发展对物质世界的好奇心、想象力和探究欲，有利于学生保持对化学学习和科学探究的浓厚兴趣。通过对不同金属与酸反应剧烈程度的比较，引导学生认识到影响反应速率的因素不仅有金属的活动性强弱，还有接触面积、反应物浓度等，这有助于培养学生严谨求实的科学态度。

三、教学策略

（1）先用砂纸对金属进行打磨，再观察金属的颜色和光泽。

（2）比较金属的硬度时，除了相互刻划的方法，还可以采用“弯折法”，越难被弯折的金属，其硬度越大。

（3）比较金属的导热性时，需要提醒学生加热时间不要太长，以免烫伤。

（4）由学生自己设计并进行实验的部分，建议让学生设计多种实验方案，然后进行小组讨论，筛选出合理的实验方案（步骤），再分组进行实验；实验完成后进行讨论、交流。比较金属的活动性强弱时，若选择金属与酸的反应，应当选择盐酸或稀硫酸，不能选择硝酸或浓硫酸，且金属与酸反应的接触面积应当一样；若选择金属与盐溶液的反应，作为反应物的盐要能溶于水，含铁元素的盐应当选择亚铁盐。

第 4 节　常见酸、碱的化学性质

一、实验的基本情况及不同版本教科书呈现

【实验名称】

酸、碱的化学性质。

【实验目的】

(1) 加深对酸和碱的主要化学性质的认识。

(2) 通过实验解释生活中的一些现象。

【实验用品】

白色点滴板、镊子、试管、药匙、蒸发皿、玻璃棒、酒精灯、铁架台(带铁圈)、坩埚钳、胶头滴管、火柴、生锈的铁钉,以及稀盐酸、稀硫酸、稀氢氧化钠溶液、氢氧化钙溶液、硫酸铜溶液、氢氧化钙粉末、石蕊溶液、酚酞溶液、pH 试纸。

【实验步骤】

(1) 参考图 1-19 进行实验,比较酸、碱与指示剂的作用。

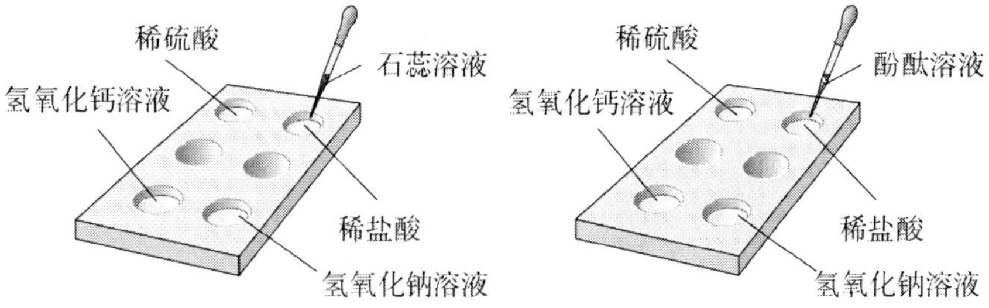

图 1-19　比较酸、碱与指示剂的作用

(2) 取两枚生锈的铁钉放入两支试管中,然后各加入约 2 mL 稀盐酸,观察实验现象。当观察到铁钉表面的锈被去除,变得光亮时,将其中一支试管中的铁钉取出,洗净。继续观察另一支试管中的现象,过一段时间将铁钉取出,洗净。比较两枚铁钉。

(3) 在试管中加入约 2 mL 硫酸铜溶液,再滴入几滴氢氧化钠溶液,观察现象。然后向试管中加入稀盐酸,观察实验现象。

(4) 在试管中加入约 1 mL 氢氧化钠溶液,滴入几滴酚酞溶液。然后边用滴管慢慢滴入稀盐酸,边不断振荡试管,至溶液颜色恰好变成无色为止。取该无色溶液约 1 mL,置于蒸发皿中加热,将液体蒸干,观察实验现象。

(5) 向两支试管中各加入相同量的氢氧化钙粉末(用药匙的柄把一端挑一点),然后各加入 1 mL 水,振荡;再各滴入 1～2 滴酚酞溶液,观察实验现象。继续向其中

一支试管中加入约 1 mL 水,振荡;向另一支试管中加入约 1 mL 稀盐酸,振荡。比较两支试管中的现象。

(6) 分别往两个系有气球的二氧化碳集气瓶中滴加等体积的水和氢氧化钠溶液(如图 1-20),观察实验现象。

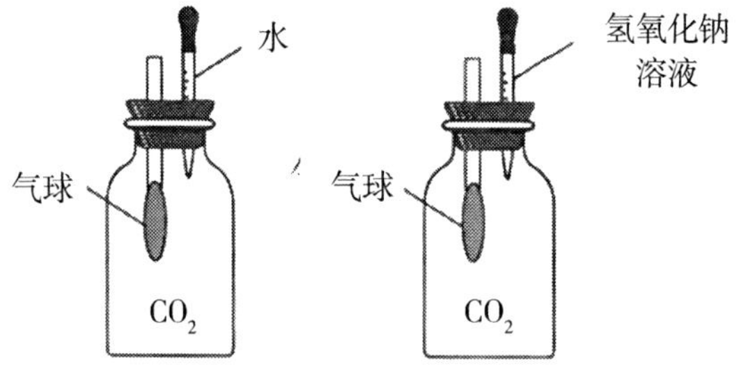

图 1-20　探究氢氧化钠与二氧化碳的反应

【不同版本教科书呈现】

其他版本教科书对常见酸、碱的化学性质的呈现,与人教版教科书大体一致。

在鲁科版教科书中,通过动手实验进一步认识酸、碱的化学通性,让学生感悟探究物质化学性质的一般思路和方法。教科书中相关内容如下:

探究酸和碱的化学性质

明确任务

1. 通过实验进一步认识酸、碱的化学通性。
2. 初步学会使用酸碱指示剂和 pH 试纸检验溶液的酸碱性。
3. 初步学会运用间接观察法收集证据,感悟探究物质化学性质的一般思路和方法。

做好准备

1. 你需要准备以下实验用品:

(1) 石蕊试液、酚酞试液、pH 试纸、pH 计;

(2) 稀盐酸、稀硫酸、氢氧化钠溶液、氢氧化钙溶液(澄清石灰水)、氯化钠溶液;

(3) 镁条、石灰石、2%氯化铜溶液、生锈铁钉、2%碳酸钠溶液;

(4) 试管、烧杯、胶头滴管、点滴板、玻璃片、白瓷板、玻璃棒、镊子。

2. 你在开始实验之前需要了解:

(1) 用胶头滴管取用液体和向试管中滴加液体的操作方法;

(2) 用 pH 试纸测定溶液酸碱性的方法。

友情提示

即使是稀的酸、碱溶液,对皮肤或衣物也有腐蚀性,一定要注意保护眼睛(建议佩戴护目镜)。在取用酸、碱溶液时要小心,如果不慎洒落在皮肤或衣物上,应立即用水冲洗;万一溅到眼睛里,要立即用大量的水冲洗,同时报告老师。

动手实验

1. 酸、碱与指示剂作用

实验步骤：

(1) 在洁净的点滴板上或小试管中分别滴加5～6滴稀盐酸、稀硫酸、氢氧化钠溶液、氢氧化钙溶液和氯化钠溶液。

(2) 在干燥、洁净的玻璃板或白瓷板上放5片pH试纸，用玻璃棒分别蘸取上述5种溶液，点到pH试纸上。将试纸显示的颜色与标准比色卡对照，读出并记录溶液的pH。

(3) 向上述5种溶液中分别滴加1～2滴石蕊试液，观察并记录溶液颜色变化情况。

(4) 将石蕊试液换成酚酞试液，重复上述操作。

实验现象与结果：

	稀盐酸	稀硫酸	氢氧化钠溶液	氢氧化钙溶液	氯化钠溶液
pH					
石蕊试液					
酚酞试液					

实验结论：______________________________________。

2. 酸碱中和反应

实验步骤：

在一只烧杯中加入约20 mL稀盐酸，用pH计测定其pH；然后边向其中滴加氢氧化钠溶液，边测定溶液的pH，分析溶液酸碱性变化情况。

实验现象与结果：

滴加氢氧化钠溶液前的pH	滴加氢氧化钠溶液结束后的pH	溶液酸碱性变化情况

实验结论（用相应的化学方程式表示）：

______________________________________。

3. 酸、碱的其他化学性质

实验步骤：

(1) 在4支试管中分别加入镁条、石灰石、生锈铁钉、碳酸钠溶液，然后向试管中分别滴加1～2 mL稀盐酸，观察现象。将稀盐酸换成稀硫酸，重复上述实验步骤并观察现象。

(2) 在3支试管中分别加入1～2 mL氯化铜溶液、碳酸钠溶液和生锈铁钉，然后向试管中分别滴加1～2 mL氢氧化钠溶液，观察现象。将氢氧化钠溶液换成氢氧化钙溶液，重复上述实验步骤并观察现象。

实验现象与结果：

	镁条	石灰石	生锈铁钉	碳酸钠溶液
稀盐酸				
稀硫酸				

	氯化钠溶液	碳酸钠溶液	生锈铁钉
氢氧化钠溶液			
氢氧化钙溶液			

实验结论（用相应的化学方程式表示）：

____。

反思交流

1. 实验中你使用的是试管还是点滴板？你认为使用哪种仪器更方便？在酸碱中和反应的实验中，为什么优先选用 pH 计而不是 pH 试纸来测定溶液的 pH？

2. 你的探究过程顺利吗？有哪些成功的经验要与同伴分享？有哪些教训值得大家引以为戒？

在沪教版教科书中，通过观察稀盐酸（或稀硫酸）分别和镁条、锌粒、铜片、生锈铁钉、碳酸钠粉末、石灰石（或大理石）反应的实验现象，得出常见酸的化学性质；通过观察硫酸铜和石灰水的反应，归纳常见碱的化学性质；通过探究酸和碱的中和反应，归纳酸碱中和反应中的能量变化。教科书中相关内容如下：

酸与碱的化学性质

实验目的

1. 比较常见酸的化学性质，认识其特征；
2. 认识常见碱的一些化学性质；
3. 通过探究，认识酸碱中和反应。

实验用品

稀盐酸、稀硫酸、稀氢氧化钠溶液、石灰水、镁条、锌粒、铜片、碳酸钠粉末、石灰石（或大理石）、生锈铁钉、硫酸铜溶液、蒸馏水等；

试管、烧杯、胶头滴管、玻璃棒等。

实验过程

1. 常见酸的化学性质

实验过程	实验现象	实验结论
（1）取三支试管，分别放入适量镁条、锌粒和铜片，再各加入适量稀硫酸（稀盐酸），观察实验现象		
（2）取一支试管，放入一枚生锈铁钉，再加入适量稀硫酸（稀盐酸），观察实验现象		
（3）取两支试管，分别加入适量碳酸钠粉末、石灰石（或大理石），再各加入适量稀硫酸（稀盐酸），观察实验现象		

2. 常见碱的化学性质

实验过程	实验现象	实验结论
取一支试管，加入 2 mL 硫酸铜溶液，再逐滴加入石灰水（稀氢氧化钠溶液），观察实验现象		

3. 酸碱中和反应

实验过程	实验现象	实验结论
(1)在小烧杯中加入适量氢氧化钠溶液，滴加 2～3 滴酚酞试液，插入 1 根温度计，测量溶液的温度		
(2)用胶头滴管吸取稀盐酸逐滴加入上述小烧杯中，边加边用玻璃棒轻轻搅拌，当溶液刚好变成无色时，停止滴加盐酸，观察实验现象并测量溶液的温度		
(3)取实验(2)反应后的溶液少许，转移到另一试管中，再滴加 1 滴稀氢氧化钠溶液，观察溶液的颜色变化		

问题讨论

1. 用稀酸除去铁制品表面的铁锈，是否能将铁制品长期浸泡在酸溶液中？为什么？写出相关的化学方程式。

2. 根据实验现象说明，在实验室为什么常用稀盐酸和大理石反应来制取 CO_2 气体？

3. 酸碱中和反应实验中，步骤(3)的目的是什么？

在科粤版教科书中，通过探究酸和活泼金属反应（稀硫酸和铁反应）、酸和金属氧化物反应（稀盐酸和氧化铜反应）、酸和盐反应（稀盐酸和石灰石反应），归纳总结酸的化学性质；通过探究碱与非金属氧化物反应（实验室用澄清石灰水检验二氧化碳）、碱与盐反应（氢氧化钠溶液和硫酸铜溶液反应），归纳总结碱的化学性质。教科书中相关内容如下：

学生实验探究

目的　认识稀酸的化学性质。

实验项目	回顾	拓展	酸的化学相似性
酸与较活泼金属反应	链接 ▶第六章6.2 铁跟稀硫酸发生置换反应： $H_2SO_4 + Fe = FeSO_4 + H_2\uparrow$ （酸）（金属）（盐）（氢气） 反应生成物除氢气外，还有由亚铁离子和硫酸根离子组成的化合物。（这类由金属离子和酸根离子组成的化合物通称为盐。）	**【实验8-7】** 采用微型化学实验技术[1]，选用金属活动性排在氢前面的金属（如Mg、Al、Zn、Fe等）与稀盐酸进行反应。 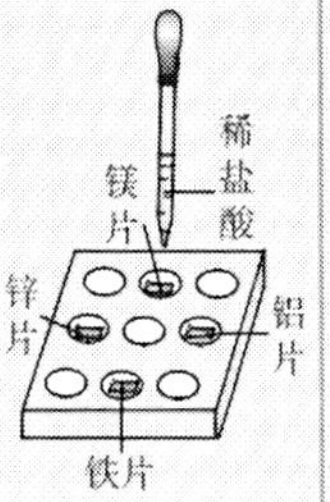 观察现象： …………………… 化学方程式：（以铝为例） ……………………	酸 + 较活泼金属 ↓ □ + □[2]
酸与金属氧化物反应	链接 ▶第一章1.3 稀盐酸滴进氧化铜中，必要时加热振荡，生成蓝色的溶液： $2HCl + CuO = CuCl_2 + H_2O$ （酸）（金属氧化物）（盐）（水）	**【实验8-8】** 在试管中放入一支生满铁锈（主要成分是Fe_2O_3）的铁钉，滴入稀硫酸，加热并振荡。  观察现象： …………………… 化学方程式： ……………………	酸 + 金属氧化物 ↓ □ + □

① 微型化学实验消耗药品少，所用仪器和操作简单，污染也少，符合绿色化学的理念。

② 硝酸的性质较特殊，它与较活泼金属发生反应时，一般不生成氢气，而是生成氮氧化物等，故无此通性。

续表

实验项目	回顾	拓展	酸的化学相似性
酸与盐反应	链接▶第五章 5.3 实验室用稀盐酸与石灰石反应制取二氧化碳的原理是： $2HCl + CaCO_3 = CaCl_2 +$ （酸）（盐）（新盐） $H_2O + CO_2\uparrow$ ［新酸（碳酸）分解所得］	【实验 8-9】采用微型化学实验技术，将稀盐酸滴入硝酸银溶液中。 观察现象： …… 化学方程式： …… 	酸 + 盐 ↓ □ + □

学生实验探究

目的　认识碱的化学性质。

实验项目	回顾	拓展	碱的化学相似性
碱与非金属氧化物反应	链接▶第五章 5.3 实验室用澄清石灰水检验二氧化碳，其原理是： $Ca(OH)_2 + CO_2 =$ （碱）（非金属氧化物） $CaCO_3\downarrow + H_2O$ （盐）（水）	【实验 8-11】两支充满二氧化碳的试管，一支倒插入水中，一支倒插入氢氧化钠溶液中，摆动试管。 观察现象： …… 化学方程式： …… 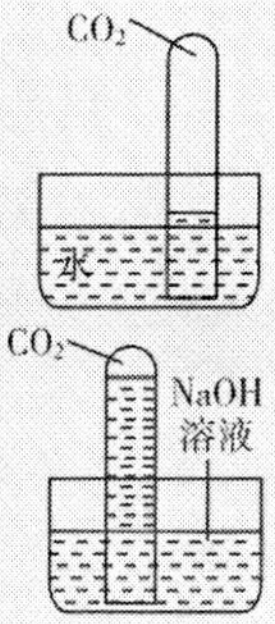 	碱 + 非金属氧化物 ↓ □ + □
碱与盐反应	链接▶第四章 4.3 探究实验 3 氢氧化钠溶液与硫酸铜溶液反应： $2NaOH + CuSO_4 =$ （碱）（盐） $Cu(OH)_2\downarrow + Na_2SO_4$ （新碱）（新盐）	【实验 8-12】请用澄清石灰水分别与硫酸铜溶液和氯化铁溶液反应。 观察现象： …… 化学方程式： …… 	碱 + 盐 ↓ □ + □

二、功能探析

该实验教育教学的功能如下图所示：

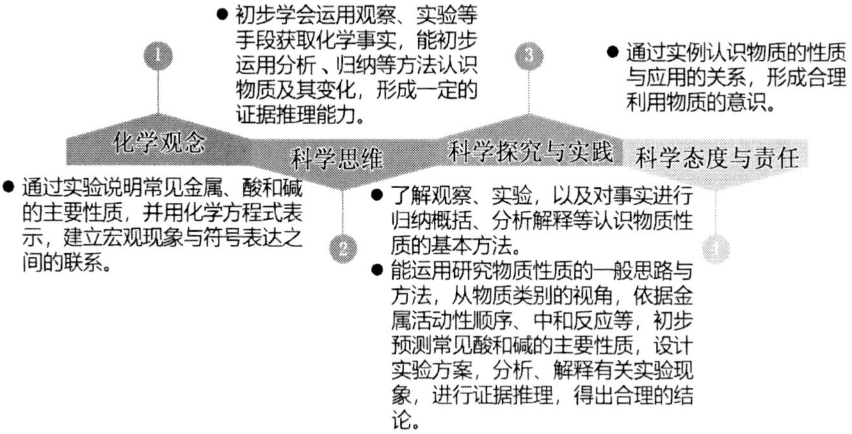

三、教学策略

1. 保证实验成功的策略

该实验探究活动充分发挥学生必做实验的功能，给学生提供充分的动手实践和动脑思考的机会，经历完整的探究过程；引导学生在归纳、反思和交流的基础上，提炼研究物质性质的一般思路与方法。

2. 实验优化策略：实验微型化

探究常见酸和碱的性质时，用到的实验仪器和药品较多，准备实验和实验后仪器的清洗及药品的归类要耗费大量的时间。因此，对实验进行优化，设计微型装置，实验操作简单，现象明显，药品用量少，在相对封闭的条件下完成实验，减轻了对环境的污染，体现了绿色环保的实验设计理念，增强了学生的环保意识和社会责任感。

第5节　探究活性炭和明矾等净水剂的净水作用

一、实验的基本情况及不同版本教科书呈现

【实验名称】

探究活性炭和明矾等净水剂的净水作用。

【实验目的】

(1)了解吸附、沉降、过滤、蒸馏是净水的常用方法。

(2)了解饮用水的净化原理,初步理解过滤的原理及操作步骤。

(3)通过了解水的净化处理过程,增强对水资源的保护意识。

【实验用品】

烧杯、玻璃棒、药匙、圆形滤纸、漏斗、带铁圈的铁架台、明矾、活性炭净水器。

【实验步骤】

(1) 取 2 个烧杯,各盛大半烧杯浑浊的天然水(湖水、河水或井水等),在其中一个烧杯中加入 3 药匙明矾粉末,搅拌溶解后,分置于 2 个烧杯中,静置,观察现象。

(2) 如图 1-21,取一张圆形滤纸,折好并放入漏斗,使之紧贴漏斗壁,并使滤纸边缘略低于漏斗口,用少量水润湿滤纸并使滤纸与漏斗壁之间无气泡。

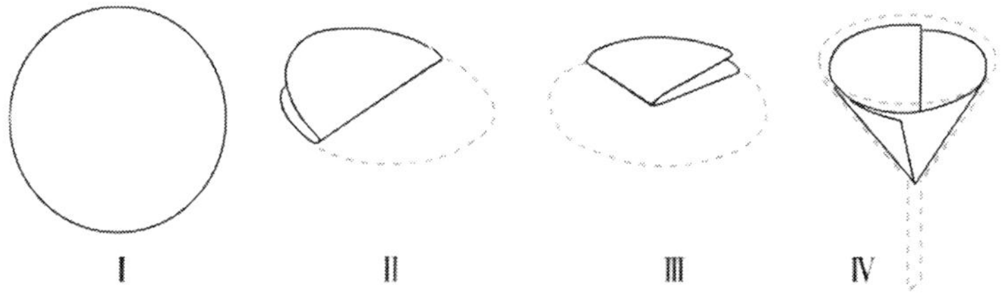

图 1-21　制作过滤器

(3) 如图 1-22,架好漏斗,使漏斗下端管口紧靠烧杯内壁,以使滤液沿烧杯内壁流下。取步骤(1)中充分溶解明矾并静置后的烧杯中的液体,沿玻璃棒慢慢向漏斗中倾倒,注意液面始终要低于滤纸的边缘。比较未经处理的天然水和做了不同程度处理的水,它们的清澈程度有什么差别?

(4) 将步骤(3)中的滤液通过活性炭净水器(如图 1-23),观察现象。

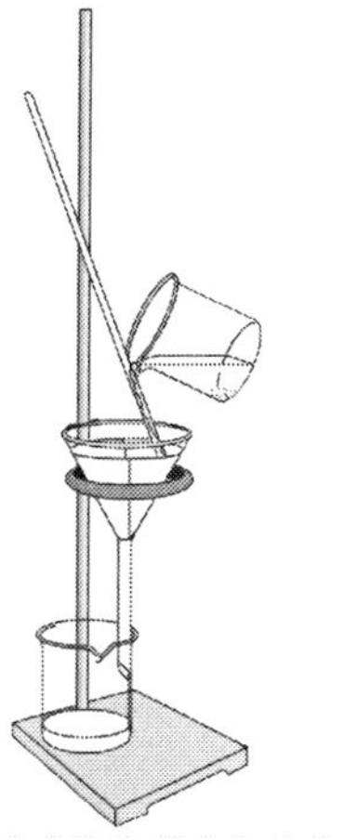

图 1-22　过滤液体

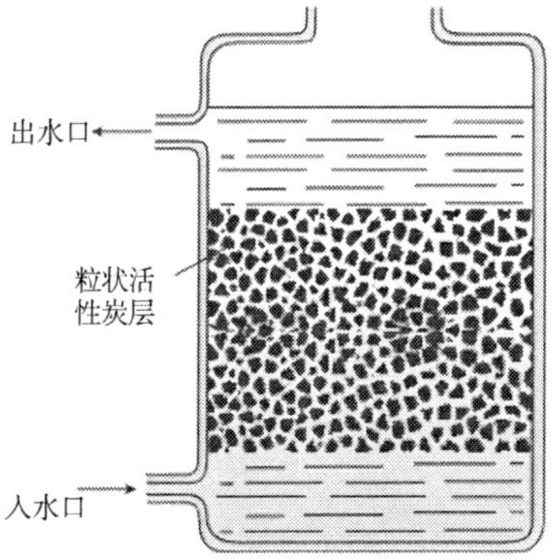

图 1-23　活性炭净水器示意图

【实验现象】

（1）静置一段时间，加过明矾的浑浊水样比未加的要澄清。

（2）通过过滤操作，将难溶性杂质和滤液分离，烧杯中得到澄清的滤液。

（3）通过活性炭净水器的水更加澄清，且无异味。

【实验结论】

（1）明矾具有一定的净水能力。

（2）过滤操作可以将难溶性固体和液体分离。

（3）活性炭可以吸附一些可溶性杂质，除去颜色、异味。

【不同版本教科书呈现】

在鲁教版、科粤版、沪教版、北京版和科普版教科书中，均呈现对浑浊水进行净化的实验活动。鲁教版、科粤版、沪教版和北京版教科书在呈现净水过程时，均先向浑浊水中加入明矾，再进行过滤。

在鲁教版教科书中，该实验在沉降和吸附步骤中提及明矾和活性炭的作用。教科书中相关内容如下：

实验探究 2-1

净化天然水

给你一杯浑浊的天然水，你是否会想：这杯水中有哪些杂质？应该采用什么方法，分别除去其中的各种杂质而最终得到纯净的水？

1. 沉降：在烧杯A和烧杯B中分别加入约100 mL天然水样品。将烧杯A放在实验桌上静置；同时在烧杯B中加入明矾粉①，用玻璃棒充分搅拌后再静置。观察两个烧杯中发生的变化。

现象	
结论	

沉降：天然水中较大的泥沙颗粒，静置后会在重力作用下沉降下来，加入明矾可以加速泥沙的沉降。

2. 过滤：按照图示制作一个过滤器，完成对上述烧杯A中上层液体的过滤。

现象	
结论	

① 明矾是一种净水剂，溶于水后可促进水中悬浮杂质的沉降，从而起到一定的净水作用。

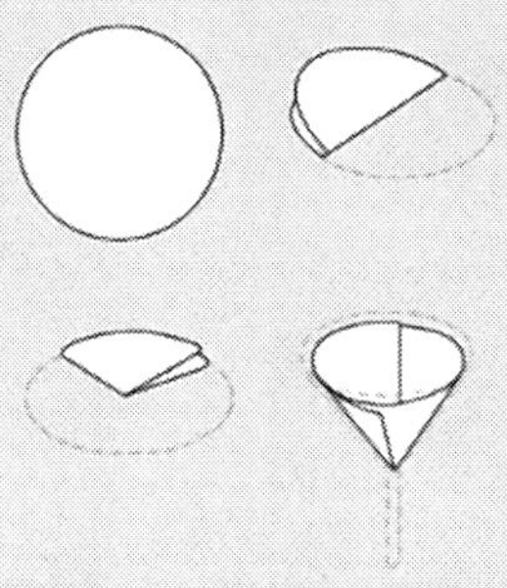

过滤器的制作

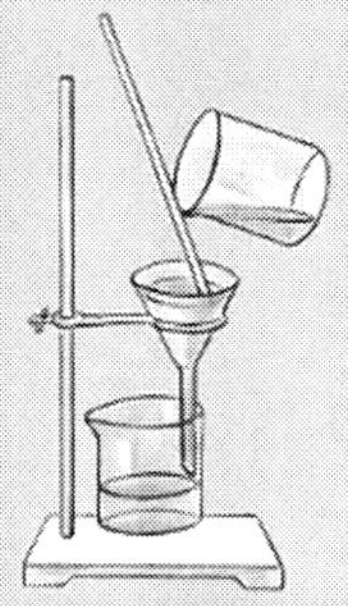

过滤操作

想一想：怎样使滤纸紧贴在漏斗的内壁上？过滤操作中应注意的事项有哪些？

过滤：过滤是分离颗粒大小不同的混合物的方法。过滤器就像一个小筛子，水分子等体积较小的粒子能通过滤纸中的细小空隙，而泥沙等较大的颗粒则留在滤纸上。

3. 吸附：在步骤2中得到的略带颜色的滤液中放入一个活性炭包，充分搅拌后静置。观察烧杯中液体的变化。

现象	
结论	

吸附：活性炭疏松多孔，表面积很大，具有较强的吸附作用，水或空气中的一些有颜色或气味的杂质很容易附着在其表面而被除去。

用滴管取1滴上述烧杯中的清液，滴在洁净的玻璃片上，置于酒精灯上慢慢加热，至水分消失。观察玻璃片上是否仍有残留的物质？混入水中的这类物质应如何除去？

蒸发：加热时，水由液态变成气态，扩散到空气中，此时，我们说水分蒸发了。

结晶：溶解于水中的矿物质在水分蒸发后以固体的形式留在玻璃片上，我们说矿物质结晶析出了。

4. 蒸馏：将步骤3中得到的滤液加热煮沸，使水蒸气冷凝在烧杯上部的表面皿上。取所得冷凝水，滴在玻璃片上，在酒精灯上慢慢加热至水分消失。观察玻璃片上发生的现象。

现象	
结论	

蒸馏：给水加热使之变为水蒸气，再将水蒸气冷凝得到液态水的过程叫水的蒸馏。蒸馏得到的水称为蒸馏水。

思考：在上述净化天然水的实验过程中经历了哪些操作步骤？每个步骤的作用是什么？

沪教版教科书在“活动与探究”中提到使用明矾净水，在“拓展视野”中提到絮凝剂的作用。教科书中相关内容如下：

活动与探究

请在老师的指导下完成下列实验。

1. 将一些浑浊的水倒入烧杯中，向烧杯中加入少量明矾，搅拌使明矾溶解，静置，观察现象。

2. 如图 2-21 所示，取一张圆形滤纸折好，放在漏斗中，用水润湿，作为过滤器。再按照图 2-22 安装好过滤装置。

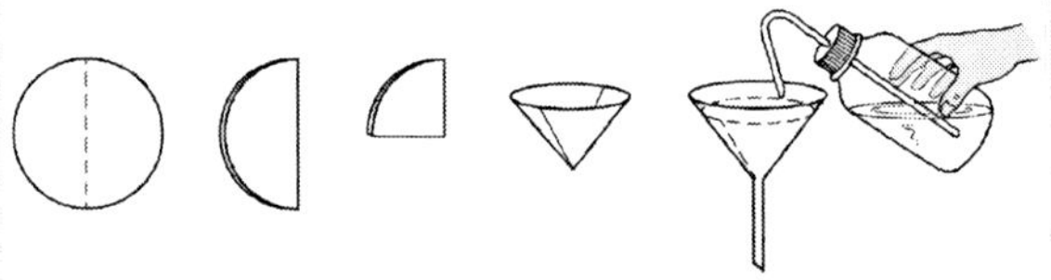

图2-21 过滤器的制作

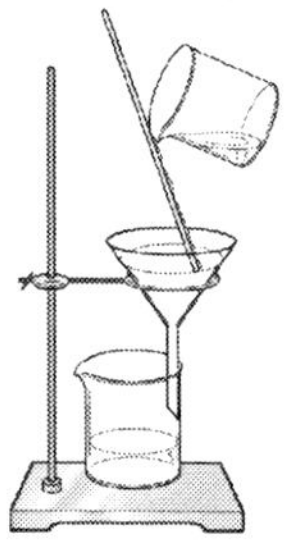

图2-22 过滤装置

3. 将烧杯中的上层液体倒入另一个烧杯中，余下的液体缓慢地沿着玻璃棒注入漏斗中。待液体全部过滤后，取出滤纸，观察滤液和滤纸上的物质。

拓展视野

自来水是怎样生产出来的？

当你打开水龙头的时候，你是否知道自来水是怎样生产出来的？图 2-23 可以简单说明自来水生产的一般过程。

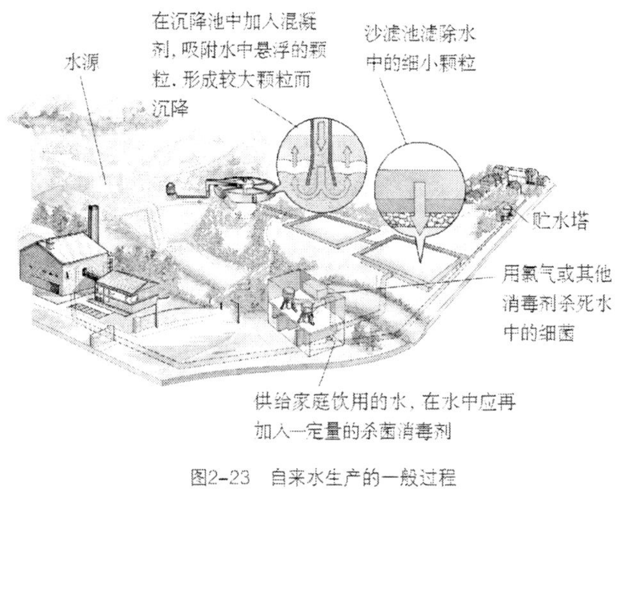

图2-23 自来水生产的一般过程

在科粤版教科书中，呈现三种净水方法——沉淀法、过滤法、蒸馏法，在沉淀法和过滤法中分别使用明矾和活性炭。教科书中相关内容如下：

观察活动

目的　学习水的净化方法。

▶沉淀法

【实验4-1】 取一个100 mL的烧杯，加入约70 mL的浑浊河水（或混有少量泥土的自来水）。

1. 静置数分钟后观察烧杯上层和底层的水，记录现象：

____

____。

2. 把硫酸铝 $[Al_2(SO_4)_3]$ 或明矾加入烧杯中，搅拌后，继续观察变化，记录现象：

____

____。

▶过滤法

【实验4-2】 在一个下端带有开关（活塞）的玻璃过滤柱内，由下至上装填棉花、活性炭、细沙、粗沙、纱布，把一个干净的烧杯放在过滤柱下，将浑浊的水慢慢地倒进过滤柱。

烧杯中得到的滤液，与原来的浑浊水相比，有何不同？

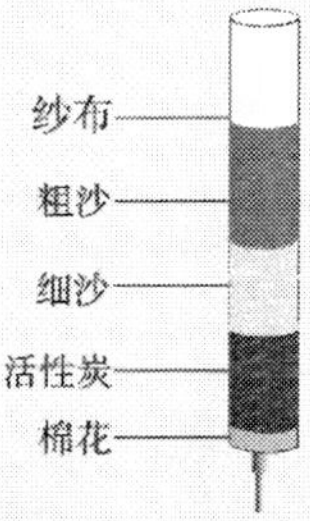

图4-9　过滤柱

____

____。

北京版教科书“第4章　最常见的液体——水”的“第一节　水的净化”之“活动·探究”中，方法一是向浑浊水中加入明矾，并注释了明矾的作用；方法二是用活性炭处理高锰酸钾溶液。教科书中相关内容如下：

活动·探究

用其他方法对水进行净化。

1. 方法一：向剩下的泥水中加入少量明矾①，用玻璃棒搅拌后充分静置。
2. 方法二：如图4-1，取少量高锰酸钾溶液用活性炭进行处理。
3. 方法三：如图4-2，取剩下的高锰酸钾溶液进行加热至沸腾。

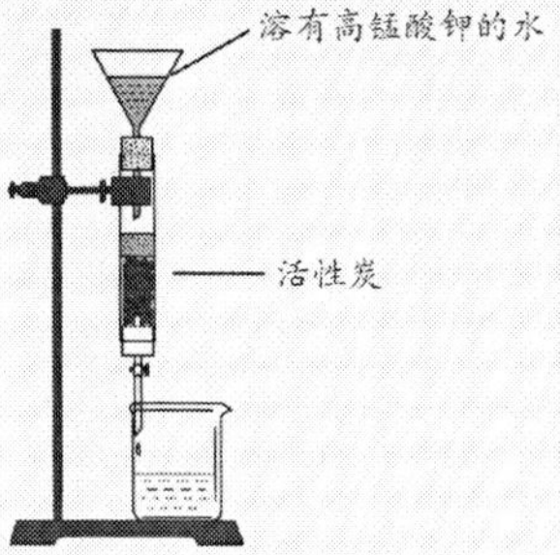

图 4-1　吸附法除去水中的高锰酸钾

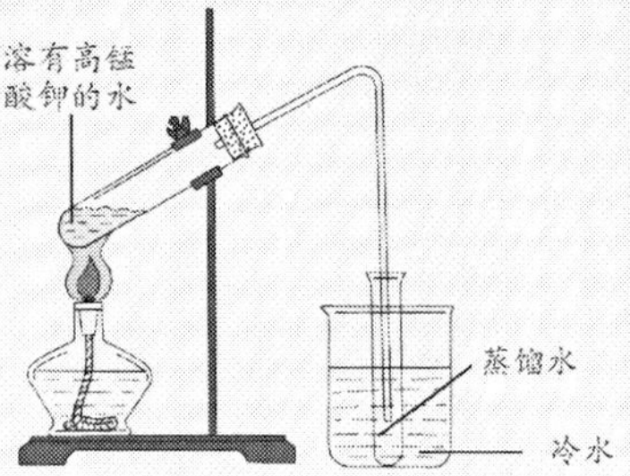

图 4-2　蒸馏法除去水中的高锰酸钾

① 明矾是一种常用的净水剂，它溶于水后能吸附水中悬浮物并发生沉降，从而达到净水目的。

在科普版教科书中，直接使用滤纸对浑浊水进行过滤；在“实践应用”中展示了自来水的净化过程，呈现了絮凝剂和活性炭吸附池。教科书中相关内容如下：

探究活动

请与同学合作完成下列实验，并总结过滤操作的要领及注意事项。

实验

1. 取一张圆形滤纸，对折两次，尖端向下放入漏斗中，使滤纸边缘低于漏斗口，然后用水润湿滤纸，使之紧贴漏斗内壁（如图2-19）；

2. 取一杯浑浊的河水，沿玻璃棒缓慢倒入漏斗（如图2-20），观察过滤后的河水与未过滤的河水有何不同。

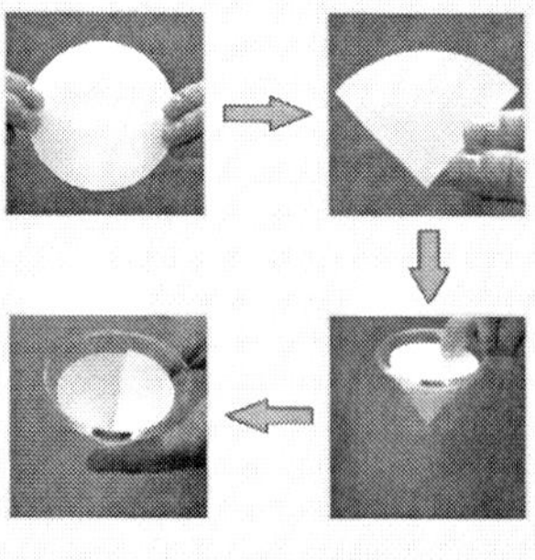

图2-19　过滤装置的制作

图2-20　过滤的操作

实践应用

观察下图，了解自来水的一般净化过程，并思考下列问题：

1. 自来水厂净水过程中主要使用了哪些净化方法？
2. 净水步骤中投药消毒的目的是什么？

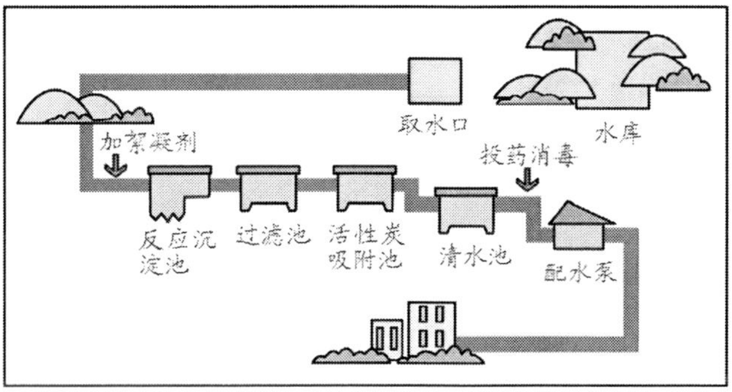

图2-22　自来水厂净水过程示意图

二、功能探析

“水的净化”中主要是介绍分离混合物的一些化学实验操作方法，这是初中化学中重要的实验操作技能。过滤和蒸馏等化学实验操作的学习和掌握，关键在于学生的动手练习。

该实验的教育教学功能如下图所示：

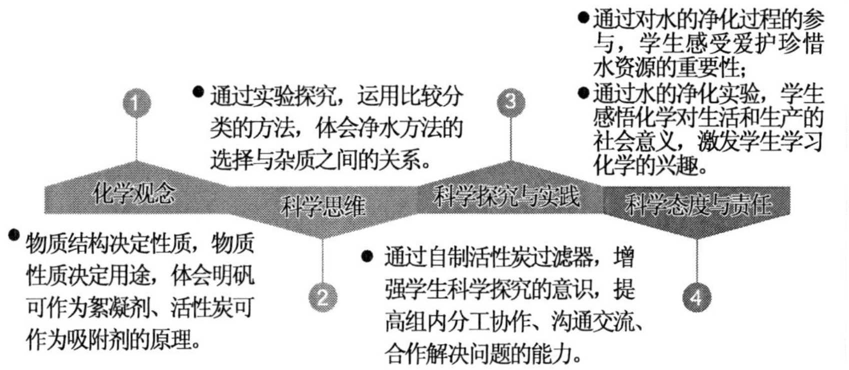

三、教学策略

1. 情境趣味化

播放影片《少年派的奇幻漂流》中主人公为生存而净化海水的片段，或者模拟户外生存净水场景，激发学生的学习兴趣。

2. 装置生活化

开展小组实践活动，自制活性炭净水器（如图1-24），培养学生的动手操作能力和小组合作意识，激发学生产生新的探究欲望；鼓励学生将生活中的废弃物品用在化学实验中，养成节约资源、保护环境的习惯。

图1-24　自制活性炭净水器

3. 现象明显化

明矾是常用的净水剂。在做人教版教科书中“明矾净水”实验时存在两个问题：一是实验需要的时间长，二是实验现象不明显。资料显示，铝盐在水中溶解后，需要在一定的pH范围内才能形成氢氧化铝沉淀，pH过小或过大，都不能生成氢氧化铝沉淀。明矾溶于水发生水解后，生成的硫酸使溶液呈酸性，溶液的pH较小，在这种条件下，氢氧化铝不能出现沉淀。若要使氢氧化铝出现沉淀，必须降低溶液的酸性，需加入碱性物质NaOH溶液或$Ca(OH)_2$溶液，调节pH，从而达到净水的目的。

第二章　化学反应和规律类实验功能探析与教学策略

依据化学反应，通过实验更能直观建构概念模型、规律模型、符号模型，促进学生形成有关化学反应的结构化认识，发展宏观—微观—符号和定性、定量相结合的变化观念，加深学生对化学反应相关概念与规律的理解。这类实验可通过创设丰富的问题情境，引导学生利用化学反应的核心知识，分析和解释自然界、生产生活、实验中的常见现象，发展探究化学反应规律的能力，提高应用模型和调控化学反应的能力，体会化学反应的应用价值。

实验设计的一般思路为：根据命题的要求，分析物质的性质，选择适宜的试剂；根据化学反应的特点，确定实验仪器和装置；根据实验目的和仪器装置，制订操作步骤，列出观察重点。在自己力所能及想出来的各种方案中，通过对比和归纳，选择药品易得、操作简便、装置简单、环保且现象明显的最佳方案。即此活动的一般程序为：选题→设计方案→实验→收集有关数据→分析和处理有关数据→发现问题的规律性→得出结论→反思与评价→表达与交流。基于实验事实，运用分类、分析、归纳等方法使学生认识化学反应，形成“宏观—微观—符号”多重表征，发展系统思维。

第1节　探究过氧化氢分解反应中二氧化锰的催化作用

一、实验的基本情况及不同版本教科书呈现

【实验名称】

探究过氧化氢分解反应中二氧化锰的催化作用。

【实验目的】

探究过氧化氢分解反应中二氧化锰的催化作用。

【实验用品】

小试管、药匙、木条、5%过氧化氢溶液、二氧化锰。

【实验原理】

过氧化氢不稳定，易分解，加入二氧化锰（MnO_2）可以加快过氧化氢分解速率。

拓展：红砖粉、氧化铜等物质对过氧化氢的分解也有催化作用。

【实验操作步骤】

过氧化氢分解实验步骤如图 2-1 所示。

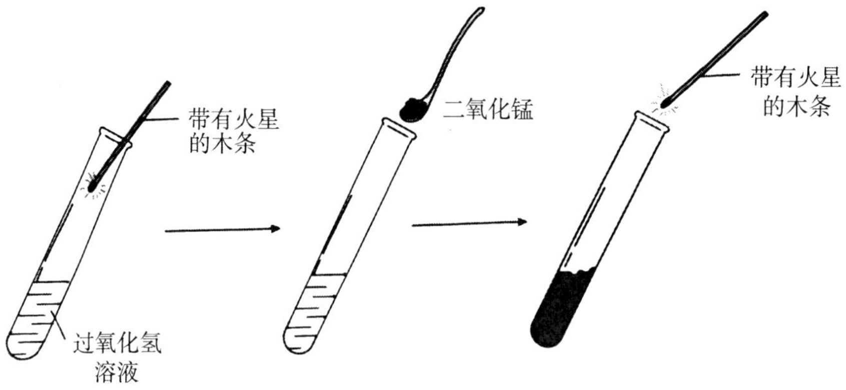

图 2-1　过氧化氢分解实验示意图

(1) 在试管中加入 5 mL 5%过氧化氢溶液,把带有火星的木条伸入试管,观察现象。

(2) 向上述试管中加入少量的二氧化锰,把带有火星的木条伸入试管,观察现象。

(3) 待上述试管中现象消失时,重新加入过氧化氢溶液,再把带有火星的木条伸入试管,观察现象。待试管中又没有现象发生时,再重复上述操作,观察现象。

【实验结论】

二氧化锰是过氧化氢分解反应的催化剂。

【不同版本教科书呈现】

在沪教版教科书中,本实验属于探究性实验。教科书不注重对催化剂概念的建构过程,而是通过二氧化锰加快过氧化氢分解的实验,依据实验现象明确催化剂具有的特征,再以具体实验验证催化剂在某些化学反应中的作用。教科书中相关内容如下:

活动与探究

【实验 2】利用图 2-9 的实验装置，把稀的双氧水(6%的过氧化氢溶液)从分液漏斗慢慢加入装有少量二氧化锰粉末的锥形瓶中，收集一集气瓶气体，将带火星的木条伸入集气瓶中。

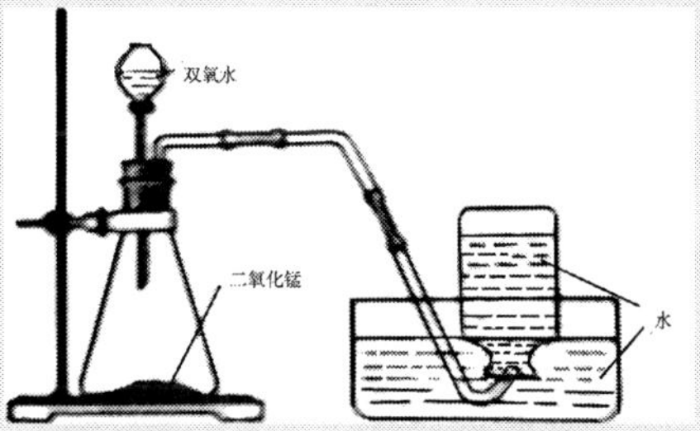

图 2-9 双氧水分解制氧气

研究表明，在双氧水制取氧气的反应中，加入二氧化锰能加速过氧化氢的分解。在反应前后，二氧化锰的质量保持不变，化学性质也没有发生变化。这种在化学反应中能增大化学反应速率，但本身的质量和化学性质在反应前后都没有发生变化的物质称为**催化剂**(catalyst)。

在实验室里也可加热二氧化锰和氯酸钾的固体混合物制取氧气。该反应中二氧化锰也是催化剂。

在鲁教版教科书中，本实验属于探究性实验。通过对比实验，让学生知道二氧化锰能加快过氧化氢的分解速率，直接呈现催化剂的概念，明显弱化概念的建构过程，强化过氧化氢制取气体的操作过程及多种催化剂在化工生产、科学实验和生活中的应用。教科书中相关内容如下：

活动天地 4-4

实验室制取氧气的方法

取A、B两支试管，分别加入3~5 mL过氧化氢溶液。请观察下列实验并填写实验现象。

1. 将带火星的木条伸入A试管的管口

现象

2. 在B试管中加入少量二氧化锰粉末，将带火星的木条伸入试管口。

现象

3. 实验室通常用下图所示装置制取氧气，请思考：反应所需的过氧化氢溶液为什么要通过分液漏斗加入？用排水法收集氧气时应如何操作？

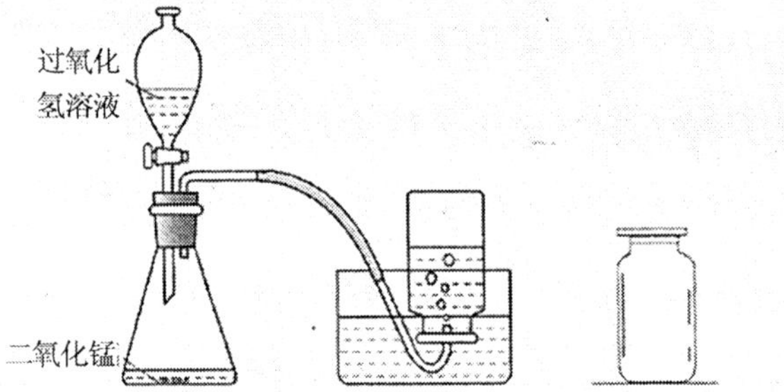

排水法收集氧气

先将集气瓶中盛满水，用玻璃片盖住瓶口，然后倒立在水槽中。当导管口有气泡连续、均匀地产生时，再把导管口伸入盛满水的集气瓶里，等瓶里的水排完以后，在水里用玻璃片盖住瓶口，将集气瓶移出水槽，正放在桌面上。

能改变其他物质的化学反应速率，而本身的质量和化学性质在反应前后都没有发生变化的物质叫作**催化剂**。

在二氧化锰的催化作用下，过氧化氢迅速分解产生氧气和水，这一反应可表示如下：

$$\text{过氧化氢} \xrightarrow{\text{二氧化锰}} \text{水} + \text{氧气}$$

$$H_2O_2 \qquad\qquad H_2O \qquad O_2$$

反应中，二氧化锰起到了催化作用，它加快了过氧化氢的分解。

多识一点

形形色色的催化剂

在化工生产、科学实验和生命活动中，催化剂都可大显身手。例如，硫酸生产中要使用五氧化二钒作催化剂。由氮气跟氢气合成氨气，要使用以铁为主体的多组分催化剂。在炼油厂，催化剂更少不了，选用不同的催化剂，就可以得到不同品质的汽油、煤油。汽车尾气中含有污染性气体一氧化碳和氮氧化物，利用钯、铂、铑等金属作催化剂可以迅速将二者转化为二氧化碳和氮气。酶是动物、植物和微生物体内活细胞产生的具有催化功能的生物大分子，生物体中的化学反应几乎都是在酶的催化作用下进行的；酿造业、制药业等有时也要用酶作催化剂。

在科粤版教科书中，本实验属于探究性实验。科粤版与人教版教科书非常相似，都是通过对比实验，注重催化剂概念的建构过程，强化催化剂在生产生活及实验中的应用。教科书中相关内容如下：

观察活动

目的　观察过氧化氢在二氧化锰存在下的分解。

【实验3-4】用约10%的过氧化氢溶液和二氧化锰做下列实验：

(1) 用量筒量取4 mL过氧化氢溶液加入试管中，将带火星的木条伸入试管的上部，结果怎样？

(2) 另取少量二氧化锰装入试管中，又将带火星的木条伸入试管内，结果怎样？

(3) 再量取4 mL过氧化氢溶液加入另一支试管，用药匙加入少量二氧化锰，将带火星的木条伸进试管口，有什么现象发生？

(4) 待实验 (3) 的试管内的液体不再放出气泡时，重新加入4 mL过氧化氢溶液，再将带火星的木条伸进试管口，又有什么现象发生？

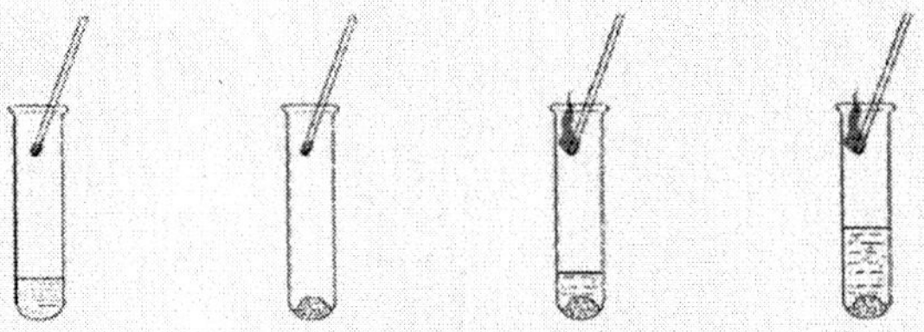

图3-4 用过氧化氢溶液制氧气

请将你观察到的上述实验现象填入下表，并作出推断。

实验序号	观察到的现象	推断
(1)		
(2)		
(3)		
(4)		

讨论与交流

1. 比较上述几步实验，说明过氧化氢在什么条件下分解放出氧气更容易？

2. 上述【实验3-4】(4) 可以重复多次，而且若在实验前准确称出二氧化锰的质量，实验后将二氧化锰回收、干燥、再称量，会发现它的质量没有改变。根据这个事实，你对二氧化锰所起的作用有什么看法？

过氧化氢在二氧化锰催化下产生氧气，这个变化的文字表达式为：

$$\underset{(H_2O_2)}{\text{过氧化氢}} \xrightarrow{\text{二氧化锰}} \underset{(H_2O)}{\text{水}} + \underset{(O_2)}{\text{氧气}}$$

知识视窗

催化剂在生产生活中的作用

催化剂在生产生活中有重要的作用，例如：许多工业生产如化肥生产、石油炼制、煤的综合利用、制取药品和酿造食品等都要用到各种各样的催化剂；汽车尾气安装催化转化器，能够把有毒的汽车尾气转化成无毒的气体。

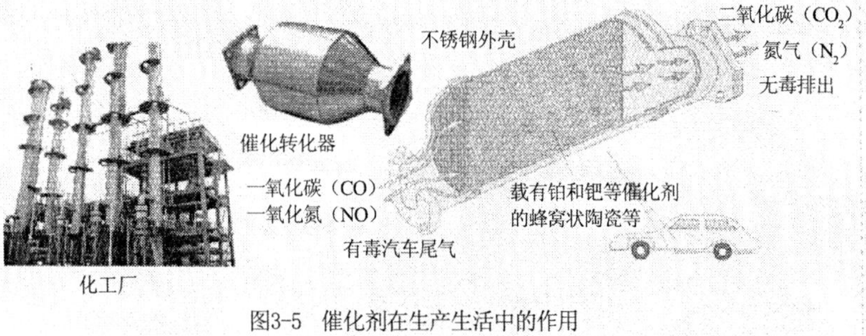

图3-5 催化剂在生产生活中的作用

此外，实验室还用氯酸钾加热，在二氧化锰催化下产生氧气，文字表达式为：

$$氯酸钾 \xrightarrow[加热]{二氧化锰} 氯化钾 + 氧气$$

在北京版教科书中，本实验属于探究性实验。通过对比实验及思考讨论建构催化剂的概念，明确催化剂的多样性及在化工生产中的广泛应用，弱化概念建构的实验过程，增加了气体的制取装置。教科书中相关内容如下：

活动·探究

【探究目的】用过氧化氢溶液制取氧气。

【探究操作】

1. 在试管中加入 5 mL 10%的过氧化氢溶液，把带火星的木条伸入试管，观察木条是否复燃。

2. 在另一支试管中加入 5 mL 10%的过氧化氢溶液，然后加入少量二氧化锰粉末，再用带火星的木条伸入试管，观察木条是否复燃。

观察并记录实验现象，比较上述两个实验的条件并分析原因。

实验编号	实验现象	实验条件	原因
(1)		室温	
(2)		室温，加入二氧化锰粉末	

【思考讨论】

在过氧化氢溶液中加入二氧化锰粉末，能迅速地放出大量氧气，二氧化锰在此反应中起什么作用呢？

用过氧化氢溶液制取氧气的反应可用文字表示如下：

$$\underset{(H_2O_2)}{过氧化氢} \xrightarrow{二氧化锰} \underset{(H_2O)}{水} + \underset{(O_2)}{氧气}$$

实验室用过氧化氢溶液和二氧化锰混合制取氧气时，可采用图 2-13 所示装置。

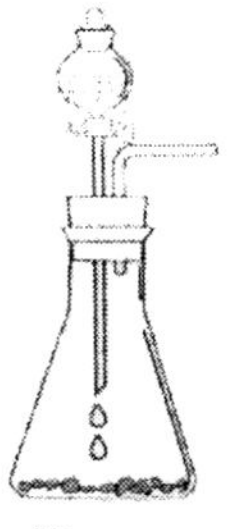

图 2-13 用过氧化氢溶液制取氧气

资料表明，二氧化锰需要在 535 ℃以上才会发生分解。在上述探究活动中，显然不具备使二氧化锰发生分解的条件。研究二氧化锰与过氧化氢反应后的物质发现，二氧化锰在反应前后的质量和化学性质都没有发生变化。像二氧化锰这种能够改变化学反应的速率①而自身的质量

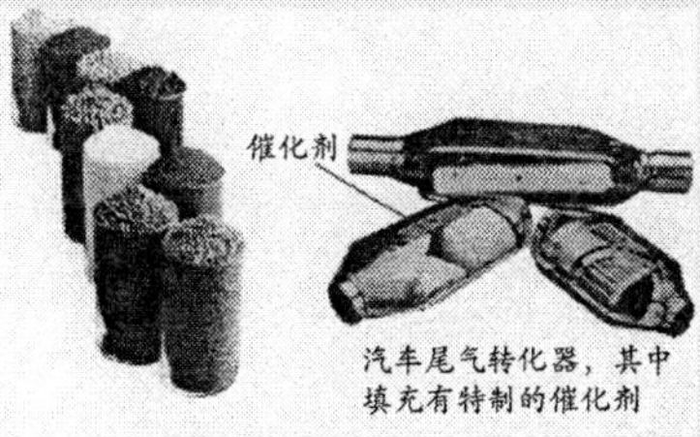

图 2-14 各种催化剂

①化学反应进行的快慢可以通过化学反应速率来比较。

和化学性质在反应前后均不发生变化的物质叫做催化剂或触媒。催化剂在化学反应中所起的作用叫做催化作用。除了二氧化锰以外，许多物质可以充当过氧化氢分解的催化剂，如硫酸铜溶液、氧化铁等。

催化剂在化工生产中具有重要而广泛的应用，在石油化学工业以及化肥、农药等生产领域中催化剂都发挥着十分重要的作用。

二、功能探析

该实验在教育教学上的功能如下图所示：

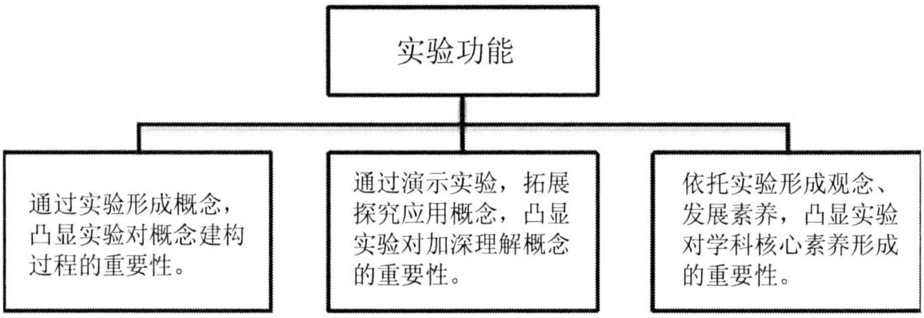

在人教版教科书中，本实验属于探究性实验。采用演示实验、合作探究，通过对比、实证推理的方法，完成对化学概念的建构，依据拓展实验应用概念加深对概念的理解。在此过程中，实验教学优势突出，主要表现在以下几个方面：

1. 通过实验形成概念，凸显实验对概念建构过程的重要性

通过观察、对比三组实验，讨论得出过氧化氢溶液在什么条件下制取氧气更容易，通过反复实验来验证二氧化锰在反应前后的质量与化学性质是否变化，用事实表明二氧化锰的作用——只是加快反应速率，从而建构催化剂的概念，凸显实验对概念建构过程的重要性。在实验中，学生初步学会根据实验需要正确选择实验试剂和仪器，知道催化剂对化学反应的重要作用，认识过氧化氢是制取氧气的理想药品。

2. 通过演示实验、拓展探究应用概念，凸显实验对加深理解概念的重要性

通过演示“利用氯酸钾和二氧化锰的混合物制取氧气”，体验实验室制取气体的一般思路和方法，强化概念在实验中的作用；再通过阅读“化学·技术·社会”等进行知识拓展，强化概念在生产生活中的重要作用；最后依托“练习与应用”习题 4 的实验探究活动，再次对概念进行深度探究，体现催化剂的多样性，加深对概念的理解。

3. 依托实验形成观念、发展素养，凸显实验对学科核心素养形成的重要性

本节的实验教学设计以实验为依托，探究催化剂在实验室制取氧气中的作用及催化剂的多样性，培养学生自主学习、合作交流、科学探究和实践的能力，同时初步形成在一定条件下通过化学反应可以实现物质转化的观念；通过化学概念的建构和应用，形成观察、对比分析、证据推理、归纳概括的科学思维，体会实验教学在学科核心素养形成中的重要作用。

三、教学策略

1. 保证实验成功的要点

（1）注意试剂浓度和用量。市面上买来的过氧化氢溶液浓度为30%，需要提前用蒸馏水稀释到5%，浓度太高会腐蚀皮肤。催化剂 MnO_2 只需用药匙取一勺尖即可。此反应为放热反应，若过氧化氢溶液浓度过高，或者 MnO_2 用量过多，会导致反应速率过快而发生危险。因此，注意试剂浓度和用量可以避免液滴四溅、暴沸及反应容器过热等现象的发生。

（2）注意加入试剂的先后顺序。为了得到平稳的氧气流，让学生观察到均匀的气泡，应该先加催化剂 MnO_2，再加5%过氧化氢溶液。因为生成的氧气流会带着固体催化剂向上运动，使固液反应体系迅速混合均匀，从而得到平稳气流。若先加5%过氧化氢溶液，后加 MnO_2，较轻的粉末状 MnO_2 会聚集在液体上方，只催化局部的过氧化氢溶液，向上的氧气流不利于固液反应体系的均匀混合，甚至会因局部反应过快而发生危险。

2. 发展学生高阶思维方法

（1）批判性思维及其发展。以问题为导向，引导学生在思考问题的过程中，既提出合乎常理的观点，也对问题进行质疑，从不同角度提出自己的看法。例如，催化剂只能加快化学反应速率吗？能不能减缓？一种催化剂是不是只能催化一个反应？一个反应是不是只能被一种催化剂催化？催化剂能不能决定一个反应能否发生？催化剂能不能决定生成物的量？

（2）发散性思维及其发展。生活中你发现还有哪些物质可以作为利用过氧化氢溶液制氧气的催化剂？在此实验中所采用的设计思想是控制变量法，你能利用该思想举出一组利用实验室或生活中的条件改变化学反应速率的实验吗？如将盛有等量的5%过氧化氢溶液的试管分别放入冷水与热水中，对比等量的5%过氧化氢溶液与10%过氧化氢溶液在热水中产生氧气的速率，硫（铁丝或木炭）在氧气中比在空气中燃烧更剧烈，煤制成蜂窝状燃烧更旺，把燃气灶调大进风口燃烧更旺，等等。

（3）创造性思维及其发展。还有哪些地方用到催化剂？你想用催化剂催化什么反应？解决什么问题？

3．安全节约策略

实验前强调实验时要控制药品用量，避免反应物过量或者催化剂过量导致液滴飞溅进而发生危险，培养安全意识。催化剂二氧化锰用完需过滤并洗涤干燥，并用于下次的定性实验中，增强节约意识。

4．实验方案的优化与改进

（1）改进实验，进行定量探究并节约资源。

步骤一：准备两根铜丝，分别将铜丝的一端绕成螺旋状。将其中的一根铜丝表面用502胶水黏附MnO_2固体；另一根铜丝表面则只涂上502胶水，晾干备用。

步骤二：实验之前，用电子天平测得黏附MnO_2的铜丝总质量，并做记录。

步骤三：取三支试管，分别编号①②③，分别加入10 mL 5%过氧化氢溶液。把带有火星的木条伸入试管①中，木条不复燃。将涂有502胶水的铜丝伸入试管②溶液中后，用带有火星的木条伸入检验，木条不复燃，可知铜丝和502胶水不能改变该反应速率。将黏附MnO_2的铜丝伸入试管③溶液中后，用带有火星的木条伸入检验，木条复燃。对比这三个实验可得出第一个结论：在分解过氧化氢制取氧气的反应中，MnO_2能加快反应的速率。

步骤四：将黏附MnO_2的铜丝从试管③中取出后，再分别伸入试管①和试管②溶液中，用带有火星的木条伸入检验，木条都复燃，由此可得出第二个结论：在分解过氧化氢制氧气的反应中，MnO_2在反应前后的化学性质保持不变。

步骤五：将黏附MnO_2的铜丝取出后，用吹风机吹约30秒即可干燥，再用电子天平测量质量。由所测质量与步骤二所测质量相等，可得出第三个结论：在分解过氧化氢制氧气的反应中，MnO_2在反应前后的质量保持不变。

通过总结这三个结论，得出MnO_2是过氧化氢分解反应的催化剂。

（2）生活化教具可实现一物多用。教科书中的实验是在试管中进行的。首先，在实验过程中由于二氧化锰是黑色粉末，在5%过氧化氢溶液中形成了黑色悬浊液，不便于观察气泡的产生。其次，试管中产生的氧气不能被定量测量其体积，所以学生不能通过该实验了解催化剂的特点；由于不能定量，无法比较不同催化剂的催化效果。改用注射器进行实验，从取材的角度看，注射器价格便宜、易操作、气密性好，可以通过活塞的移动来观察气泡的产生；从用途的角度看，注射器实现了一物三用，既是量取装置，也是反应装置，还充当气体的收集装置；从思维角度看，注射器可以解决定量测量氧气体积的问题，使实验探究从定性研究走向定量研究。

教科书中的实验也存在不足之处：第一次向5%过氧化氢溶液中加入MnO_2，反应速率快，现象明显。但随着5%过氧化氢溶液多次加入，溶液被稀释，可能观察到速率变慢的现象，会使学生产生MnO_2化学性质改变的错误认识。而在改进实验结束后，将注射器口朝上，静置一段时间，排出上层的液体后，再次吸取过氧化氢溶液，就能克服上述不足。

第2节　探究铜片在空气中灼烧后发生的变化

一、实验的基本情况及不同版本教科书呈现

【实验名称】

探究铜片在空气中灼烧后发生的变化。

【实验目的】

探究铜与氧气的反应。

【实验原理】

在加热的条件下，铜与氧气发生化学反应，生成黑色的氧化铜。化学方程式为

$$2Cu + O_2 \xlongequal{\triangle} 2CuO$$

【实验用品】

铜丝(或铜片)、酒精灯、火柴、试管、坩埚钳(或试管夹)。

【操作要点】

铜片加热装置如图2-2。直接加热铜片或用试管加热铜片时，要使用坩埚钳或试管夹，以防止烫伤。

图2-2　铜片加热

【不同版本教科书呈现】

这里，先对不同版本教科书中该实验的呈现方式加以简要概述。

在沪教版教科书中，金属与氧气的反应属于基础的学生实验，只需加热铜片。

在北京版教科书中，该实验出现在“活动·探究”栏目中，属于学生探究性实验。学生不仅要加热铜片，观察铜片表面发生的变化，还要在反应前后称量铜片的质量。通过比较反应前后铜片的变化，不仅要思考其质量变化的原因，还要思考铜片表面的变化是否因为被熏黑，设计实验证明自己的观点。

在人教版教科书中，该实验第一次出现在“第八单元　金属和金属材料”的“课题

2　金属的化学性质”中，在讲到金属与氧气的反应时，只是简单提到“铁、铜等在常温下几乎不与氧气反应，但在高温时能与氧气反应”，让学生知道铜与氧气能反应，但需要一定的条件。第二次出现在该单元的“实验活动 4　金属的物理性质和某些化学性质”中，用坩埚钳夹取一块铜片，放在酒精灯火焰上加热，观察铜片表面发生的变化，通过实验验证使学生真正认识到铜具有能与氧气反应的化学性质。教科书中相关内容如下：

实验活动4　金属的物理性质和某些化学性质

【实验目的】

1. 巩固和加深对金属性质的认识。
2. 培养实验设计能力。

【实验用品】

试管、试管夹、酒精灯、坩埚钳、电池、导线、小灯泡、火柴。

镁条、锌粒、铝片、铁片、铁粉、铜片、黄铜片（或白铜片）、稀盐酸稀硫酸、硫酸铜溶液、硝酸银溶液。

你还需要的实验用品：________________

【实验步骤】

1. 金属的物理性质

(1) 观察并描述镁、铝、铁、铜的颜色和光泽。

(2) 采取相互刻画的方法，比较铜片和铝片、铜片和黄铜片（或白铜片）的硬度。

(3) 请你设计并进行实验，证明金属具有导电性（或导热性、延展性）。

2. 金属的化学性质

(1) 用坩埚钳夹取一块铜片，放在酒精灯火焰上加热，观察铜片表面的变化。

(2) 向5支试管中分别放入少量镁条、铝片、锌粒、铁片、铜片，然后分别加入5 mL稀盐酸（或稀硫酸），观察现象。如果有气体生成，判断生成的气体是什么。

(3) 请你设计并进行实验，比较铁、铜、银的金属活动性强弱。

实验步骤（文字或图示均可）	现象	结论

想一想

可以利用什么反应比较不同金属的活动性强弱？

在科粤版教科书中，该实验出现了两次。第一次为探究性实验。通过对金属铜化学性质的探究，认识物质的化学性质，学习科学探究的方法。教科书中相关内容如下：

●金属铜化学性质的探究

探究活动

▶观察与问题

【实验1－10】 将一小段光亮的铜片在酒精灯火焰上加热片刻，铜片的颜色有什么变化？为什么？

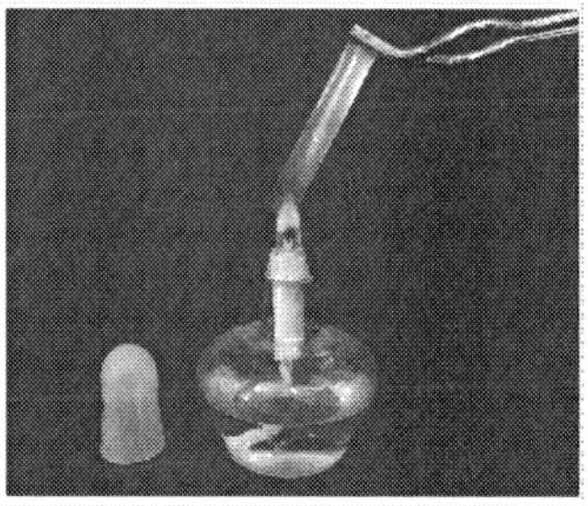

图1-29　铜片加热

提示信息>>> 加热铜片或用试管加热物质时要使用坩埚钳或试管夹，注意防止烫伤。

▶假设与预测

1. 根据生活经验，你可能假设：铜片变黑，是因为火焰中的烟灰附着在铜片上。根据这一假设，你可以预测：

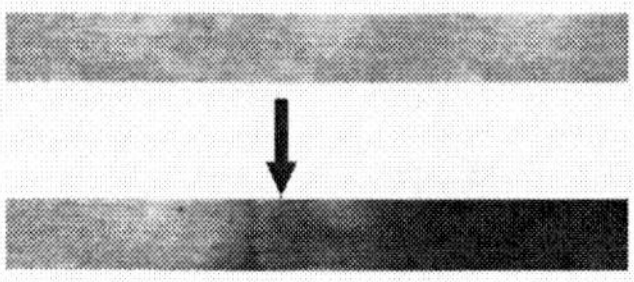

图1-30　铜片变黑

（1）如果铜片上附着的黑色物质是烟灰，则很容易抹去。

（2）如果把铜片加热，而火焰没有与铜片接触，则金属将不会变黑。

2. 联想到镁条燃烧实验，你也可能假设：铜片变黑是因为它与空气中的氧气发生化学反应。

根据这个假设，你可以预测：若将铜片放在没有空气（真空）或隔绝空气的条件下加热，铜片的颜色将不变。

图1-31　铜片在敞口试管中加热

▶实验与事实

【实验1－11】 验证假设与预测1的实验：

（1）用洁净干布或洁净湿布轻轻擦一擦已冷却的铜片黑色部分。

（2）将一段光亮铜片装在敞口的试管中，用酒精灯火焰加热试管，请将操作后观察到的现象以及结论记录在下表中。

【实验1-12】 验证假设与预测2的实验：在下述实验中选取一项进行。

(1) 如果学校实验室有真空泵，可用它抽出装有铜片并用胶塞塞紧的试管里的空气，然后加热试管，观察试管内的铜片有何变化。

(2) 用银白色的金属铝箔将铜片严密包裹压紧，不留空隙，以保证隔绝空气，然后加热，再放冷，打开包裹的铝箔，观察铜片有无变色。

现象	
判断	预测1 ______（正确/错误），预测2 ______（正确/错误）。

解释与结论

解释	【实验1-11】说明：铜片在空气中用酒精灯加热后变黑，黑色物质不是烟灰。 【实验1-12】说明：铜片在隔绝空气加热后不变色。据此可知：铜片在敞开的试管中加热后变黑，那是铜片与空气中的氧气发生化学变化，生成黑色的新物质。
结论	铜片在加热条件下能与氧气发生化学反应，生成黑色的氧化铜。

反思与评价

上述的结论是否正确，可通过对生成物的鉴别实验去证明。

【实验1-13】 将铜片用酒精灯火焰多加热几分钟，放冷，折动铜片使生成的黑色物质脱落在干净纸上，反复数次，使得到的黑色物质多些，再移入试管，滴加少量稀盐酸，加热。对照在【实验1-8】中观察到的现象，说明铜在空气中加热生成什么。

现象	
反思评价	铜在空气或氧气中受热生成的黑色物质是________，所以上述“解释与结论”______（正确/错误）。

▶表达与交流

1. 以上化学反应可用文字表达为：

$$\text{铜}\ (Cu) + \text{氧气}\ (O_2) \xrightarrow{\text{加热}} \text{氧化铜}\ (CuO)$$

（式中括号里给出的是相应物质的化学符号。）

2. 同学们就以上现象、解释和结论发表自己的意见，互相讨论交流，可提出其他预测和用实验证实的思路。

该实验第二次出现时，仍然属于探究性实验。通过回顾做过的实验或按新的实验方案分组探究金属（包含铜）与氧气的反应，得出许多金属都能与氧气反应的结论。教科书中相关内容如下：

学生实验探究

目的　认识金属的主要化学性质。

▶猜想与假设

在前面几章的学习中，你已经知道，在一定条件下，镁条、铁丝和铜片都能跟氧气发生化学反应。据此假设许多其他金属也可能跟氧气反应。此外，金属跟酸或跟某些化合物的溶液也有可能发生反应。

▶实验与事实

请从以下项目中，分组回顾做过的实验，或按新的实验方案进行探究。

【实验6-2】金属跟氧气反应

a. 常温下镁跟空气中的氧气反应，易生成很薄的氧化膜；镁条在空气中燃烧，发出耀眼白光，生成氧化镁（MgO）。

链接 >【实验1-6】镁条燃烧

b. 常温下纯铁不易与空气中的氧气发生反应；在纯氧中点燃铁丝，火星四射，生成黑色的四氧化三铁（Fe_3O_4）。

链接 >【实验3-2】铁丝在氧气中的燃烧

c. 铜跟氧气在加热时反应，生成黑色的氧化铜（CuO）。

链接 >1.4　物质性质的探究

a. 镁在空气中燃烧　b. 铁在氧气中燃烧　c. 铜在空气中加热

图6-5　金属跟氧气的反应

请写出相应的化学方程式：

a. ________________;

b. ________________;

c. ________________。

▶解释与结论

许多金属都能跟氧气反应，生成氧化物。

▶思考

有没有例外呢？

提示信息 >>>　"真金不怕火炼。"

在北京版教科书中，该实验属于探究性实验。通过加热铜片并称量加热后铜片的质量，思考讨论铜片变化（质量变化、表面变黑）的原因，设计实验证明观点，从定量和定性两方面认识铜在加热条件下能与氧气发生反应。教科书中相关内容如下：

活动·探究

【探究目的】铜与氧气的反应。

【探究操作】

1. 取一小块铜片观察，在天平上称量，铜片的质量为________g。

2. 用坩埚钳夹持称量后的铜片，在酒精灯火焰上加热，实验现象为________，该反应的化学方程式为________________。

3. 将反应后的固体冷却，称量其质量为________g。

【思考讨论】

1. 反应前后铜片的质量有变化吗？为什么？

2. 有人说铜片表面的变化是被熏黑的，你同意吗？请设计实验证明你的观点。

在沪教版教科书中，该类实验属于探究性实验，铜与氧气的反应是其中一个实验。先把铜片（或铜丝）表面用砂纸擦亮，然后进行实验并记录实验现象，写出反应的化学方程式。通过几种金属与氧气的反应，归纳出很多金属在一定条件下能与氧气反应的化学性质。教科书中相关内容如下：

观察与思考

1. 回忆并描述镁在空气中燃烧，铁丝在氧气中燃烧的现象。

2. 分别把镁条、铁片（或铁丝）、铝片（或铝丝）和铜片（或铜丝）的表面用砂纸擦亮，然后按下表所列的项目进行实验（已做过的实验可不重复），记录实验现象，写出反应的化学方程式。

表 5-3　实验记录

实验内容	实验现象	化学方程式
镁条在空气中点燃		
铁片（或铁丝）在氧气中点燃		
铝片（或铝丝）在空气中加热		
铜片（或铜丝）在空气中加热		

二、功能探析

该实验在教育教学上的功能如下图所示：

化学观念	科学思维	科学探究与实践	科学态度与责任
认识金属能与氧气反应的化学性质；从定性和定量两个角度认识化学反应。	能以宏观、微观、符号相结合的方式认识和表征铜与氧气的反应；把不同金属与氧气的反应进行综合分析，认识不同金属的相似性和差异性，建立宏观现象与化学性质之间的联系。	在探究铜与氧气是否发生反应的过程中，能基于事实和逻辑，作出合理猜想，制订实验方案，完成实验操作，对实验事实作出合理解释，得出正确结论。	在实验探究中，培养严谨求实的科学态度、敢于提出并坚持自己见解的科学精神。

通过探究金属与氧气反应的现象、难易程度，归纳得出大多数金属能与氧气反应的化学性质，从而在比较分析中理解不同金属化学性质的相似性和差异性。

在探究铜片表面变黑能否说明铜片与氧气发生了化学反应这个问题时，学生基于事实与逻辑，结合自己已有的学习经验，作出独立思考和判断，制订验证猜想的实验方案，发展科学思维品质。学生在进行实验的过程中，提高了科学探究能力，同时发展了严谨求实的科学态度，以及敢于提出并坚持自己见解的科学精神。学生对比反应前后铜片表面发生的变化及质量的变化，写出化学方程式，从宏观、微观、符号及定性、定量等不同角度认识铜与氧气的反应。

三、教学策略

1. 保证实验成功的策略

铜片要先用粗砂纸打磨，再加热。

2. 实验优化策略

(1) 实验探究化。加热铜片是基础操作，还可以对该实验进行深入挖掘——探究铜片是否与氧气发生了化学反应，全面发展学生的学科素养。教师可以参考下页流程图，引导学生开展实验探究。

(2) 实验定量化。除了从定性的角度认识铜与氧气的反应，还可以从定量的角度认识铜与氧气反应的实验。

为了精确称量铜片质量的变化，最好用精确度较高的电子精密天平。将加热前后的铜片称量，对比质量的变化，分析原因，可知铜与空气中的氧气反应，生成新物质，所以加热后固体的质量大于加热前铜片的质量。

还可以利用图 2-3 所示的实验装置进行实验，将铜丝固定在铁架台上保持平衡，用酒精灯灼烧铜丝的一端，一段时间后停止灼烧并冷却后，观察到被加热的铜丝一端下降。

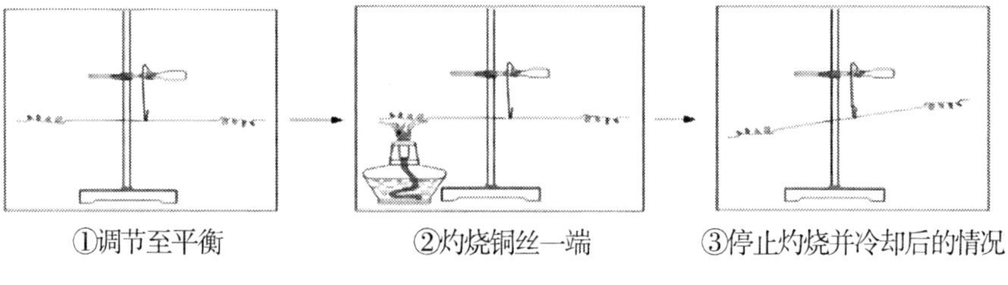

图 2-3　铜与氧气的反应

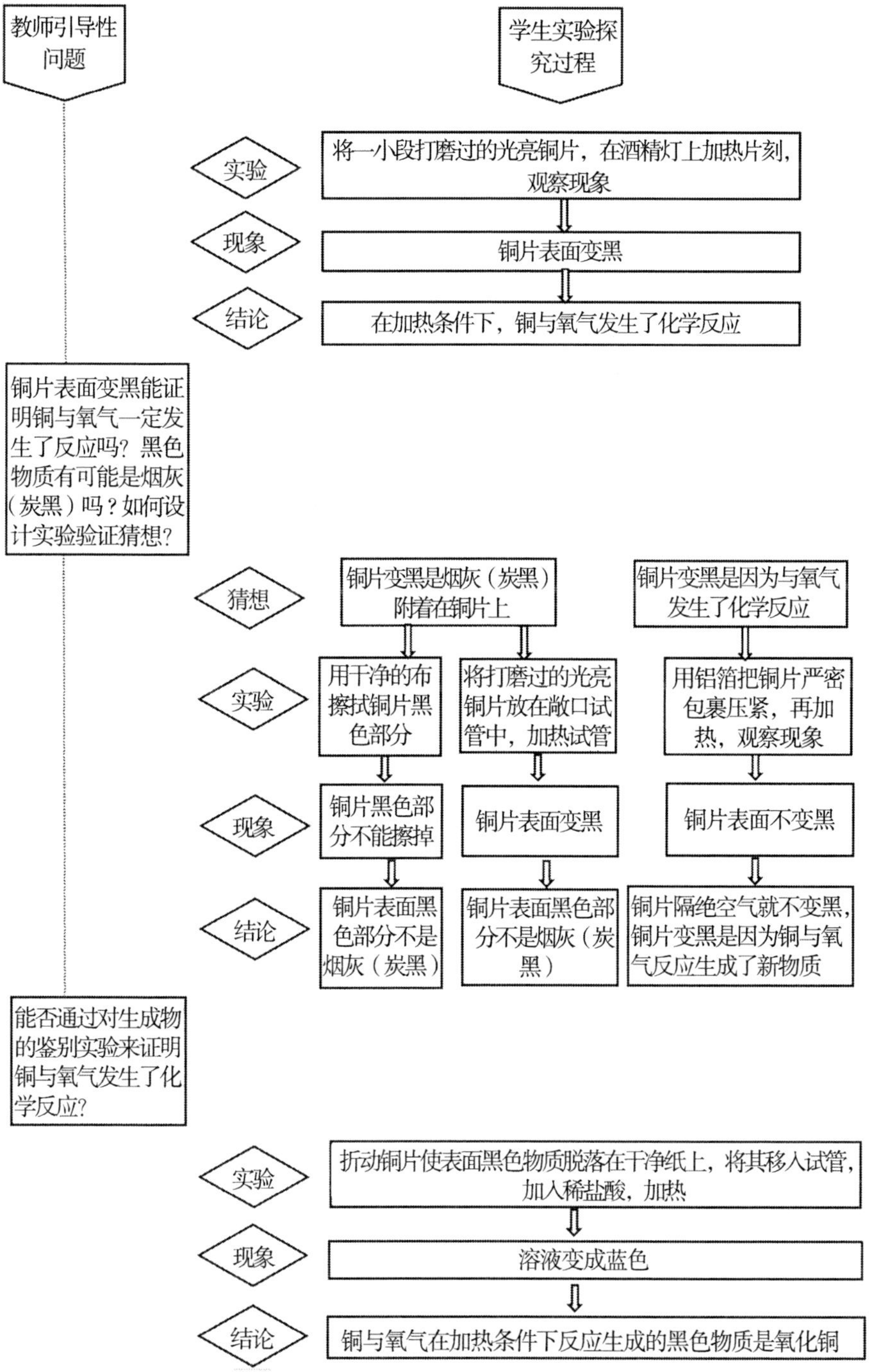

（3）实验拓展应用。

拓展应用一：加热条件下铜丝能与氧气充分反应，可以利用图 2-4 所示的实验装置，测定空气中氧气的含量。在玻璃管中放入足量铜丝，两端分别连接注射器，加热玻璃管中的铜丝。实验过程中要反复推拉两端注射器活塞，使氧气充分反应。

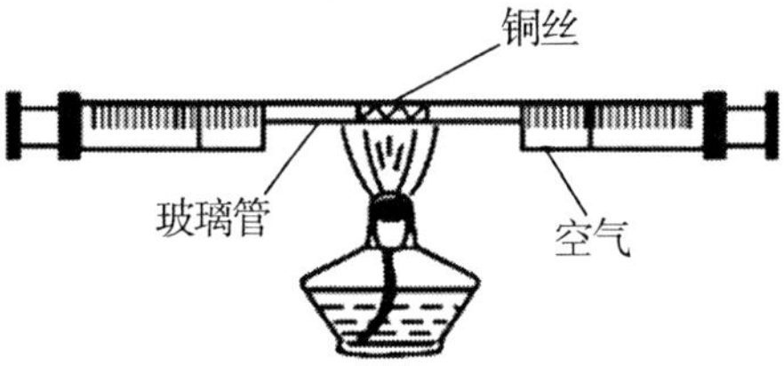

图 2-4　测定空气中氧气的含量

拓展应用二：铜与氧气反应生成的氧化铜为固体，因此还可以利用该反应除去混合气体中的氧气。将混合气体通过灼热的铜网即可除去氧气。

第 3 课　探究铁钉生锈的条件

一、实验的基本情况及不同版本教科书呈现

【实验名称】

探究铁钉生锈的条件。

【实验目的】

探究铁钉生锈的条件。

【实验原理】

一般情况下，铁锈蚀的原理是铁与空气中的氧气、水蒸气发生化学反应生成了铁锈（主要成分为 $Fe_2O_3 \cdot nH_2O$）。

【实验用品】

洁净无锈的铁钉、经煮沸后迅速冷却的蒸馏水、植物油、棉花、干燥剂氯化钙、试管、橡胶塞、铁架台。

【实验操作步骤】

(1) 如图 2-5，向 A 试管中加入洁净无锈的铁钉和经煮沸后迅速冷却的蒸馏水，使铁钉上端约四分之一露出水面，不封口。

(2) 向 B 试管中加入铁钉和经煮沸后迅速冷却的蒸馏水，使铁钉全部浸没在水中，向蒸馏水上方滴加植物油，植物油厚度约为铁钉高度的四分之一，不封口。

(3) 向干燥的 C 试管中加入洁净无锈的铁钉，在试管口塞一团棉花，在棉花团上放适量无水氯化钙，塞上橡胶塞。

(4) 每天观察铁钉锈蚀的现象，连续观察约一周，记录并交流。

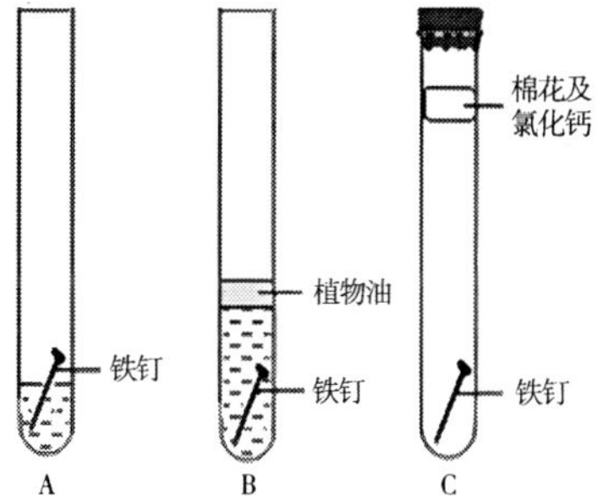

图 2-5　铁钉锈蚀条件的探究

【实验现象】

A 试管：铁钉生锈　　B 试管：铁钉不生锈　　C 试管：铁钉不生锈

【实验结论】

铁锈蚀需要与水、氧气同时接触发生化学反应。

【不同版本教科书呈现】

本实验是人教版教科书“第八单元　金属和金属材料”的“课题 3　金属资源的利用和保护”中的内容。教科书中通过实验探究了铁制品锈蚀的条件。从实验类型上说，该实验属于探究性实验。

在科普版教科书中，该实验属于探究性实验。取四支试管和四枚去油去锈的洁净铁钉。将第一支试管在酒精灯火焰上烘干，放入少量的干燥剂，再放置一枚铁钉，用橡胶塞塞紧试管口；在第二支试管里放入一枚铁钉，注入水使一半铁钉浸没在水中；在第三支试管里放入一枚铁钉，加入煮沸后迅速冷却的蒸馏水至接近试管口处，再注入少量食用油后，立即用塞子塞紧试管；在第四支试管中放入一枚铁钉，注入食盐水使铁钉的一半浸没在食盐水中。

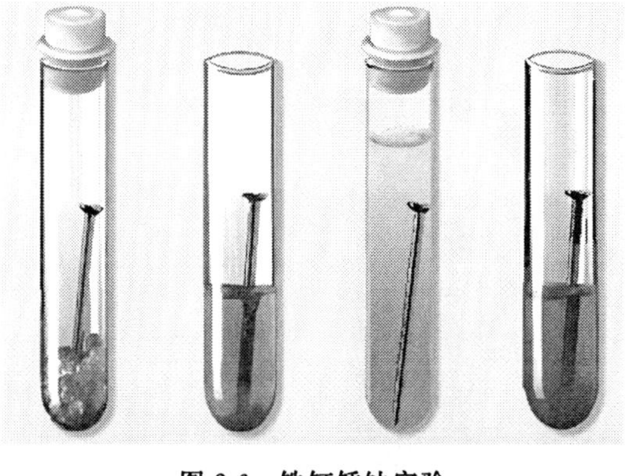

图 2-6　铁钉锈蚀实验

在科粤版教科书中，该实验属于探究性实验。实验Ⅰ，在放有铁钉的试管中加稀硫酸或稀盐酸浸没铁钉，一分钟后倒去酸液，放置；实验Ⅱ，在放有润湿棉花球的试管中加入铁钉，使铁钉落在棉花球上；实验Ⅲ，将铁钉浸入盛有煮沸后迅速冷却的蒸馏水的试管内，塞紧橡胶塞；实验Ⅳ，先在试管内放入干燥剂，再放入一个干棉花球，最后在棉花球上放铁钉，塞紧橡胶塞。教科书中相关内容如下：

编号		Ⅰ	Ⅱ	Ⅲ	Ⅳ
实验条件		加稀硫酸或稀盐酸溶液浸没铁钉，1 分钟后倒去酸液，放置。	铁钉放在用水浸湿的一团棉花球上。	铁钉浸入迅速冷却的沸水内，塞紧。	试管内放干燥剂，在一团干棉花球上放铁钉，塞紧。
实验图示		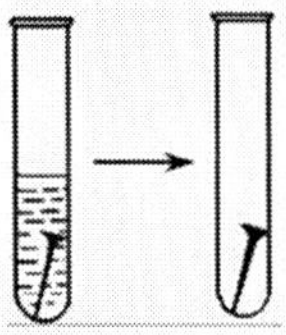		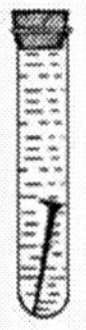	
观察记录	片刻后				
	一天后				
	三天后				
	一周后				

在鲁教版教科书中，该实验属于探究性实验。实验 1，将洁净的铁钉放在干燥的试管中，用橡皮塞密封试管口；实验 2，将洁净的铁钉全部浸没在盛满煮沸过的蒸馏水的试管中，用橡皮塞密封试管口；实验 3，将洁净铁钉的一半浸入试管中的蒸馏水里，将试管敞口放置；实验 4，将洁净铁钉的一半浸入试管中的食盐水里，将试管敞口放置；实验 5，将用食醋浸湿的铁钉放在干燥的试管中，将试管敞口放置。教科书中相关内容如下：

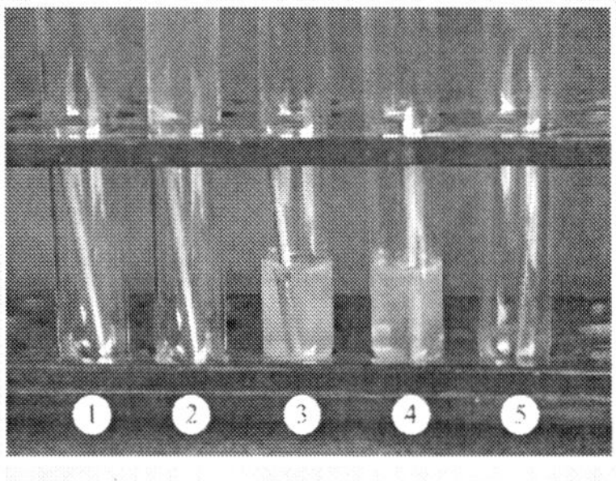

思考：

1. 你能解释他们为什么这样设计实验吗？在每个实验中他们想要探究的是哪种因素的影响？

2. 左图是四天后的实验结果（图中数字为实验序号），请你据此分析钢铁锈蚀与哪些因素有关？

3. 还有哪些因素也能造成钢铁的锈蚀？课后查阅相关资料并自己设计实验证实。

在沪教版教科书中，该实验设计与鲁教版基本相同。教科书中相关内容如下：

取5枚洁净无锈的铁钉，分别放入5支试管中（图5-12），进行下面的实验（可以分小组提前在课外进行，完成后在课堂上向大家报告实验结果）。将观察到的实验现象记录在表5-7中。

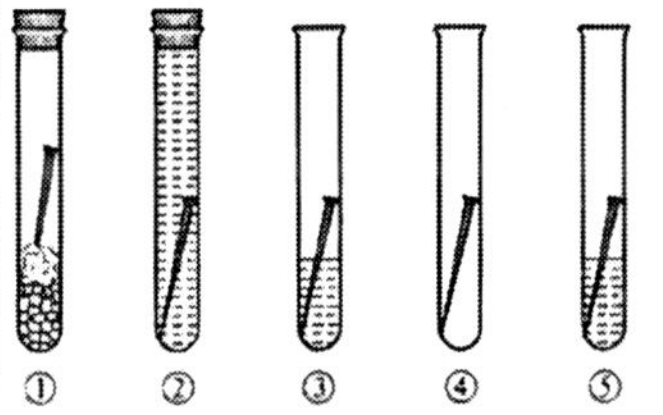

图5-12 铁钉锈蚀实验

1. 在试管①中加入少量干燥剂（生石灰或无水氯化钙），再放一团干棉球，把铁钉放在干棉球上，塞紧橡皮塞；

2. 在试管②中注满迅速冷却的沸水，使铁钉完全浸没，塞紧橡皮塞；

3. 在试管③中加入少量蒸馏水，使铁钉的一半浸没在水中；

4. 在试管④中加入稀硫酸或醋酸溶液，浸没铁钉后，倒去溶液；

5. 在试管⑤中加入少量氯化钠溶液，使铁钉的一半浸没在溶液中。

二、功能探析

在该实验探究中小组学生合作，运用对比、归纳等方法进行证据推理，学会从化学的视角分析问题、解决问题。该实验在教育教学上的功能如下图所示：

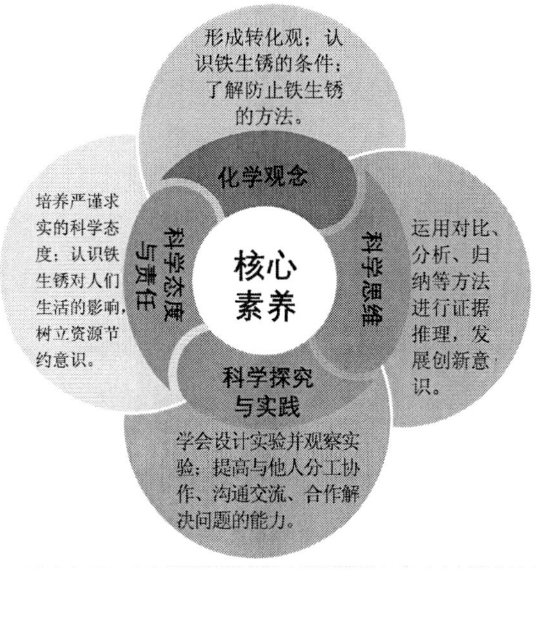

1. 建构化学观念

通过铁钉锈蚀的实验探究,知道铁生锈需要与水和氧气接触,并基于铁钉生锈的条件得出防止铁生锈的方法。学生在实验探究中理解铁钉生锈这一化学反应的规律,逐步建构起“在一定条件下通过化学反应可以实现物质转化”的观念,形成转化观。

2. 发展科学思维

学生通过设计几组实验,观察并记录实验现象,对比分析实验的相同条件和不同条件,运用分析、归纳等方法进行证据推理,顺利探究出铁钉生锈需要同时与水和氧气接触。学生在实验探究中思考质疑、交流合作,发展了科学思维品质。

3. 提升科学探究与实践能力

科学探究需要根据问题作出假设。学生结合已有的生活经验能够预测出铁钉生锈的条件是需要水和氧气,并通过控制变量的方法设计实验,观察并记录实验现象,发展了交流合作、实验探究的能力。教学中教师可引导学生从微型实验、数字化实验以及操作便捷等角度优化实验设计和实验装置,发展学生的创新意识。

4. 培养科学态度与责任感

通过本实验,学生从变化的视角分析和讨论资源综合利用,认识到铁生锈对生活的影响。以铁为例,从破坏铁生锈条件的角度思考保护金属的措施,形成节约资源、保护环境的意识,培养科学态度与责任感。

三、教学策略

1. 提前规划

各版本教科书在设计铁锈蚀的实验时,实验时间都要求一个星期左右。由于实验观察周期较长,在实际教学中易出现只有教师在讲实验的现象,剥夺了学生自主探究的机会。此外,很多老师提前做好实验,将实验现象直接展示给学生,学生不能直观铁钉生锈的全过程。因此,在教学中教师可提前一周让学生在家利用身边的物品进行实验探究,观察铁钉生锈的全过程,拍摄记录不同阶段的现象,从而激发学生的探究欲望和学习兴趣。

2. 各版本教科书对铁的锈蚀实验设计略有差别

人教版教科书中的该实验只是探究了铁钉接触氧气、水后腐蚀生锈的情况,没有就其他影响条件进行深入讨论;与人教版教科书相比,科普版教科书增加了盐溶液(氯化钠溶液)对铁钉锈蚀影响的探讨;科粤版教科书增加了酸性环境条件对铁钉锈蚀影响的探讨;鲁教版和沪教版教科书则在科普版的基础上进一步增加了酸性环境条件对铁钉锈蚀影响的探讨。除酸、碱、盐环境对铁钉的锈蚀有影响外,温度也是影响铁钉锈蚀的重要因素,现有各版本教科书中没有体现这方面的内容。因此,教学中教师可引导学生进一步设计实验方案，在探究铁钉接触氧气和水而发生锈蚀情况外，增加酸、碱、盐环境以及温度条件对铁钉锈蚀影响的探究，使学生在实验探究中发展分析、评价和创造的高阶思维。

3. 保证铁钉洁净

在实验操作时铁钉表面有油渍，教师往往会忽略不处理，这会导致观察时间增加。实验中的铁钉使用前可先用稀酸浸泡，确保铁钉表面无锈、无渍、光亮，再用蒸馏水冲洗并用滤纸吸收铁钉表面的水分，晾干待用。

4. 数字化实验

学生实验时会出现在无水或无氧气的条件下铁钉仍会生锈的现象。教师可通过数字化实验帮助学生进一步探究这一现象产生的原因。通过数字化实验，学生了解到敞口容器中自然冷却的沸水、密封条件下自然冷却的沸水，以及密封条件下用冷水迅速冷却的沸水依然溶解氧气，加过干燥剂的试管也含有少量水蒸气。

5. 实验改进

对实验做如下改进可在短时间内观察到铁钉生锈。

(1) 取四枚小铁钉，仔细打磨。

(2) 在一条质地较硬的透明塑料片 A 上钉上两枚小铁钉，一枚沾有食盐水，一枚沾有蒸馏水。在同样的塑料片 B 上钉上一枚干燥的小铁钉。

(3) 在干燥的大试管中放入一枚小铁钉，用煮沸过的冷蒸馏水淹没，在上方滴加植物油，使蒸馏水与外界气体隔绝。

(4) 另取一支干燥的大试管，底部装上干燥剂。

(5) 将 B 塑料片竖直插入装有干燥剂的大试管中，塞紧橡皮塞(见图 2-7 左图)；将 A 塑料片竖直插入装有蒸馏水的大试管中(注意 A 塑料片上的两枚铁钉要在油层上方)，塞紧橡皮塞(见图 2-7 右图)，备用。

(6) 加热高锰酸钾，向两支大试管中通入氧气直至集满氧气。

(7) 课堂演示时，取一只大烧杯，向其中倒入开水，将上述两支试管同时进行水浴加热。

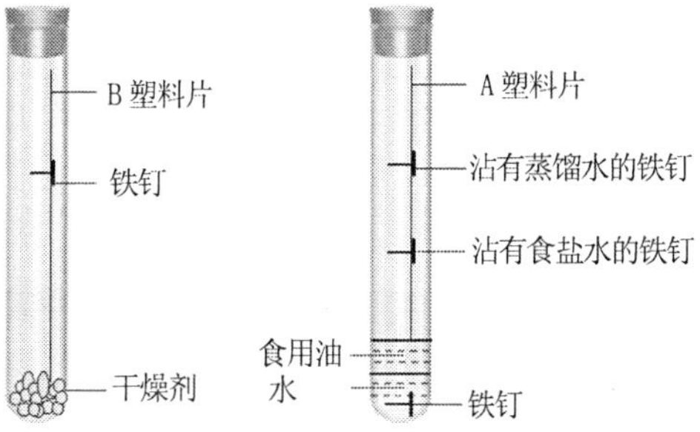

图 2-7　铁钉锈蚀条件的探究

说明:该实验可继续拓展,例如,可以与不加热的装置进行比较,与试管内充空气的同样装置进行锈蚀速率进行比较,等等。

第 4 节　燃烧条件的探究

一、实验的基本情况及不同版本教科书呈现

【实验名称】

燃烧条件的探究。

【实验目的】

探究可燃物燃烧的条件。

【实验原理】

可燃物在与氧气接触和温度达到可燃物着火点时可以燃烧。

【实验用品】

白磷、红磷、铜片、盛有热水的烧杯、导管。

【实验操作要点】

实验装置如图 2-8 所示。

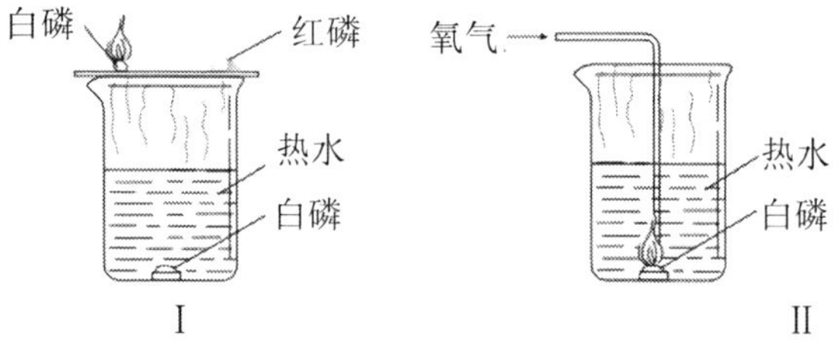

图 2-8　燃烧条件探究实验

(1) 在 500 mL 烧杯中加入 300 mL 热水,并放入用硬纸圈圈住的一小块白磷。在烧杯上盖一片薄铜片,铜片上一端放一小堆干燥的红磷,另一端放一小块已用滤纸吸去表面水的白磷(如图 2-8 Ⅰ),观察现象。用导管对准上述烧杯中的白磷,通入少量氧气(或空气,如图 2-8 Ⅱ),观察现象。

(2) 人教版教科书中写明本实验由教师演示,实验需在通风橱内或抽风设备下进行。

【实验现象】

实验中薄铜片上的白磷燃烧而红磷不燃烧,热水中的白磷也不燃烧,热水中的白磷通入氧气(或空气)后燃烧。

【实验结论】

燃烧的条件为:可燃物与氧气接触,温度达到可燃物的着火点。

【不同版本教科书呈现】

在人教版教科书中，该实验属于探究性实验。实验中红磷和白磷均处于敞口开放状态，燃烧产生的白烟对讲台周围学生的影响很大。因此，教科书中特别注明该实验需要在通风橱内进行。

在科普版教科书中，实验1(如图2-9a)：取少量红磷和白磷(用滤纸吸干白磷表面的水分)，置于薄铜片上，用酒精灯对准薄铜片加热，观察现象。实验2(如图2-9b)：在500 mL烧杯中注入约300 mL沸水，投入一小块白磷，观察现象；鼓入空气，再观察现象。从实验类型上说，该实验属于演示实验、探究性实验。

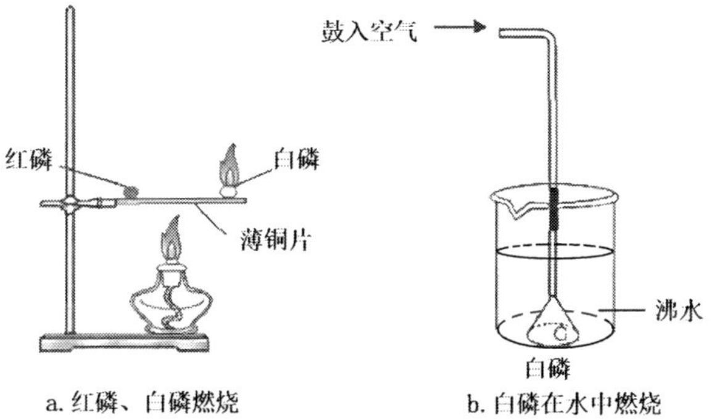

图2-9　燃烧条件探究实验

在鲁教版教科书中，燃烧条件的探究以学生探究实验呈现，通过三个有趣的实验引发学生对燃烧条件的探究，并通过完成一系列促进或阻止燃烧反应的实验，发展学生运用控制变量法进行实验探究的能力。实验内容如下：

实验1　分别尝试点燃浸过酒精和水的木条

取一根木条，将其一端浸入烧杯中的酒精里约10 s，用试纸轻轻擦拭后在酒精灯火焰上点燃。取另一根木条，将其一端浸入烧杯中的水里约10 s，用试纸轻轻擦拭后，也尝试在酒精灯火焰上点燃。

实验2　用纸船烧水

取一张A4纸，裁成两半，折成两只同样的纸船。将一只纸船放在铁架台的铁圈上，用酒精灯加热，记录纸船从开始加热到燃烧需要的时间。向另一只纸船中小心注入约一半的水，放在上述铁圈上加热，记录该纸船从加热到燃烧需要的时间。

实验3　分别尝试在空气中和在氧气中点燃钢丝棉

用坩埚钳夹持一团钢丝棉，在酒精灯火焰上灼烧至红热。将钢丝棉迅速插入盛有氧气的玻璃瓶中(瓶底须盛水或铺沙子)，观察现象。

在北京版教科书中，该实验与人教版内容相比，实验装置基本相同，增加了待铜片上的白磷熄灭后，可以用火柴将红磷点燃的操作，此操作进一步证明可燃物燃烧的条件之一是温度达到可燃物的着火点。教科书中相关内容如下：

以下是探究燃烧条件实验的过程，试对实验现象进行分析和预测。

步骤一：在 500 mL 的烧杯中注入 300 mL 热水（约 50℃以上），并投入一小块白磷。在烧杯上盖一片薄铜片，铜片上一端放一小堆干燥的红磷，另一端放一小块已用滤纸吸去表面水分的白磷（如图 6-2），可观察到：________________________________。

步骤二：待铜片上的白磷熄灭后，可以用火柴将红磷点燃。

步骤三：将导管对准烧杯中的白磷，通入少量氧气（如图 6-3），可观察到：________________________________。

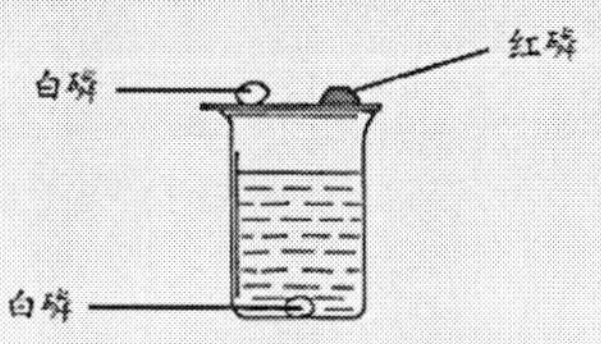

图 6-2 白磷和红磷的燃烧

图 6-3 白磷在水中燃烧

思考讨论

以上实验中，哪些操作及现象可证明可燃物燃烧必备的两个条件？

北京版教科书中对实验进行了改进，改进后的实验操作简单便捷。从环境保护的角度，可燃物在密闭环境中进行燃烧，减轻了生成物五氧化二磷对环境的污染，实验成功率更高。教科书中相关内容如下：

9．某化学小组围绕燃烧与灭火的主题开展了相关活动。请你参与完成：

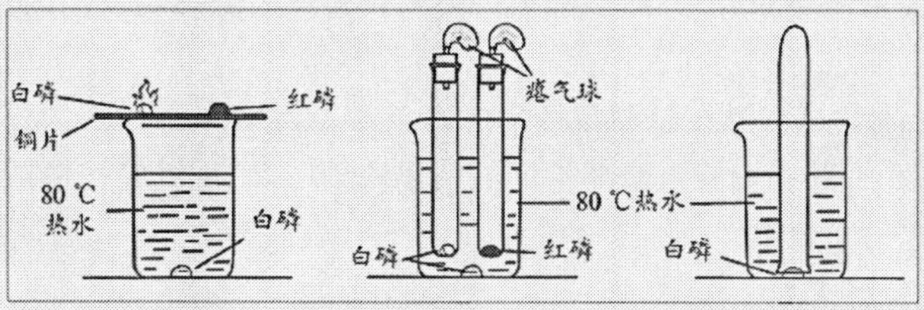

图 6-32

【知识回忆】可燃物燃烧的必备条件是__________、__________。

【交流讨论】

（1）改进后的装置（如图乙）与图甲相比，其优点是__________。在图乙装置中气球的作用是__________________；实验时右侧试管中的红磷能否燃烧__________（填“能”或“否”），原因是__________________。

（2）将装有某气体的大试管口朝下垂直插入水中，使试管罩住白磷（如图丙所示），结果观察到了“水火相容”的奇观，则大试管所装气体可能是__________________。

【综合应用】“水火不相容”是指水能灭火，其实水有时也可以“生火”，比如金属钾遇水会立刻着火，因为钾遇水生成 H_2 和一种化合物（氢氧化钾，KOH），该反应是__________（填“吸热”或“放热”）反应，其文字表达式为__________（在各物质名称下标出其化学式）。

二、功能探析

在实验探究中，学生学会合作，掌握实验的基本操作技能，培养了学生控制变量和对比实验的科学思维，使其学会了从化学的视角分析解决与燃烧和灭火相关的问题。该实验在教育教学上的功能如下图所示：

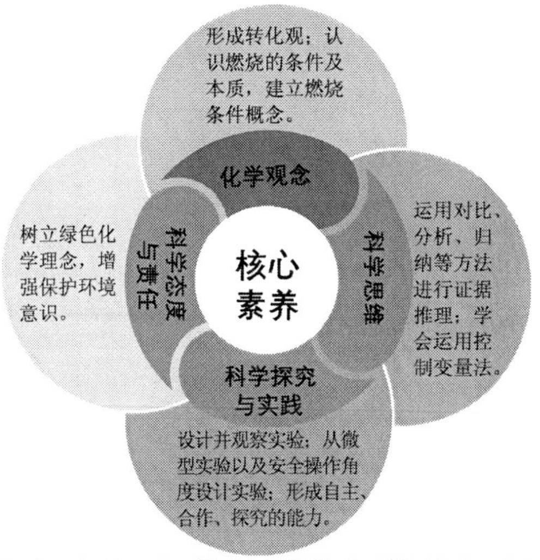

1. 建构化学观念

该实验操作简单，现象明显，体现了控制变量和对比实验的科学思维，有利于学生认识燃烧的条件及本质。学生通过直观实验，理解可燃物燃烧必须同时具备“与氧气充分接触”和“温度达到可燃物着火点”的条件，从而明晰实验规律，建构学科概念。

2. 发展科学思维

通过引导学生观察并记录实验现象，使学生学会运用对比、分析、归纳等方法进行证据推理。通过对比铜片上白磷燃烧、红磷不燃烧、水中的白磷也不燃烧，得出可燃物燃烧的条件是需要氧气和温度达到着火点，并从可燃物燃烧的条件出发分析得出灭火的原理，发展了学生的科学思维。

3. 提升科学探究与实践能力

学生经历科学探究的过程，学会全面、完整和及时地观察实验，记录实验现象，并且基于观察到的实验事实，分析、对比、思考得出结论，实验中学生进一步体会控制变量这一初中阶段重要的实验方法。教师引导学生从微型实验、数字化实验、安全环保等角度对实验进行改进，从而培养学生的创新意识。

4. 培养科学态度与责任感

由于实验中红磷燃烧生成的五氧化二磷污染空气，实验为教师演示实验且在通风橱内或有抽风设备下进行，所以可以引导学生从绿色化学的角度思考实验的改进方法,借此进一步强化学生保护环境的意识,帮助学生树立绿色化学的理念,培养学生的科学态度与社会责任感。

三、教学策略

(1) 在现行各版本的义务教育化学教科书中,实验都是在敞开的环境中进行的,人教版教科书中注明该实验需要在通风橱内进行。但在实际教学过程中,很多化学教师通常都在教室里演示该实验,很多农村学校实验室中也没有通风橱或抽风设备,演示时产生的五氧化二磷对师生的健康有害。由于白磷和红磷燃烧产生的污染问题没能很好解决,不少教师采取播放视频和讲实验的处理方式。这种处理方式,弱化了这一经典实验的功能。

(2) 基于绿色化学理念,可采用如图 2-10 所示的装置进行演示实验。1 号玻璃瓶中加少量红磷,2 号玻璃瓶中加少量白磷,3 号玻璃瓶中加少量白磷并注入适量的水。把三个玻璃瓶同时放进盛有 80 ℃热水的大烧杯中。待 2 号瓶中白磷燃烧并熄灭后,用注射器向 2 号瓶中注入适量的水,白烟逐渐消失,这样可以避免污染环境。用注射器把 3 号瓶中的水抽出,发现 3 号瓶中的白磷燃烧起来,并产生大量白烟。把注射器内从 3 号玻璃瓶中抽出来的水再次注入 3 号玻璃瓶中,白烟逐渐消失,不污染环境。这一实验装置的不足之处是,装置略显复杂,教师课前准备时间较长。

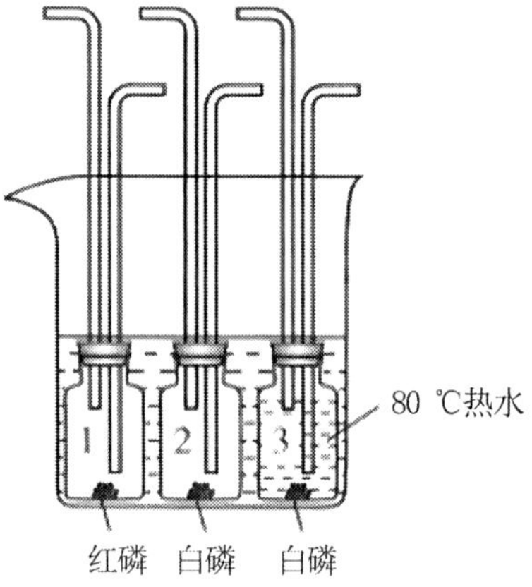

图 2-10　探究燃烧条件的演示实验改进装置

(3) 基于教科书对该实验装置进行改进(如图 2-11),让红磷和白磷在密闭装置中燃烧,从而达到减轻污染的目的。

图 2-11　探究燃烧条件的实验改进装置

如图 2-11 左图所示，将分别装有红磷和白磷的两支试管口套上气球，将两支试管放入 80 ℃的水中，观察到试管中的白磷燃烧，试管中的红磷没有燃烧。该操作简单，实验现象明显，成功率高。如图 2-11 右图所示，在盛有 80 ℃的热水中倒放一个橡胶塞，并在上端挖一个小的凹槽用于放白磷，放于热水中后白磷在凹槽内熔化为豆粒大的小球，将提前收集好氧气的试管扣在橡胶塞上，可观察到白磷燃烧。实验中也可将橡胶塞换成细口瓶的玻璃塞，将白磷放于倒置的玻璃塞的凹槽内。改进实验成功率高，操作简单，不需要课堂上制备氧气，也可避免氧气气流吹走水中的白磷而导致实验失败。

(4) 基于本实验的特点，将燃烧条件探究实验改进为如图 2-12 所示的微型实验，达到节约药品、保护环境的目的。

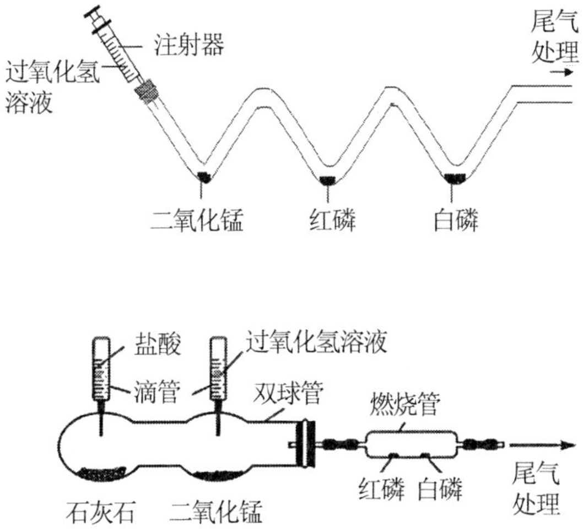

图 2-12　探究燃烧条件的微型实验装置

如图 2-12 上图所示，用 80℃的热水加热装有红磷和白磷的"W"形管，用注射器将过氧化氢溶液推入装置内，观察现象并分析。与上图实验相比，下图实验将对燃烧条件的探究与初中阶段氧气和二氧化碳两种重要气体的制备相结合，通过挤压双球管上右侧胶头滴管使过氧化氢溶液与二氧化锰接触产生氧气。微热燃烧管，燃烧管中的白磷燃烧而红磷未燃烧，说明可燃物燃烧的条件之一是温度达到可燃物的着火点。这个实验，在具体的实验情境中可以培养学生用所学知识解决实际问题的能力，使知识在迁移运用中内化为素养。

第 5 节　测定并比较氯化钠、硝酸铵、氢氧化钠在水中溶解时溶液的温度变化

一、实验的基本情况及不同版本教科书呈现

【实验名称】

溶解时的吸热或放热现象(物质溶解时溶液温度的变化)。

【实验目的】

探究物质溶解过程是否伴有能量的变化。

【实验原理】

溶质的溶解既包括溶质分子(或离子)向水中扩散的过程，也包括溶质分子(或离子)与水分子结合形成水合分子(或水合离子)的过程。前一个过程是需要吸收热量的，而后一个过程是能够放出热量的。当扩散过程吸收的热量小于水合过程放出的热量时，溶液的温度就会升高；反之，溶液的温度就会降低。当然，也有一些物质在溶于水的时候，扩散过程吸收的热量与水合过程放出的热量相差无几，这样溶液的温度就不会发生明显的变化。

【实验用品】

小烧杯、温度计、玻璃棒、氯化钠固体、氢氧化钠固体、硝酸铵固体、水。

【实验操作要点】

这一实验的装置如图 2-13 所示。

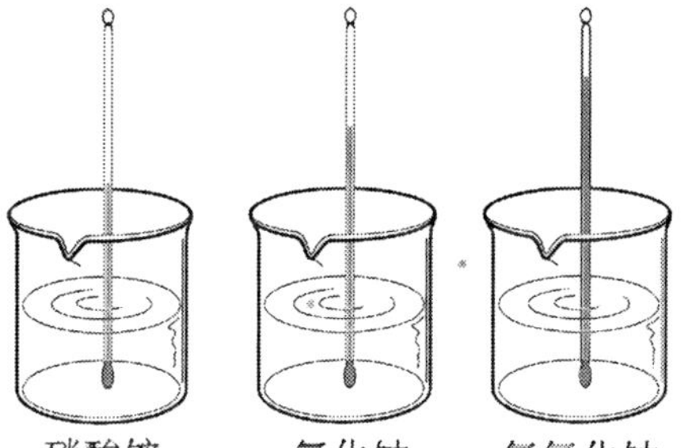

图 2-13　物质溶解时的温度变化

(1) 为了便于对照比较，分别取相同质量的氯化钠、氢氧化钠、硝酸铵，放入三个相同规格的烧杯中，加入相同体积的水，用玻璃棒搅拌至固体全部溶解。

(2) 氢氧化钠有很强的腐蚀性，应放在小烧杯内进行称量，不要让它或它的溶液沾到身体或衣服上，特别要防止氢氧化钠溶液溅入眼中。

【不同版本教科书呈现】

在沪教版教科书中，该实验的开放性较高，要求学生设计具体的实验方案，指明实验目的、实验仪器及实验过程；再将自己设计的方案与教科书中给出的方案进行比较，分析存在的差异，并对自己的方案进行评价；然后进行实验并分析得出结论。

在人教版教科书中，该实验的开放性也比较高，只给出了实验仪器和药品，要求学生设计实验方案和装置，并画出装置简图，再进行实验并分析得出结论。

在北京版教科书中，该实验要求学生先完善猜想假设，再按照给定的方案进行实验。

在科粤版教科书中，学生按照教科书给定的方案进行实验即可。

以上版本教科书中的实验都用到了氢氧化钠、硝酸铵、氯化钠三种固体物质。鲁教版教科书中只用了氢氧化钠和硝酸铵两种溶质，没有用氯化钠，这会导致学生对物质溶解时的吸热或放热现象认识不全面，使其误以为溶解过程一定会伴随着明显的放热或吸热现象。

在人教版教科书中，该实验探究氯化钠、硝酸铵、氢氧化钠溶于水时是放出热量还是吸收热量，记录加入溶质前水的温度、溶解现象、溶质溶解后溶液的温度。特别提醒学生，为便于运用对比的科学方法，三种溶质和水的用量应大致相等。教科书中相关内容如下：

探究

溶解时的吸热或放热现象

现有试管、烧杯、玻璃棒、温度计等仪器和固态NaCl、NH_4NO_3、NaOH（你还可以选用其他仪器和药品），试设计实验方案，探究它们溶解于水时是放出热量还是吸收热量。

实验方案：____________________

____

____

画出你所设计的实验装置简图：

注意

1. 为了便于比较，NaCl、NH_4NO_3 NaOH三种溶质和水的用量应大致相等。

2. NaOH有强烈的腐蚀性，使用时要十分小心，不要把NaOH或其溶液沾到皮肤或衣服上，特别要防止NaOH溶液溅入眼中。

记录：

水中加入的溶质	NaCl	NH_4NO_3	NaOH
加入溶质前水的温度/℃			
溶解现象			
溶质溶解后溶液的温度/℃			

结论：____________________

____

____

在北京版教科书中，该实验要求学生根据探究目的作出猜想假设，按照给定的探究操作进行实验，用温度计测量氯化钠、硝酸铵、氢氧化钠溶于水后溶液温度的变化，记录溶解后的温度，分析得出探究结论。教科书中相关内容如下：

活动·探究

【探究目的】探究物质溶解过程是否伴有能量的变化。

【猜想假设】物质溶解后，可能使体系温度升高；可能会使体系温度降低；还可能____。

【探究操作】取少量蒸馏水，测量其温度为________。

依次操作：先将少量固体加入烧杯中，再倒入一定量的蒸馏水，充分搅拌后，将温度计插入溶液中，读数：

水中加入的物质	NaCl	NH_4NO_3	NaOH
溶解后的温度/℃			

【探究结论】____。

在沪教版教科书中，该实验要求学生设计具体的实验方案，指明实验目的、实验仪器及实验过程；再将所设计的方案与教科书中给出的方案进行比较，分析存在的差异，并对自己的方案进行评价；然后进行实验、分析并得出结论。教科书中相关内容如下：

活动与探究

现欲研究硝酸铵、氯化钠和氢氧化钠分别溶于水过程中的热量变化。

1. 请设计具体的实验方案，指明实验目的、实验仪器及实验过程。

2. 请将你所设计的方案与以下方案进行比较，分析存在的差异，并对你的方案进行评价。

(1) 取 3 个烧杯，各注入约 30 mL 水，用温度计测量水的温度。

(2) 分别将一药匙硝酸铵、氯化钠和氢氧化钠加入上述 3 个烧杯中，用玻璃棒搅拌至固体完全溶解，测量溶液的温度。

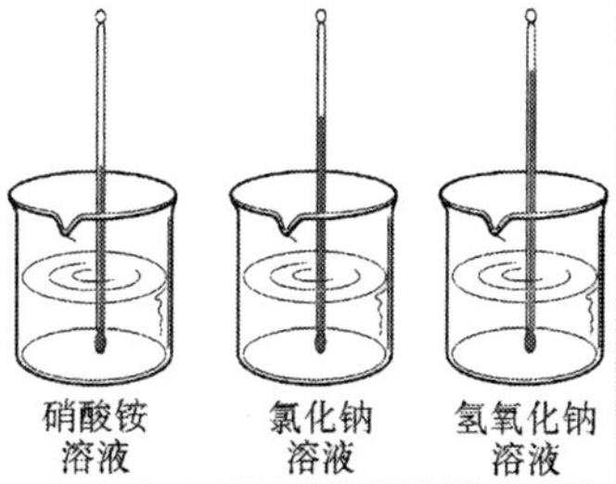

图6-4　物质溶解时的温度变化

3. 进行实验，将温度记录在表 6-3 中，分析并得出结论。

（注意：氢氧化钠有腐蚀性，取用时要小心）

表6-3 物质溶解时的温度变化

	测量的温度/℃	温度的变化(与水相比)	结论
水			
溶解硝酸铵			
溶解氯化钠			
溶解氢氧化钠			

4.把小烧杯中的溶液倒入指定的容器内。

在科粤版教科书中,该实验要求分别取3 g氯化钠、3 g硝酸铵、3 g氢氧化钠,放入三个同样规格的塑料杯中,分别加入20 mL水,记录加入溶质前水的温度、溶解情况、溶质完全溶解时溶液的温度、溶质溶解时的热量变化。教科书中相关内容如下:

观察活动

目的 知道溶解过程伴有热现象。

【实验7-4】

1. 为了便于对照比较,分别取氯化钠、硝酸铵和氢氧化钠三种物质各3 g,放进3个同样规格的塑料杯中。

2. 另取3份各为20 mL的水,用温度计测量并记下水温。

3. 将3份水分别倒进装有溶质的塑料杯中,搅拌,测量并记录溶质溶解后溶液的温度。

氢氧化钠有腐蚀性,应放在小烧杯内进行称量,不要让它或它的溶液沾到身体上。

4. 实验记录

溶 质	NaCl(3 g)	NH_4NO_3(3 g)	NaOH(3 g)
加入溶质前水的温度/℃			
溶解情况			完全溶解
溶质完全溶解时溶液的温度/℃			
溶质溶解时的热量变化			

在鲁教版教科书中,该实验要求在盛有50 mL蒸馏水的小烧杯中分别加入5 g氢氧化钠和5 g硝酸铵两种固体,测量温度的变化,记录数据。教科书中相关内容如下:

实验探究 3-1

物质溶解时溶液温度的变化

实验用品：小烧杯2只、温度计、玻璃棒；氢氧化钠、硝酸铵。

实验过程：

实验操作	实验数据
1. 取两只小烧杯，分别加入约50 mL蒸馏水，用温度计测量水温（T_1）。	T_1 = ________ ℃
2. 向一只小烧杯中加入约5 g氢氧化钠固体，搅拌，测量溶液的温度（T_2）。	T_2 = ________ ℃
3. 向另一只小烧杯中加入约5 g硝酸铵固体，搅拌，测量溶液的温度（T_3）。	T_3 = ________ ℃

思考：小芳认为：溶液温度变化了，说明物质在溶于水时可能从水中吸收了能量，也可能向水中释放了能量。你同意她的观点吗？

三、功能探析

该实验在教育教学上的功能如下图所示：

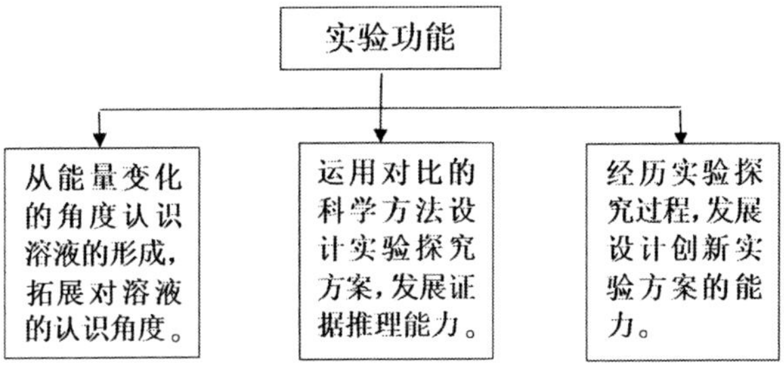

通过测定并比较氯化钠、硝酸铵、氢氧化钠在水中溶解时溶液的温度变化，探究物质在溶解过程中的吸热或放热现象，从能量变化的角度认识溶液的形成。通过经历实验探究过程，学生逐步学会运用实验探究的方法解决问题，主动参与到学习中，培养合作意识。而设计对比实验，可以拓展学生的思维广度，使学生逐步掌握对比实验的设计思路。

三、教学策略

1. 保证实验成功的策略

(1) 为了便于对照比较，所取氯化钠、氢氧化钠、硝酸铵三种溶质的质量应该相同，用三个相同规格的烧杯，加入相同体积的水。

(2) 氢氧化钠有强烈的腐蚀性，应放在小烧杯内进行称量，不要让氢氧化钠或它的溶液沾到身体或衣服上，特别要防止氢氧化钠溶液溅入眼中。

2. 实验优化策略

(1) 实验数字化。为了准确直观地观察溶解过程中的温度变化趋势，可以用温度传感器测量不同时刻溶液的温度，绘制成温度随时间变化的曲线。如图 2-14 所示，将 NaOH、NaCl、NH_4NO_3 固体各 10 g 分别放入盛有 100 mL 水的烧杯中充分溶解。把不同时刻测量的溶液的温度，绘制成如图 2-15 所示的变化图。

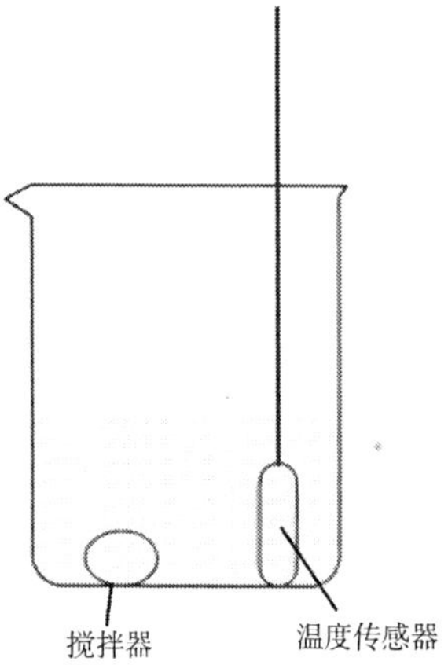

图 2-14　实验装置

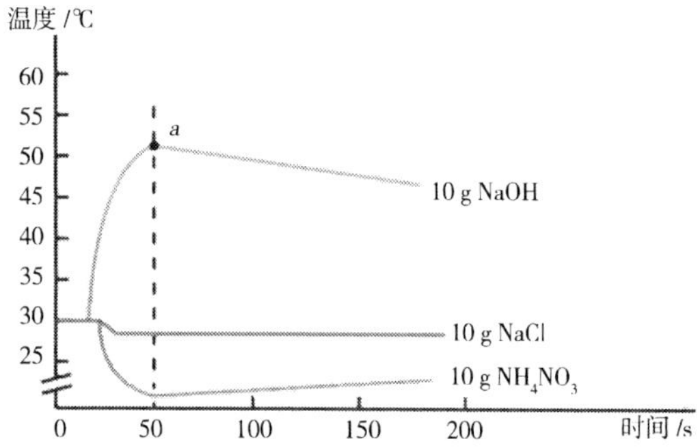

图 2-15　NaOH、NaCl、NH_4NO_3溶解过程中的温度变化

(2) 实验现象可视化。可以采用以下实验装置探究物质在水中溶解时的温度变化：在试管中加入等体积的水，分别向其中加入等质量的 NaOH、NaCl、NH_4NO_3 固体，观察红墨水的变化，分析得出物质溶于水时的温度变化(如图 2-16a)。

还可以采用以下实验装置探究物质在水中溶解时的温度变化：在集气瓶中分别放入等质量的 NaOH、NaCl、NH_4NO_3 固体，向集气瓶中加入等体积的水，观察气球的变化，分析得出物质溶于水时的温度变化(如图 2-16b)。

(3) 实验趣味化。还可以采用如图 2-16c 所示的装置探究氢氧化钠固体溶于水时的热量变化，塑料片掉下来，说明温度升高使石蜡熔化，证明氢氧化钠溶于水时放出热量。采用如图 2-16d 所示的装置探究硝酸铵固体溶于水时的热量变化，塑料片被粘在烧杯底部，说明温度降低使水渍结冰，证明硝酸铵溶于水时吸收热量。

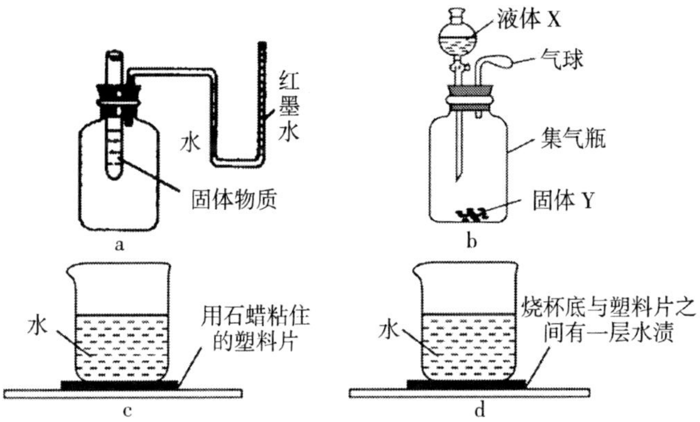

图 2-16　探究物质溶解时的温度变化

第 6 节　探究氢氧化钠溶液与盐酸的中和反应

一、实验的基本情况及不同版本教科书呈现

【实验名称】

氢氧化钠溶液与盐酸的中和反应。

【实验目的】

认识酸与碱反应的规律，探析中和反应的微观实质。

【实验原理】

氢氧化钠溶液与盐酸的中和反应并无明显现象。本实验借助指示剂酚酞，指示并证明氢氧化钠从有到无的过程，从反应物氢氧化钠消失的角度间接证明反应的发生。

【实验用品】

烧杯、玻璃棒、胶头滴管、氢氧化钠溶液、稀盐酸、酚酞溶液。

【实验操作要点】

这一实验装置如图 2-17 所示，反应示意图如图 2-18 所示。

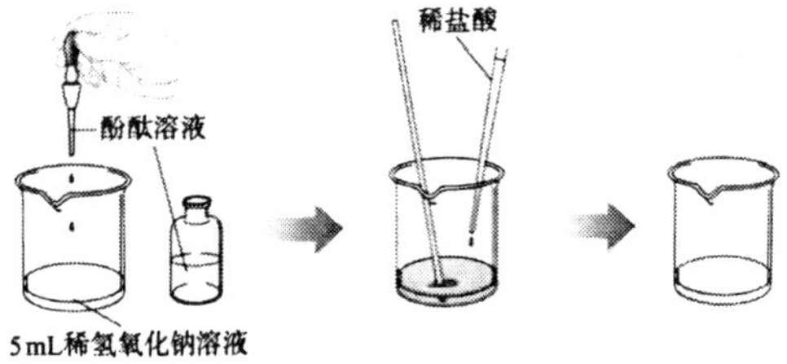

图 2-17　在氢氧化钠溶液中滴加稀盐酸

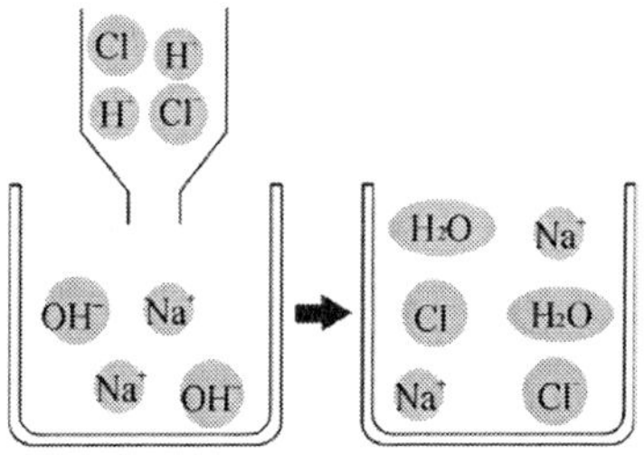

图 2-18　氢氧化钠与盐酸反应示意图

在烧杯中加入约 5 mL 稀氢氧化钠溶液，滴入几滴酚酞溶液。用滴管慢慢滴入稀盐酸，并不断搅拌溶液，至溶液颜色恰好变为无色为止。

【实验结论】

氢氧化钠溶液与盐酸确实发生了化学反应。

【不同版本教科书呈现】

在沪教版教科书中，本实验属于探究性实验。在“活动与探究”环节，通过实验证明反应的发生，引出中和反应的概念，并得出“稀盐酸与氢氧化钠溶液反应放出热量”的结论。紧接着在“交流与讨论”部分，对中和反应的概念进行理论与实践的应用，加深学生对概念的理解，提高学生理论联系实际的能力。在“练习与实践”环节，拓展了温度的数字化实验，呼应“反应放热”的结论。该环节的设计不仅让学生学会了处理数据的方法，能根据曲线的变化趋势分析得出“反应放热”的实验结论，同时也发展了学生的辩证思维。温度变化除了与反应放热有关，还与加入的溶液体积有关，让学生学会从多角度思考分析问题。教科书中相关内容如下：

活动与探究

1. 在盛有氢氧化钠溶液的烧杯中，滴加 2~3 滴酚酞试液，插入一支温度计，测量溶液的温度。用胶头滴管吸取盐酸逐滴加入盛有氢氧化钠溶液的烧杯中，边滴边用玻璃棒搅拌，当烧杯中溶液刚好变成无色时，停止加入盐酸。在实验过程中，溶液的碱性发生了什么变化？溶液的温度有什么变化？

2. 取实验 1 所得的少量溶液于一支试管中，另取一根胶头滴管，向试管中加入 1 滴氢氧化钠溶液，溶液的颜色又发生什么变化？这说明了什么？

3. 用玻璃棒蘸取实验 1 所得的溶液，加热至蒸干，观察到什么现象？

上述实验说明，氢氧化钠溶液能与盐酸反应，反应时放出热量。当滴入的盐酸量较少时，溶液中的氢氧化钠有剩余，溶液呈碱性；当滴入的盐酸与氢氧化钠恰好完全反应时，溶液呈中性；当滴入的盐酸过量时，盐酸有剩余，溶液呈酸性。

盐酸与氢氧化钠溶液反应生成氯化钠和水。

$$NaOH + HCl = NaCl + H_2O$$

酸与碱反应的结果是酸和碱各自的特性都消失，生成了盐和水。酸与碱作用生成盐和水的反应称为**中和反应** (neutralization reaction)。中和反应也属于复分解反应。

酸 + 碱→盐 + 水

交流与讨论

1. 参照氢氧化钠与盐酸反应的化学方程式，写出氢氧化钙分别与稀硫酸、盐酸反应的化学方程式。

2. 下面给出几种盐的化学式，你能否说明它们可以用哪些酸和碱反应得到？

氯化钾（KCl）、硝酸钾（KNO_3）、硫酸钙（$CaSO_4$）。

3. 有些工厂排放的废水中含有硫酸，如果用氨水（$NH_3 \cdot H_2O$）中和它，能得到一种氮肥——硫酸铵 $[(NH_4)_2SO_4]$。试写出反应的化学方程式。

4. 施用熟石灰可以改良酸性土壤；被蚂蚁、蚊子叮咬了，昆虫分泌的酸性物质进入肌肉，使肌肉酸痛，涂上稀氨水或肥皂水可以止痛、消肿。你知道其中的道理吗？

练习与实践

12. 在一定体积10%的氢氧化钠溶液中滴加10%的盐酸（室温下），反应中溶液温度的变化如下：

加入盐酸的体积（V）/mL	2	4	6	8	10	12	14	16	18	20
溶液温度上升（Δt）/℃	5.2	9.6	12.0	16.0	18.2	16.7	15.7	14.7	13.7	12.9

试绘出溶液温度上升与加入盐酸体积之间的变化关系图，并根据曲线讨论溶液温度发生变化的原因。

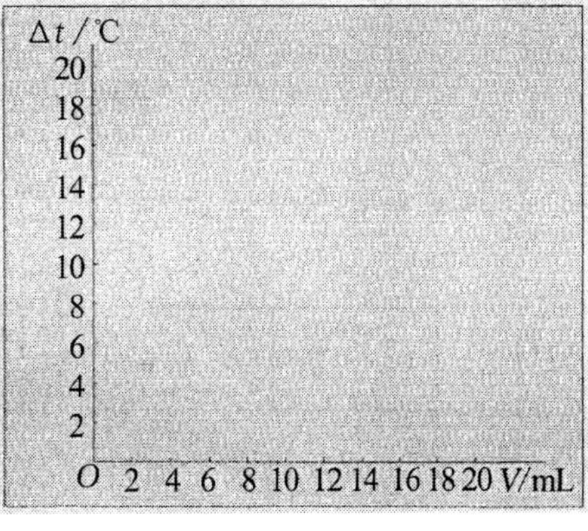

在鲁教版教科书中，本实验属于探究性实验。借助生活常识引导学生思考“酸与碱能否发生化学反应”的问题，引出对此问题的“实验探究”部分。根据盐酸与氢氧化钠溶液混合无明显现象的实验结果再次设疑：二者有没有反应？如何证明？接下来借助 pH 的变化和水的对照实验证明，加入的稀盐酸通过两个方面影响 pH：一是盐酸溶液中的水起到稀释作用，二是盐酸溶液中的溶质确实与氢氧化钠发生了化学反应。通过微观示意图对反应实质解释后，又设计了“活动天地”寻找酸碱反应的规律，得出中和反应的概念和实质，最后设计“在线测试”环节对概念加以应用。教科书中相关内容如下：

一、中和反应

实验探究 7-5

酸和碱能否发生化学反应

提出问题：

如图所示，用滴管向盛有约 2 mL、溶质质量分数为 0.4% 的氢氧化钠溶液的试管中滴加 0.4% 的盐酸，观察现象。

你认为盐酸和氢氧化钠溶液发生化学反应了吗？

收集证据：

1. 用 pH 试纸分别测定水、0.4% 的氢氧化钠溶液和 0.4% 的盐酸的 pH，将测定结果记录在下表中。

2. 分别量取 2 mL 水和 2 mL 0.4% 的氢氧化钠溶液于 2 支试管中，然后分别加入 2 mL 0.4% 的盐酸，充分振荡后，测定所得溶液的 pH，将测定结果记录在下表中。

	水	0.4% 的氢氧化钠溶液	0.4% 的盐酸
加酸前的 pH			
加酸后的 pH			

解释与结论：

你认为 2 mL 0.4% 的氢氧化钠溶液中加入 2 mL 0.4% 的盐酸后，溶液 pH 的变化原因是什么？能否说明酸和碱之间发生了化学反应？

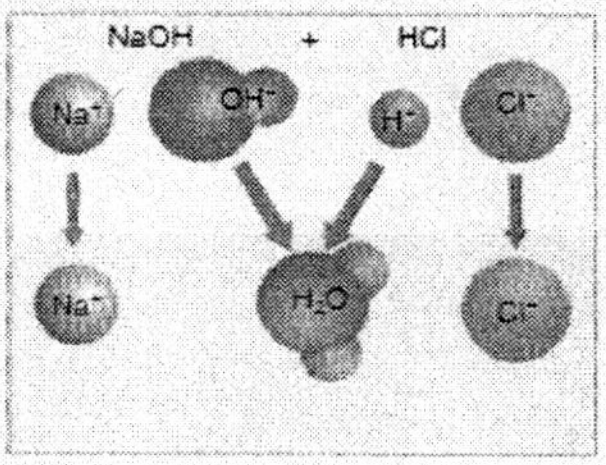

上述实验中，盐酸与氢氧化钠溶液混合后，溶液的pH发生了明显的变化，显然不是由于溶液混合时相互稀释造成的，而是溶液中的氢离子（H^+）和氢氧根离子（OH^-）结合成了水分子（H_2O），导致溶液原有的酸碱性相互“中和”的结果。在这个过程中，钠离子（Na^+）和氯离子（Cl^-）并没有消耗，而是留在了溶液中，如果两种溶液恰好完全中和，最终得到的是氯化钠溶液。

上述过程中发生的变化可用化学方程式表示为：

$$NaOH + HCl = NaCl + H_2O$$

活动天地 7-4

寻找酸和碱反应的规律

其他的酸和碱之间是否都能发生类似于盐酸与氢氧化钠的溶液那样的化学反应？为什么？试着写出以下反应的化学方程式：

盐酸与氢氧化钾：________________

盐酸与氢氧化钡：________________

硫酸与氢氧化钠：________________

硫酸与氢氧化钡：________________

酸和碱相遇时，它们分别解离出的H^+和OH^-结合生成水，而其他离子结合成盐。酸与碱作用生成盐和水的反应，叫作中和反应。

在线测试

试推断盐酸和氢氧化钙反应生成什么物质，硫酸和氢氧化钾反应生成什么物质。写出反应的化学方程式。

在科粤版教科书中，本实验属于探究性实验。先在“学生实验探究”中，根据向氢氧化钠溶液中滴加稀盐酸没有明显现象，提出问题：二者是否反应？引出“反应无明显现象发生”。接着从两个方面设计小实验证明反应的发生：借助指示剂证明反应物的减少；加热烘干反应物后，验证新物质的生成。这些小实验，不仅提升了学生的实验设计高阶思维能力，而且在反复的验证实验中让学生体会到实验带来的神奇与乐趣，旨在培养学生的科学思维品质。教科书中相关内容如下：

中和反应

学生实验探究

目的　认识酸跟碱的中和反应。

【实验 8-14】 1. 取 3 mL 稀氢氧化钠溶液于试管中，逐滴加入稀盐酸，观察到什么现象？有没有反应发生？＿＿＿＿＿＿＿＿＿＿。

2. 为了观察到上述两种溶液发生反应的现象，应采取什么措施？

提示信息　紫色石蕊溶液遇酸变红，遇碱会变蓝。酚酞溶液遇碱会显红色，遇酸则不显色。

▶步骤设计：＿＿＿＿＿＿＿＿＿＿

▶现象记录：

编号	操作步骤	观察到的现象
①	取 3 mL NaOH 溶液于试管中，滴 2 滴酚酞溶液	
②	逐渐往 NaOH 溶液中滴稀盐酸，振荡	
③	向上述刚好褪色的溶液中再滴 2 滴 NaOH 溶液，振荡	
④	再次滴入微量稀盐酸，振荡	

▶思考　①用玻璃棒沾上述氢氧化钠溶液与稀盐酸刚好反应生成的溶液，在酒精灯火焰上方加热烘干，有何现象？说明什么？

②如果改用其他酸（如稀硫酸）和碱（如氢氧化钾溶液）来进行上述实验，结果会怎样？为什么？

▶解释与结论　指示剂颜色的变化说明碱溶液与滴入的酸溶液发生了化学变化，其反应原理用化学方程式表示如下：

盐酸与氢氧化钠反应：$HCl+NaOH = NaCl+H_2O$

（酸）（碱）　（盐）（水）

硫酸与氢氧化钾反应：＿＿＿＿＿＿＿＿＿＿

在北京版教科书中，本实验属于探究性实验。由于学生还没有学习关于碱的知识，对氢氧化钠还不熟悉，所以本实验的碱溶液选择的是石灰水。主要目的是通过实验探究盐酸的化学性质，证明无明显现象的反应发生，引导学生借助两种指示剂设计四种方案，并根据各方案的优缺点和现象的明显程度选择一种最佳方案。最后通过类比得知，氢氧化钠与盐酸也能反应，从物质分类角度归纳总结出盐酸与碱反应的化学性质。运用同样的逻辑思路，设计实验证明稀硫酸与碱反应的化学性质，总结出中和反应的概念和应用，并在“拓展阅读”部分设计了探究中和反应的微观实质的实验。这种螺旋式的实验设计方案前后呼应，相互联系，由易到难，符合学生的认知规律，有利于学生知识框架的建构。教科书中相关内容如下：

活动·探究

【探究目的】盐酸与碱的化学反应。

【猜想假设】

向盛有少量稀盐酸的试管中滴加石灰水：

1. 盐酸与石灰水没有发生化学反应。

2. 盐酸与石灰水发生了化学反应，并生成了＿＿＿＿＿＿＿＿＿＿＿＿＿＿。

【探究操作】

提示：可以借助酸碱指示剂（石蕊和酚酞溶液）。

方案一：

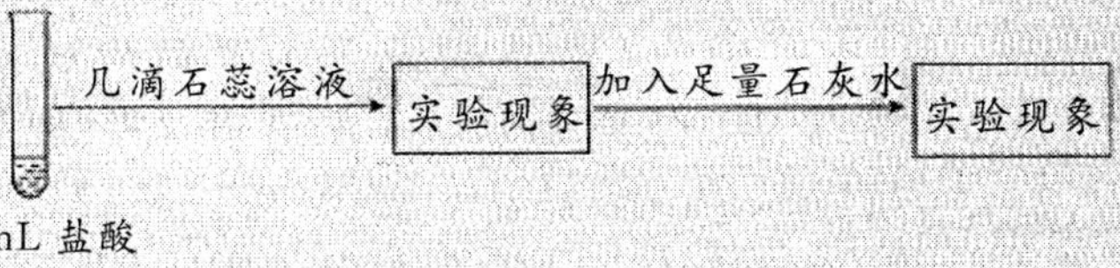

方案二：＿＿＿＿＿＿＿＿＿＿＿＿＿＿＿＿＿＿＿＿＿＿＿＿＿＿＿＿＿＿。

方案三：＿＿＿＿＿＿＿＿＿＿＿＿＿＿＿＿＿＿＿＿＿＿＿＿＿＿＿＿＿＿。

方案四：＿＿＿＿＿＿＿＿＿＿＿＿＿＿＿＿＿＿＿＿＿＿＿＿＿＿＿＿＿＿。

【探究结论】＿＿＿＿＿＿＿＿＿＿＿＿＿＿＿＿＿＿＿＿＿＿＿＿＿＿＿＿。

【思考讨论】

1. 以上四种方案的操作中，哪个方案的实验现象最明显？

2. 除了用酸碱指示剂，还有哪些实验方法可以证明盐酸与石灰水发生了化学反应？

酸与碱能够发生化学反应生成盐和水，化学上将这类反应称为中和反应。用生石灰治理酸性土壤、控制工业废水的酸碱度，被蚊虫叮咬后涂抹碱性药物，等等，都是中和反应原理的实际应用。

活动·探究

【探究目的】稀硫酸与碱溶液、金属氧化物的化学反应。

【猜想假设】稀硫酸能与碱溶液、金属氧化物发生反应。

【探究操作】利用以下主要实验用品：

稀硫酸、氢氧化钠溶液、酚酞溶液、生锈的铁钉、点滴板、滴管。

请以小组为单位，进行方案设计和实验操作。

反应物	实验现象	结论
NaOH 溶液		
Fe_2O_3		

【探究结论】＿＿＿＿＿＿＿＿＿＿＿＿＿＿。

图 11-17 点滴板

拓展阅读

酸与碱中和反应的微观实质

本章第一节的拓展阅读介绍了酸碱溶液中存在着大量自由移动的离子。例如，盐酸中存在大量的 H^+ 和 Cl^-，而氢氧化钠溶液中存在大量的 Na^+ 和 OH^-。当这两种溶液混合时，H^+ 与 OH^- 结合形成更稳定的 H_2O 分子，致使原溶液中的两种离子数量大量减少；而 Cl^- 和 Na^+ 仍以彼此独立的形式自由存在。因此，酸与碱发生中和反应的微观实质是 H^+ 与 OH^- 结合生成了水。

二、功能探析

该实验在教育教学上的功能如下图所示：

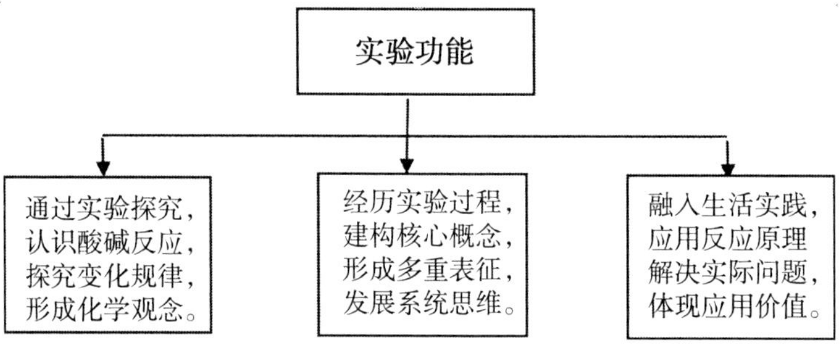

该实验在教育教学上的功能如下图所示：

人教版教科书中关于向氢氧化钠溶液中滴加稀盐酸的实验属于探究性实验。教科书中的实验设计为：先向氢氧化钠溶液中滴加酚酞，溶液变红，再向上述溶液中逐滴滴加稀盐酸来探究酸碱之间的反应，探索变化规律，建构中和反应的概念，体会中和反应在生产、生活中的应用。

在教学过程中实验教学优势凸显，主要表现在以下三个方面：

1. 通过实验探究，认识酸碱反应，探索变化规律，形成化学观念

教科书从最优实验方案直接入手，借助酚酞溶液指示反应物氢氧化钠消失，间接证明了氢氧化钠与盐酸确实发生了化学反应，使学生对验证化学反应是否发生的方案，又有了新的认知——无明显现象发生的反应，可以从反应物消失的角度证明反应的发生，发展学生探究化学反应规律的能力，形成变化观念。

2. 经历实验过程，建构核心概念，形成多重表征，发展系统思维

经过探究氢氧化钠与盐酸反应的宏观过程，借助微观图示分析反应后溶液中的微观粒子，了解酸与碱反应的实质，帮助学生从宏观现象向微观解释转化，促进思维方式的转变。通过酸与碱反应方程式的书写实现从微观解释向符号表达的转化，帮

助学生从反应类型的角度初步建构中和反应这一核心概念。运用分类、分析、归纳等方法认识化学反应，形成“宏观—微观—符号”多重表征，发展系统思维。

3. 融入生活实践，应用反应原理解决实际问题，体现应用价值

依据生活经验及探究实践，多方位认识中和反应在解决实际问题中的典型实例，如农业(改良酸性土壤)、工业(处理酸性、碱性废水)、医疗(治疗胃酸过多)、生活(皮肤被蚊虫叮咬如何处理、洗发护发先后顺序问题)，体会化学与人类生活、生产的密切关系(应用价值)。

三、教学策略

1. 保证实验成功的要点

(1) 对药品的要求及其原因。0.5%酚酞溶液(即取 0.5 g 酚酞，用 95%乙醇溶解至 100 mL)；要用新配制的 NaOH 溶液，浓度要小于 2 mol/L；稀盐酸的浓度比氢氧化钠溶液的浓度稍大一点即可。

若氢氧化钠溶液过浓，滴入酚酞后，酚酞开始变红，很快红色褪去变成无色，无法正确判定反应的发生。若酚酞溶液浓度过高，将其滴入氢氧化钠溶液时，会因在水溶液中的溶解度降低而析出，从而使溶液变浑浊，影响实验效果。

(2) 实验操作的要求。加入试剂的顺序不能颠倒，应该先加氢氧化钠溶液，再加酚酞溶液，最后逐滴滴加盐酸溶液，每滴加一滴都要用玻璃棒不断搅拌。

2. 发展学生高阶思维方法

(1) 批判性思维及其发展。以问题为导向，引导学生在思考问题的过程中，既提出合乎常理的观点，也对问题进行质疑，从不同角度提出自己的看法。例如，证明无明显现象的反应发生可以从哪两个方面入手？三种试剂的滴加顺序能否更换？指示剂能否替换？如果将氢氧化钠溶液滴入盐酸中，溶液从无色变为红色时，是否恰好完全中和？若未恰好完全中和，哪种试剂过量？

(2) 发散性思维及其发展。此反应除了用指示剂证明氢氧化钠的减少，还能用什么方法证明？溶液恰好变为无色后可以通过什么操作使溶液再变红？实验装置能否进行改进？影响溶液温度变化的因素是什么？影响溶液 pH 变化的因素有哪些？

(3) 创造性思维及其发展。生活中还有哪些应用中和反应的实例？你想用中和反应创造什么物质？中和反应能解决什么难题？酸雨除了预防还有没有其他更好的解决办法？能否利用水的生成证明中和反应的发生？是否能利用溶液的导电性变化设计实验，证明无明显现象的反应发生？

3. 实验优化策略

(1) 实验节约化。反应容器改为试管，利于节约药品，操作简单，锻炼学生使用试管和胶头滴管的能力。使用胶头滴管时要竖直悬空滴加，边滴加盐酸边振荡，以防

盐酸滴加过量，错过恰好反应的时刻。

（2）实验微型化。可以采用如图 2-19 所示的微型实验装置，利于节约药品，同时采用新型装置还可以开阔学生眼界。

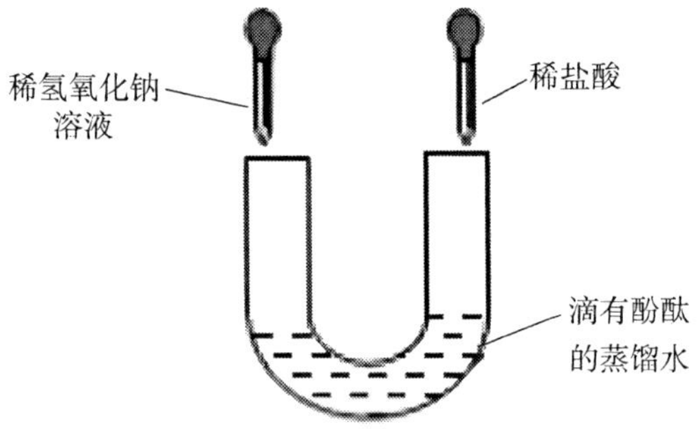

图 2-19　氢氧化钠和盐酸的反应

（3）实验生活化。增加生活小实验：用食醋凉拌皮蛋，味道更美。

（4）实验可视化。设计微观反应动态实验视频——运用电脑微观模拟“中和反应”的过程等，化抽象为具体，使微观粒子形象化，帮助学生建立抽象思维。

（5）实验数字化。教科书中的设计，有利于学生从宏观、微观、符号的视角认识中和反应，但是对“反应过程中 pH 变化”及“反应伴随能量变化”缺少直观的印证。数字化实验的探究角度多维化，更有利于学生对中和反应概念的整体建构。数字化实验利用图 2-20 装置研究盐酸与氢氧化钠溶液反应的过程，并用 pH 传感器和温度传感器测量反应过程中相关物理量的变化，得到图 2-21。本实验不仅能证明反应的发生，还能从定量角度研究反应过程中 pH 和温度的变化。

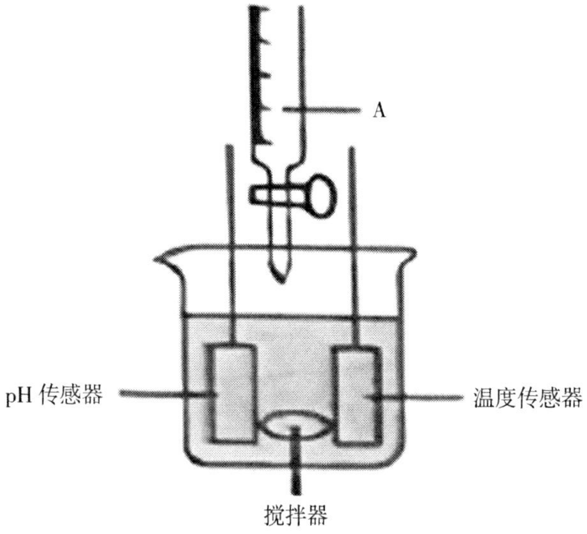

图 2-20　数字化实验装置

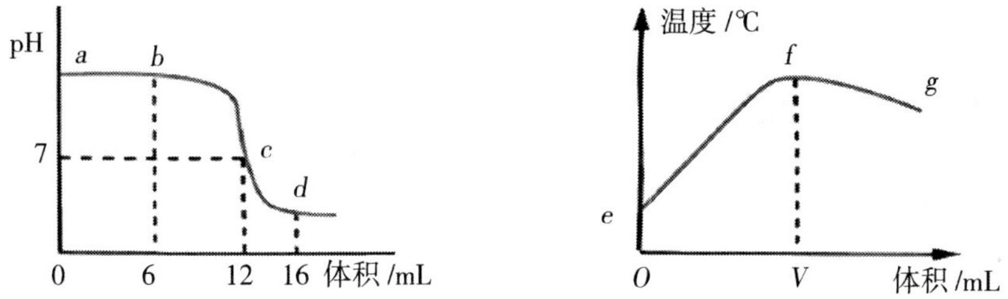

图 2-21　盐酸与氢氧化钠溶液反应中 pH 和温度变化图

第 7 节　探究常见酸溶液、盐溶液与金属发生的置换反应及其规律

一、实验的基本情况及不同版本教科书呈现

【实验名称】

金属与酸的反应、金属与金属化合物溶液的反应。

【实验目的】

认识金属的主要化学性质。

【实验原理】

在金属活动性顺序表中，位于氢之前的金属能置换出盐酸(稀硫酸)中的氢，位于前面的金属能把位于后面的金属从其化合物溶液中置换出来。

【实验用品】

试管、砂纸、镁、锌、铁、铜、铝、稀盐酸(10％)、稀硫酸(10％)、硫酸铜溶液、硝酸银溶液、硫酸铝溶液。

【实验操作要点】

金属放入溶液中之前要先用砂纸充分打磨至光亮。稀硫酸、稀盐酸都有一定的腐蚀性，要小心操作，不要洒到皮肤或衣服上。

【不同版本教科书呈现】

在“金属与酸的反应”实验中，各个版本教科书所用金属的大小和形状都不相同。人教版和北京版教科书用了镁、锌、铁、铜四种金属以及稀盐酸或稀硫酸做实验；科粤版、鲁教版和沪教版教科书用了三种金属以及稀盐酸或稀硫酸做实验；人教版和科粤版教科书都通过对金属与酸反应的分析，根据金属能否与酸反应生成氢气，将金属分为两类；北京版和鲁教版教科书根据金属能否与酸反应以及反应的剧烈程度，对几种金属的活动性进行了排序，但是在没有控制所用金属的形状和表面积等变量的情况下，根据反应剧烈程度得出金属活动性顺序，推理思路不够严谨。在“金属与金属化合物溶液的反应”实验中，沪教版教科书只用了铁钉和硫酸铜溶液的反应；北京版、科粤版、科普版、鲁教版四个版本教科书都用了多种金属以及多种金属化合物溶液进行实验，便于归纳得出活动性较强的金属能把活动性较弱的金属从其化合物溶液中置换出来的结论。

人教版教科书在“金属与盐酸、稀硫酸的反应”实验中，在试管中分别放入少量镁条、锌粒、铁钉、铜片，然后分别放入 5 mL 稀盐酸（或稀硫酸）中，根据反应时是否有气体产生，将金属分为两类，得出镁、锌、铁的金属活动性比铜强，对镁、锌、铁与稀盐酸或稀硫酸反应的化学方程式从物质类别角度进行分析，归纳出置换反应。在“金属活动性顺序”实验中，把打磨过的铝丝浸入硫酸铜溶液中、铜丝浸入硝酸银溶液中、铜丝浸入硫酸铝溶液中，观察现象，分析得出铝、铜、银的金属活动性顺序。教科书中相关内容如下：

探究

金属与盐酸、稀硫酸的反应

在试管里放入少量镁，加入 5 mL 稀盐酸，用燃着的小木条放在试管口，观察现象，并判断反应后生成了什么气体。

参照上述实验步骤，分别在放有少量锌、铁或铜的试管中加入稀盐酸，观察现象，比较反应的剧烈程度。如果有气体生成，判断生成的是什么气体。

用稀硫酸代替稀盐酸进行实验，并比较发生的现象。

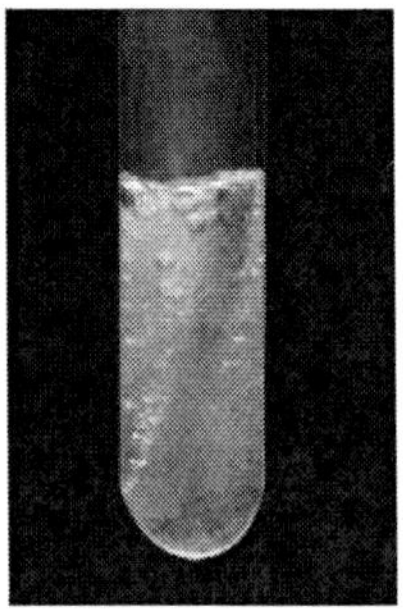
图 8-8 镁与盐酸的反应

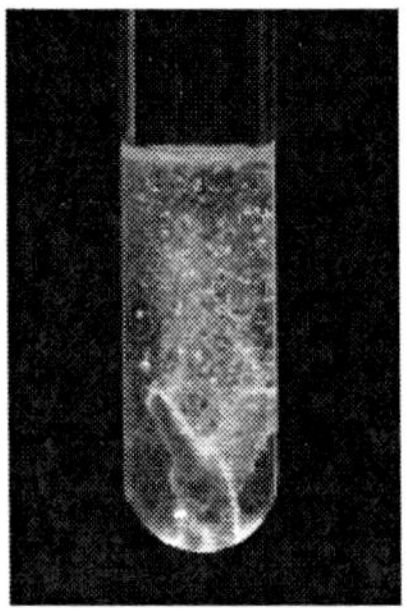
图 8-9 锌与盐酸的反应

图 8-10 铁与盐酸的反应

图 8-11 铜在盐酸中

金属	现象		反应的化学方程式	
	稀盐酸	稀硫酸	稀盐酸	稀硫酸
镁				
锌				
铁				
铜				

根据上述实验现象以及反应的化学方程式讨论：

1. 哪些金属能与盐酸、稀硫酸发生反应？反应的剧烈程度如何？反应后生成了什么气体？哪些金属不能与盐酸、稀硫酸发生反应？根据反应时是否有氢气产生，将金属分为两类。

2. 对于能发生的反应，从反应物和生成物的物质类别如单质、化合物的角度分析，这些反应有什么特点？将这一类反应与化合反应、分解反应进行比较。

图 8-12 金属与盐酸反应的比较

探究

金属活动性顺序

把一根砂纸打磨过的铝丝浸入硫酸铜溶液中，过一会儿取出，观察，有什么现象发生？

把一根洁净的铜丝浸入硝酸银溶液中，过一会儿取出，观察，有什么现象发生？

把另一根洁净的铜丝浸入硫酸铝溶液中，过一会儿取出，观察，有什么现象发生？

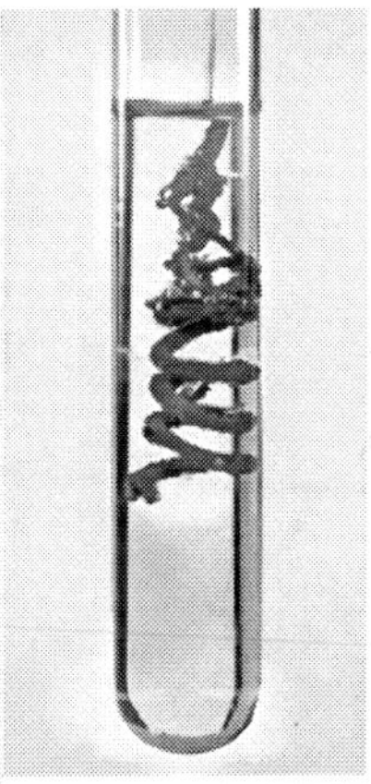

图 8-13 铝与硫酸铜溶液的反应

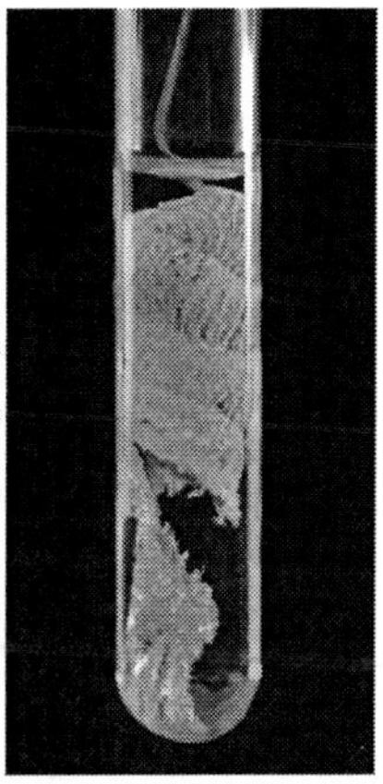

图 8-14 铜与硝酸银溶液的反应

实验	现象	反应的化学方程式
铝丝浸入硫酸铜溶液中		
铜丝浸入硝酸银溶液中		
铜丝浸入硫酸铝溶液中		

讨论：

1. 上述能发生反应的化学方程式的特点是什么？它们属于哪种反应类型？

2. 通过上述实验，你能得出铝、铜、银的金属活动性顺序吗？

Al　　Cu　　Ag

结论：金属活动性__________。

北京版教科书在“金属与酸的反应”实验中，要求学生先完善猜想与假设，再分别在四支试管中放入镁条、锌粒、铁丝、铜丝，再各加入 5 mL 相同浓度的稀盐酸(或稀硫酸)，根据能否发生反应以及反应的剧烈程度，得出镁、锌、铁、铜的金属活动性顺序；再从反应物和生成物的类别的角度分析以上反应，归纳出置换反应。在“金属与金属化合物溶液的反应”实验中，学生先对铁、铜两种金属与硫酸锌、硫酸铜、硝酸银三种溶液能否发生反应作出猜想假设，再将铁丝、铜丝分别放入硫酸锌溶液、硫酸铜溶液、硝酸银溶液中，观察现象，分析得出铁、锌、铜、银的金属活动性顺序。教科书中相关内容如下：

活动·探究

【探究目的】比较镁、锌、铁、铜四种金属的活动性。

【猜想假设】根据日常生活经验及化学知识的学习，你认为金属是否都能与盐酸或稀硫酸反应？____________________。

【探究操作】

1. 取四支试管分别加入镁条、锌粒、铁丝和铜丝，然后各加入约 5 mL 相同浓度的稀盐酸，观察现象，分析并判断反应后生成什么气体。

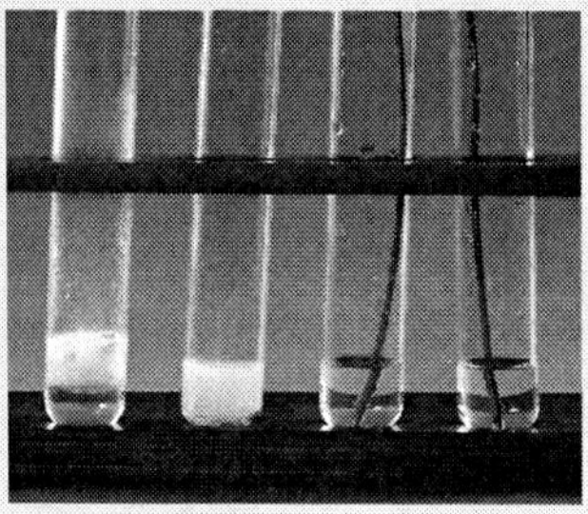

图 10-6　分别向盛有镁条、锌粒、铁丝和铜丝的四支试管中加入稀盐酸

金属	实验现象	反应的化学方程式
镁		
锌		
铁		
铜		
*反应的剧烈程度____________。		

2. 将稀盐酸换成稀硫酸，重复以上实验，并记录现象。

【思考讨论】

1. 哪些金属能与盐酸、稀硫酸发生化学反应？哪些金属不能与盐酸、稀硫酸发生化学反应？能反应的，剧烈程度有何差异？

2. 对于上述实验中能发生的反应，从反应物和生成物的类别分析，这些反应与前面学过的化合反应和分解反应有什么不同？

活动·探究

【探究目的】铁、铜两种金属与硫酸锌、硫酸铜、硝酸银三种溶液之间能否反应？反应的规律是什么？

【猜想假设】

能反应的是____________________。

不能反应的是____________________。

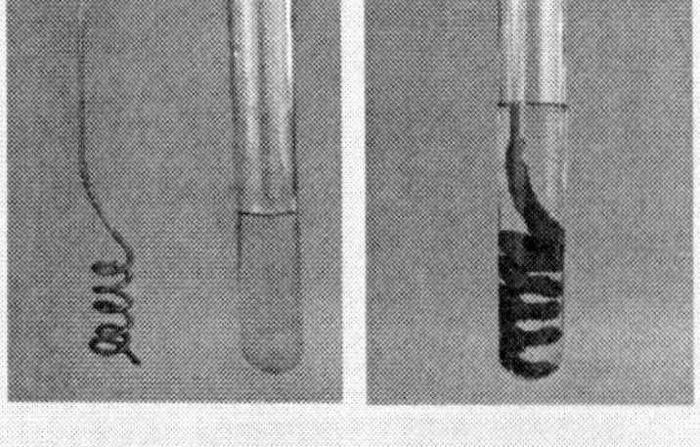

图 10-7　铁与硫酸铜溶液的反应

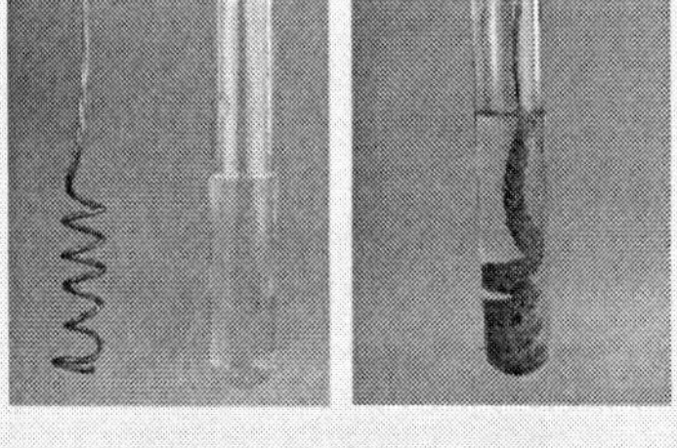

图 10-8　铜与硝酸银溶液的反应

【探究操作】

1. 将铁丝分别放入硫酸锌溶液、硫酸铜溶液、硝酸银溶液中。

2. 将铁丝换为铜丝重复上述实验。

反应物	实验现象	分析与结论
①铁丝与硫酸锌溶液		
②铁丝与硫酸铜溶液		
③铁丝与硝酸银溶液		
④铜丝与硫酸锌溶液		
⑤铜丝与硫酸铜溶液		
⑥铜丝与硝酸银溶液		

【思考讨论】

1. 上述哪些物质间能发生反应？它们反应的化学方程式的特点是什么？它们属于哪种反应类型？

2. 通过上述实验，你能得出铁、锌、铜、银的金属活动性顺序吗？

科粤版教科书在“金属跟稀盐酸（或稀硫酸）反应”实验中，指导学生向盛有铝片、铁钉、铜片的试管中分别加入稀盐酸或稀硫酸，根据实验现象，得出铝、铁是比较活泼的金属的结论。在“金属跟某些金属化合物溶液的反应”实验中，在盛有铝片、铁钉的试管中分别加入硫酸铜溶液，在盛有铜片的试管中加入硫酸铝溶液，根据实验现象，得出铝、铁、铜三种金属的活动性顺序。教科书中相关内容如下：

【实验 6-3】金属跟稀盐酸（或稀硫酸）反应

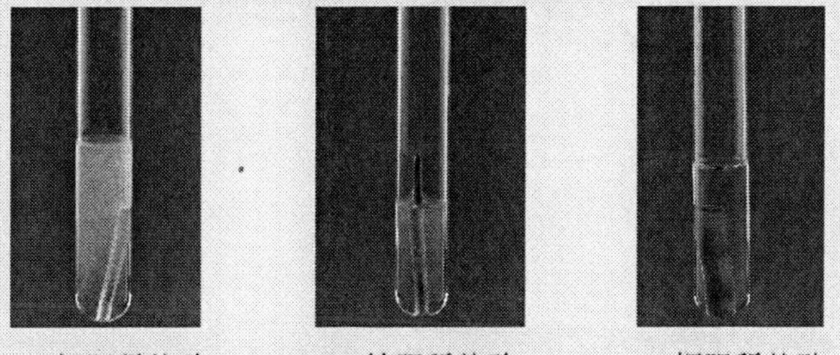

a. 铝跟稀盐酸　　b. 铁跟稀盐酸　　c. 铜跟稀盐酸

图 6-6　金属与稀盐酸的反应

实验现象：

__________　__________　__________

__________　__________　__________

请写出化学方程式：

a. ________________________________；

b. ________________________________。

▶思考　为什么铝和铁能跟稀盐酸反应产生氢气而铜却不能呢？

▶解释与结论

这与金属活动性的强弱有关。能跟酸反应并产生氢气的金属，是较活泼的金属。

【实验 6-4】金属跟某些金属化合物溶液的反应

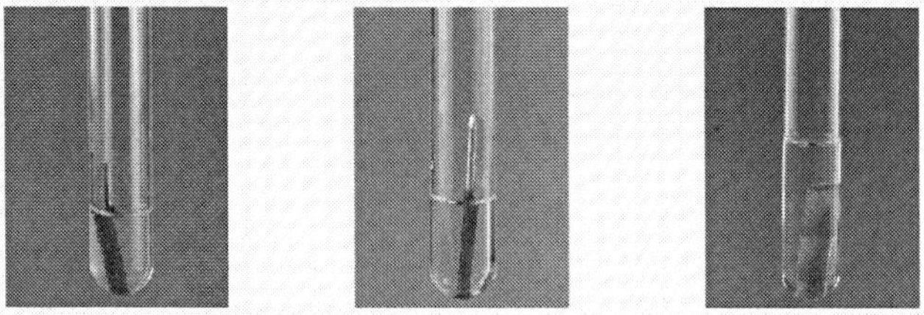

a. 铝跟硫酸铜溶液　　b. 铁跟硫酸铜溶液　　c. 铜跟硫酸铝溶液

图 6-7　金属与金属化合物溶液的反应

实验现象：

____________　　____________　　____________

____________　　____________　　____________

有关的化学方程式：

a. $2Al + 3CuSO_4 = Al_2(SO_4)_3 + 3Cu$

b. $Fe + CuSO_4 = FeSO_4 + Cu$

▶思考

为什么铝和铁都能跟硫酸铜溶液反应，而铜却不能与硫酸铝或硫酸亚铁溶液反应呢？

▶解释与结论

这也与金属活动性强弱有关。人们常把能将其他金属从其化合物溶液中置换出来的金属，相对地称为较活泼的金属。

鲁教版教科书在“金属与酸的反应”实验中，要求学生利用给出的铁丝、铜丝、锌片、稀盐酸（10％）、稀硫酸（10％）、试管、砂纸等实验用品，考虑如何进行变量控制，设计并实施实验方案，根据反应的难易和剧烈程度，对三种金属的活动性进行排序；观察以上反应的化学方程式，分析反应特点，归纳出置换反应。在“金属与盐溶液的反应”实验中，将锌片、铁丝、铜丝分别放入硫酸铜、硝酸银、氯化钠溶液中，观察实验现象，得出在金属活动性顺序中位置靠前的金属可以把位于其后的金属从它们的盐溶液中置换出来的结论。教科书中相关内容如下：

实验探究 9-3

金属与酸的反应

探究任务：1. 探究铁、铜、锌三种金属能否与酸反应；

2. 比较不同金属与酸反应的剧烈程度。

实验用品：铁丝、铜丝、锌片、稀盐酸（10%）、稀硫酸（10%）、试管、砂纸。

问题思考：你准备按照怎样的步骤完成上述两项实验探究任务？实验过程是否需要进行变量控制？还有哪些需要注意的问题？

实验记录：

	盐酸	稀硫酸
铁		
铜		
锌		

实验结论：

1. 能与盐酸、稀硫酸反应的金属有____________。

2. 比较三种金属分别与盐酸、稀硫酸反应的难易和剧烈程度，由易到难的顺序是____________。

实验探究 9-4

金属与盐溶液的反应

将锌片、铁丝、铜丝三种金属分别放入硫酸铜、硝酸银、氯化钠溶液中，观察并记录实验现象。

	$CuSO_4$溶液	$AgNO_3$溶液	NaCl溶液
Zn			
Fe			
Cu			

思考：哪些物质之间会发生反应？反应产物是什么？

沪教版教科书在“活动与探究”中，首先要求学生分别把镁条、铁片和铜片的表面用砂纸擦亮，放入稀盐酸（或稀硫酸）中，观察实验现象；然后指导学生在试管中加入少量硫酸铜溶液，把 2～3 枚无锈的新铁钉浸入硫酸铜溶液中，观察实验现象。根据能否发生反应以及反应的剧烈程度，认识金属的活动性存在差异，分析反应的化学方程式，从而建构置换反应的概念。教科书中相关内容如下：

活动与探究

1. 分别把镁条、铁片和铜片（或铜丝）的表面用砂纸擦亮，放入稀盐酸（或稀硫酸）中，观察实验现象。若能反应，写出反应的化学方程式。

2. 在试管中加入少量硫酸铜溶液，把2~3枚无锈的新铁钉浸入硫酸铜溶液中，观察实验现象。写出反应的化学方程式。

表5-4 实验记录

实验内容	实验现象	化学方程式

二、功能探析

该实验在教育教学上的功能如下图所示：

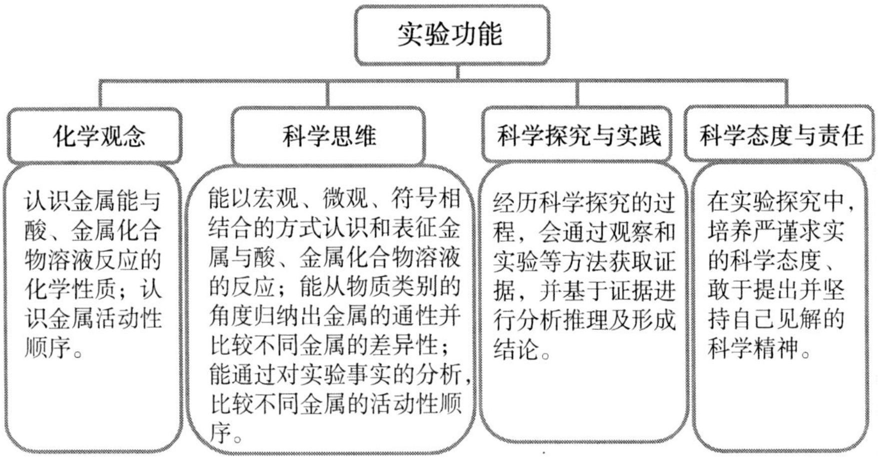

通过几种金属与稀盐酸或稀硫酸反应的实验，认识金属能与酸反应的化学性质；通过金属与金属化合物溶液的反应探究金属活动性顺序；通过以上实验，从物质类别的角度归纳出金属的通性并比较不同金属的差异性；在经历科学探究的过程中通过观察和实验等方法获取证据，基于证据进行分析推理并形成结论，发展科学探究与实践能力，同时培养严谨求实的科学态度、敢于提出并坚持自己见解的科学精神。

三、教学策略

1. 保证实验成功的操作要点

(1) 金属放入溶液中之前要先用砂纸充分打磨至光亮，除去金属表面的氧化物或污物。

(2) 金属与酸反应时，一般用稀盐酸或稀硫酸，不用硝酸和浓硫酸。

(3) 稀硫酸、稀盐酸都有一定的腐蚀性，要小心操作，不要洒到皮肤和衣服上。

(4) 利用金属与酸反应比较金属活动性时，所用金属的形状和表面积尽量保持一致，酸溶液的种类、浓度、体积、温度应保持一致。

(5) 金属与金属盐溶液反应时，盐必须是可溶性盐。

(6) 在金属活动性顺序表中，并不是所有排在前面的金属都能把排在后面的金属从其盐溶液中置换出来，如 K、Ca、Na。

2. 实验优化策略

(1) 实验数字化。运用手持技术探究金属与酸的反应：向 250 mL 烧瓶内注入 25 mL 溶质质量分数为 10%的稀盐酸，分别剪取长约 4 cm、宽约 0.4 cm 的镁、铝、锌、铁、铜金属条，打磨后分别投入烧瓶中，迅速塞紧带有压强传感器的橡胶塞。反应装置和压强变化曲线如图 2-22 所示。

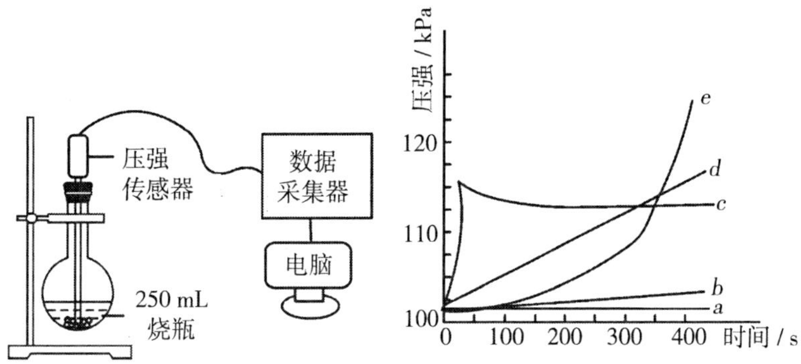

图 2-22　运用手持技术探究金属与酸的反应装置和压强变化曲线

利用温度传感器探究金属与酸反应的规律：取等质量、同形状的铁片、镁片、锌片，分别与等体积、等浓度的稀盐酸反应，用温度传感器测得反应温度的变化（如图 2-23）。

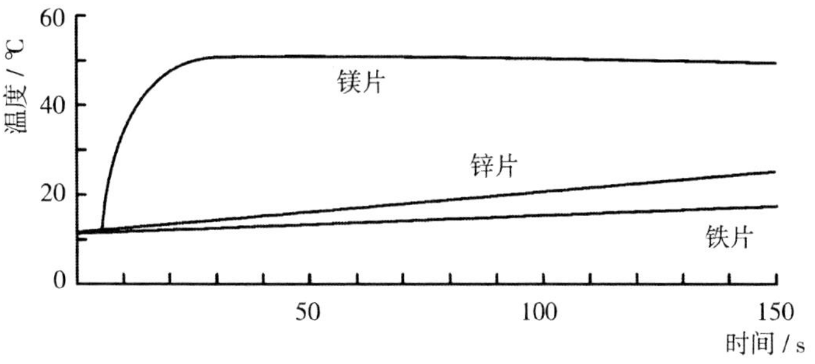

图 2-23　反应温度变化曲线

（2）实验趣味化。置换反应生成的金属单质呈树枝状，称之为“金属树”。金属树在教学实践中的应用，能让学生直观感受到化学之美，激发学生对化学的求知欲。宣纸上或滤纸上的微型实验耗费金属盐类药品较少，未反应的锌粒也可以进行回收处理，所以非常符合绿色化学理念，且成本低、污染轻。

实验用品：

培养皿、胶头滴管、宣纸（白色生宣或黑宣）、锌粒、金属化合物溶液（硫酸铜溶液、二氯化锡溶液、硝酸银溶液、氯化铜溶液等）。

实验原理：

“铜树”用锌粒与硫酸铜溶液反应（$Zn + CuSO_4 = ZnSO_4 + Cu$），或与氯化铜溶液反应（$Zn + CuCl_2 = ZnCl_2 + Cu$）；“锡树”用锌粒与二氯化锡溶液反应（$Zn + SnCl_2 = ZnCl_2 + Sn$）；“银树”用锌粒与硝酸银溶液反应[$Zn + 2AgNO_3 = Zn(NO_3)_2 + 2Ag$]。

制作步骤：

把宣纸裁剪成形，放入培养皿内（本实验均在常温下进行）；用胶头滴管吸取金属化合物溶液滴到宣纸的中央，使溶液由中心扩散直至宣纸呈润湿状态；把锌粒放到培养皿中浸有金属化合物溶液的宣纸上，盖好培养皿盖，观察现象。

注意事项：

宣纸和培养皿之间不要留空隙，溶液的量以宣纸全部润湿为宜，不宜过多。Sn^{2+}极易水解，把二氯化锡固体溶解在浓盐酸中进行配制。把锌粒放到浸有二氯化锡溶液的宣纸上，会看到宣纸和培养皿之间有气泡。银白的“锡树”在黑色背景下拍照更明显。这个实验最好能在通风橱内进行，以避免浓盐酸的挥发造成的安全隐患。锌粒和硝酸银溶液反应，由于在白色宣纸的外围会看到纸发黄，影响美观，而且白色宣纸会对白色的银造成视觉干扰，所以若把这个实验改在黑色宣纸上效果比较好。

金属树制作图片①，如图 2-24 至图 2-27 所示。

① 王振，胡志刚．“金属树”趣味实验及其教学应用[J]．化学教学，2018(7)：86-89.

图 2-24　利用锌粒和硫酸铜溶液制得的“铜树”图像

图 2-25　利用锌粒和氯化铜溶液制得的“铜树”图像

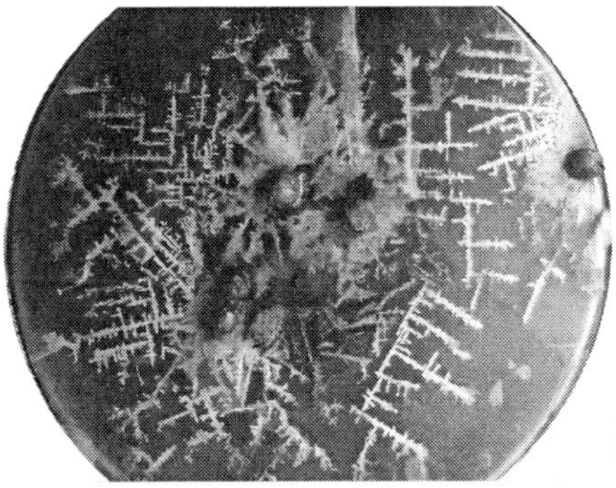

图 2-26　利用锌粒和二氯化锡溶液制得的“锡树”图像

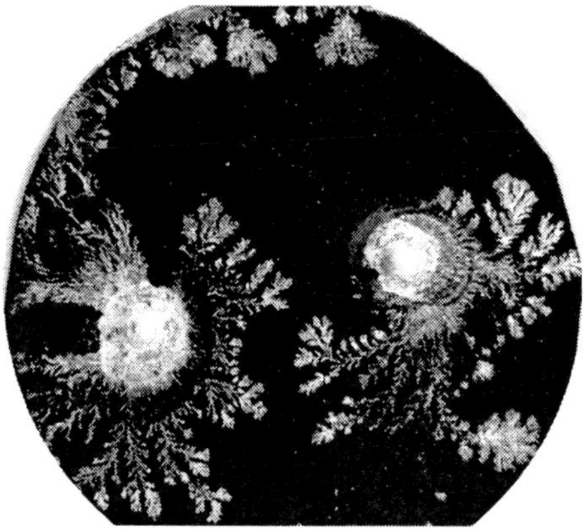

图 2-27　利用锌粒和硝酸银溶液制得的"银树"图像

第 8 节　通过实验验证物质是否发生了化学变化

一、实验的基本情况及不同版本教科书呈现

【实验名称】

化学变化和物理变化。

【实验目的】

验证物质是否发生了化学变化。

【实验原理】

依据变化中是否有新物质生成，判断是否发生了化学变化。

【实验用品】

铁架台、酒精灯、玻璃片、试管、药匙、镊子、带导管的单孔橡胶塞、烧杯，以及水、石蜡、硫酸铜溶液、氢氧化钠溶液、大理石、稀盐酸、澄清石灰水。

【实验操作步骤】

把盛有少量水的试管斜夹在铁架台上(如图 2-28)，在试管底部小心加热到水沸腾。把一块洁净的玻璃片(或盛有冷水的小烧杯)移近试管口，观察并记录发生的现象。

将盛有一小块石蜡的试管置于盛有沸水的烧杯中(如图 2-29)，观察并记录实验现象。

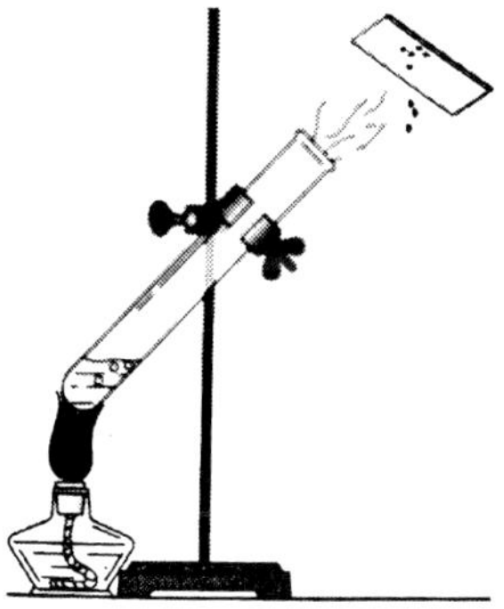

图 2-28 水的沸腾

图 2-29 石蜡的熔化

在一支试管中加入 1～2 mL 氢氧化钠溶液，向其中滴加硫酸铜溶液（如图 2-30），观察并记录实验现象。

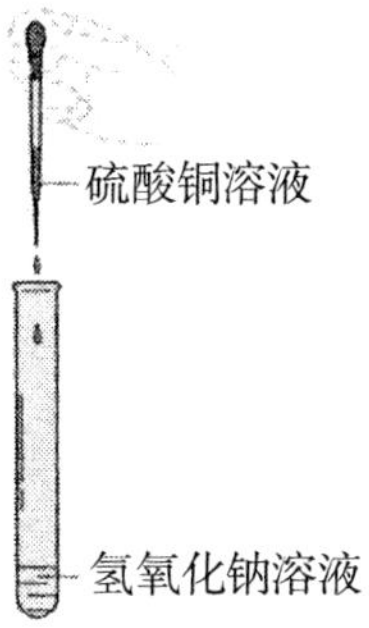

图 2-30 氢氧化钠与硫酸铜反应

大理石与稀盐酸的反应：如图 2-31 所示，在盛有少量大理石的试管里加入适量稀盐酸，并将产生的气体通入装有澄清石灰水的烧杯中，注意观察并记录试管和烧杯中发生的变化。

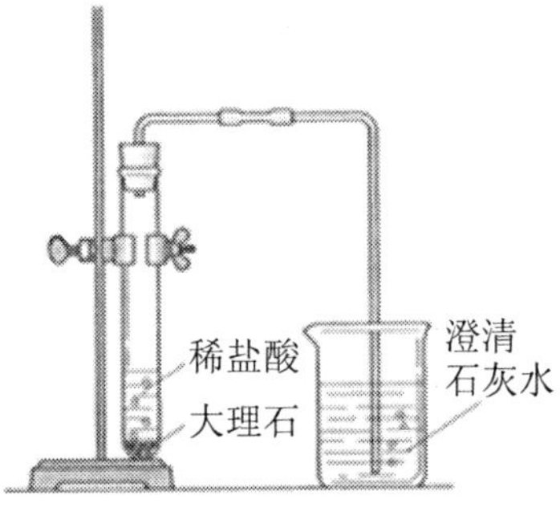

图 2-31 大理石与稀盐酸的反应

【实验现象】

实验记录				
实验序号	变化前的物质	变化时发生的现象	变化后的物质	变化后有无新物质生成
(1)	液态水		气态水(水蒸气)	
(2)	固态石蜡		液态石蜡	
(3)	蓝色硫酸铜溶液等		蓝色氢氧化铜沉淀等	
(4)	大理石等		二氧化碳气体等	

【实验结论】

没有生成其他物质的变化叫作物理变化,生成其他物质的变化叫作化学变化。

【不同版本教科书呈现】

在沪教版教科书中,本实验属于演示实验。先通过“活动与探究”观察蜡烛及其点燃后发生的变化,再通过对比、分析初步形成物理变化与化学变化的概念,最后通过“交流与讨论”应用概念。教科书中相关内容如下:

活动与探究

蜡烛是常见的生活用品,各种蜡烛虽然颜色及形状存在差异,但主要成分都是石蜡。

1. 请根据你的生活经验,描述蜡烛燃烧的现象。

2. 请按表1-2所示步骤进行实验,观察并记录实验现象。在实验过程中应特别注意安全,避免蜡烛烧伤自己或他人,防止点燃其他物品。

表 1-2 实验记录

实验步骤	实验现象
(1)取一段蜡烛,观察外观特征(如颜色、形状等)	
(2)点燃蜡烛,观察现象	
(3)在蜡烛火焰上方罩一个干冷的小烧杯,观察烧杯内壁的变化	
(4)向上述小烧杯中加入少量澄清石灰水,振荡,观察现象	
(5)取一小段粗玻璃管,按如图1-14所示方式置于火焰中,观察发生的现象	
(6)吹灭蜡烛,观察实验现象	

3. 根据实验现象，总结蜡烛燃烧过程中发生的变化。

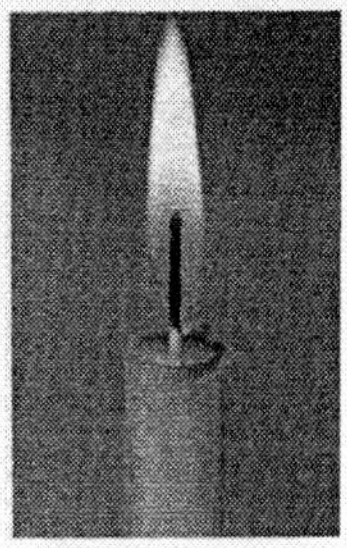
图 1-13 蜡烛的燃烧

图 1-14 从蜡烛火焰中引出“白烟”

交流与讨论

1. 水的三态变化；
2. 汽油的挥发；
3. 煤油的燃烧；
4. 氯化氢和氨气混合，产生白烟；
5. 碘化钾溶液和硝酸银溶液混合，产生黄色沉淀；
6. 金刚石加工成钻石；
7. 植物的光合作用。

煤油燃烧产生火焰和黑烟

两瓶无色气体（氯化氢和氨气）混合，产生白烟

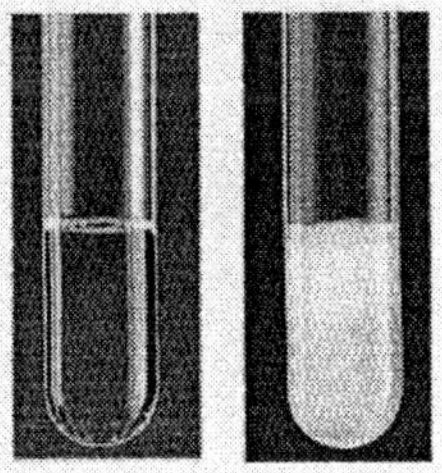
在无色溶液（碘化钾）中加入另一种无色溶液（硝酸银），产生黄色沉淀

图 1-15 化学变化的现象

在鲁教版教科书中，本实验属于演示实验。首先，通过生活经验图片，分析物质变化的特征，形成物理变化与化学变化的概念；其次，通过四个演示实验判断物质是否发生了化学变化，从而应用概念；最后，结合生活实例（如烟花燃放、石油燃烧、煤炭燃烧、植物光合作用等）揭示化学变化常伴随的现象及能量变化，进一步深刻理解化学变化的本质。教科书中相关内容如下：

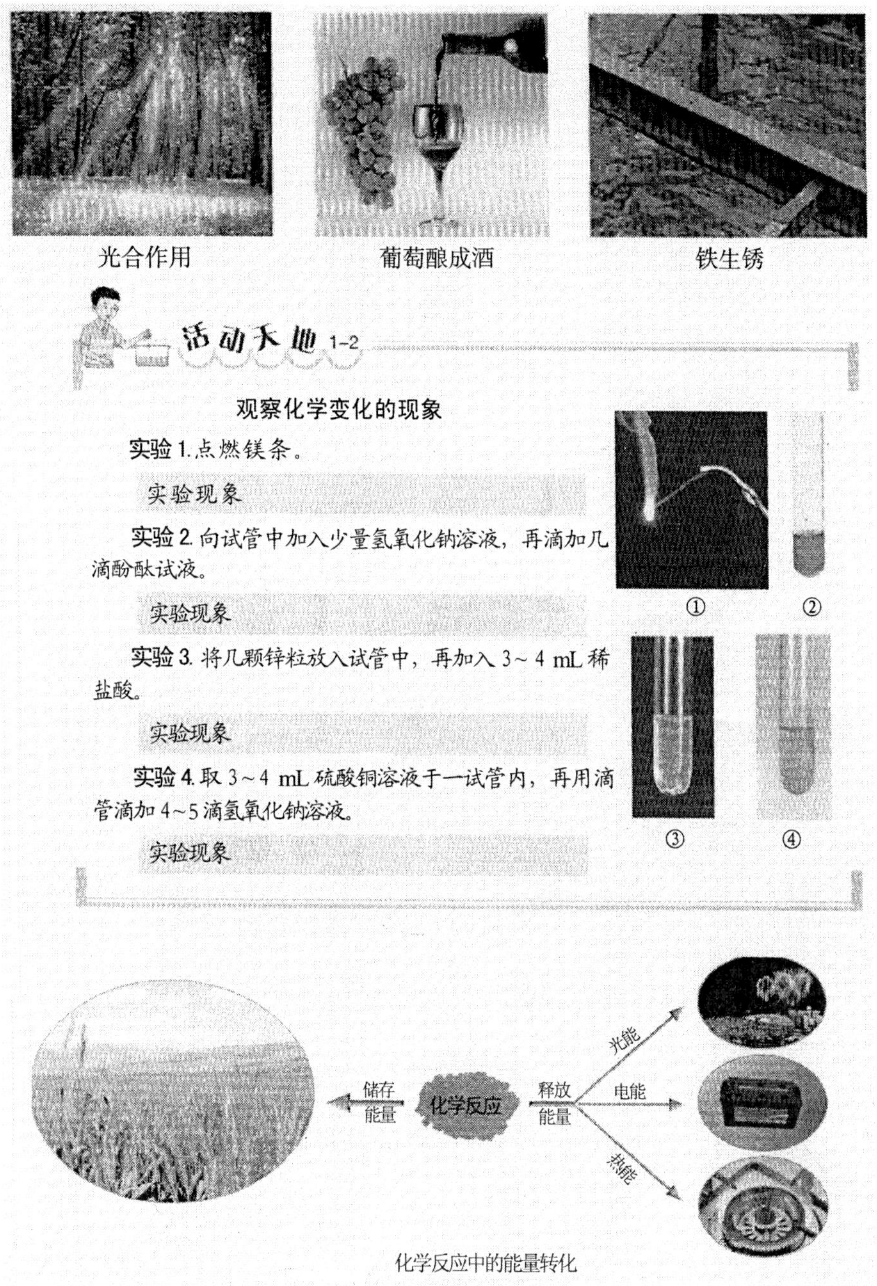

光合作用　　葡萄酿成酒　　铁生锈

活动天地 1-2

观察化学变化的现象

实验 1. 点燃镁条。

实验现象

实验 2. 向试管中加入少量氢氧化钠溶液，再滴加几滴酚酞试液。

实验现象

实验 3. 将几颗锌粒放入试管中，再加入 3～4 mL 稀盐酸。

实验现象

实验 4. 取 3～4 mL 硫酸铜溶液于一试管内，再用滴管滴加 4～5 滴氢氧化钠溶液。

实验现象

①　②　③　④

化学反应中的能量转化

在科粤版教科书中，本实验属于演示实验。先通过第一个“观察活动”趣味实验引出问题；再通过第二、第三、第四个“观察活动”，依据生活中常见物质变化及演示实验现象，通过对比、分析，归纳总结物理变化和化学变化的概念；最后一个“观察活动”通过演示实验应用概念。教科书中相关内容如下：

观察活动

目的　观看一个“化学魔术”。

喷雾写字

请一位同学在老师事先准备好的一张白纸上，用装有某种溶液的喷雾器向纸上喷雾，观察有什么现象发生。

不要让喷出的溶液溅到身体上！

图 1-20 喷雾写字

你知道吗

学问，首先是学会提问

——从喷雾写字所想到的问题

1. 白纸上是否已用什么化学药品写下了隐形字？
2. 喷雾器里装的是什么化学药品？
3. 两种化学药品接触后发生了什么变化，使白纸上显出字来？

● 物理变化

请你仔细观察以下生活中常见的变化现象，看看能得出什么结论。

观察活动

目的　了解物理变化的特征。

【变化 1】火柴梗被折断

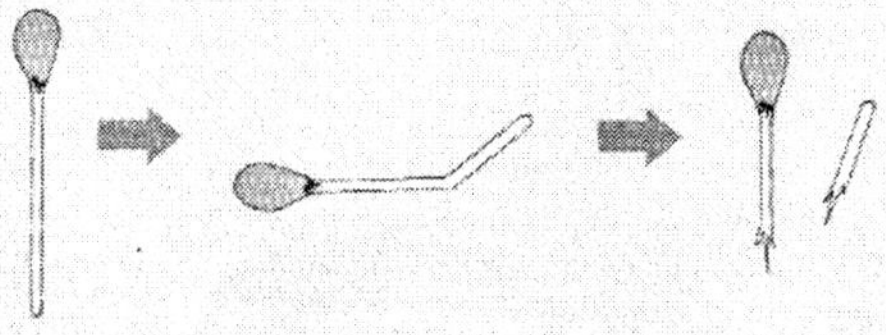

图 1-21 火柴梗被折断

观察到的现象是：火柴梗形状 ____________（变化 / 未变化），____________（有 / 没有）生成新物质

【变化 2】水的三态变化

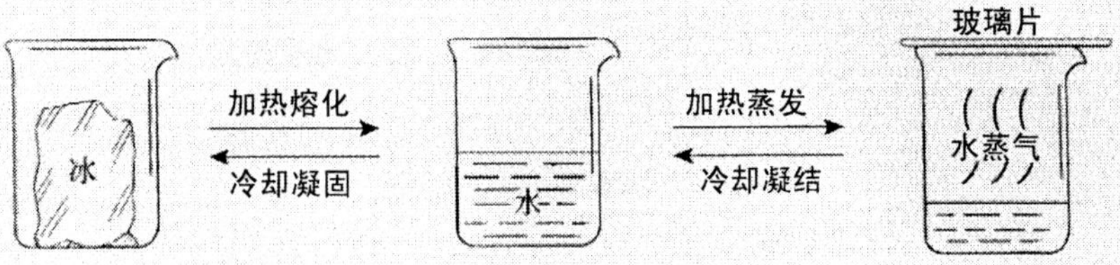

图 1-22 水的三态变化

观察到的现象是：水的状态 ________（变化 / 未变化），________（有 / 没有）生成新物质。

【变化 3】石蜡熔化成液态蜡油

观察到的现象是：石蜡形状和状态 ________（变化 / 未变化），________（有 / 没有）生成新物质。

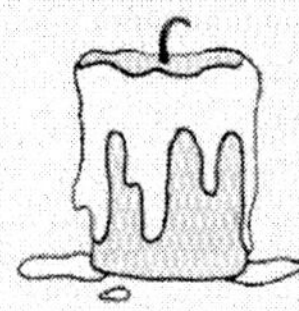

图 1-23 石蜡熔化成液体

【变化 4】家中窗户上的玻璃被风吹落摔碎

图 1-24 玻璃破碎

观察到的现象是：________________________________。

【变化 5】蔗糖溶解在水中，再加热蒸发掉水后又得到蔗糖

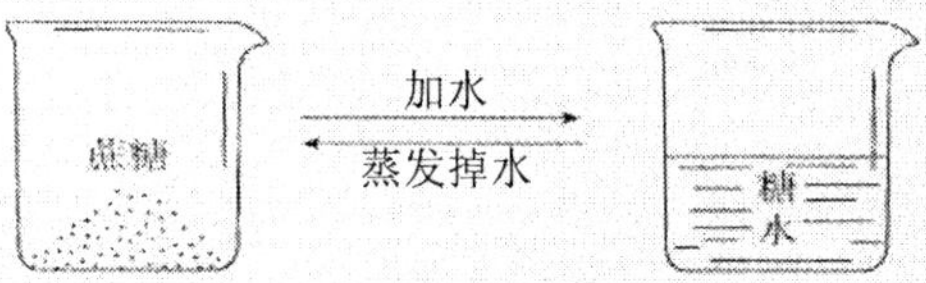

图 1-25 蔗糖和糖水互变

观察到的现象是：________________________________。

请举出生活中物理变化的两个例子：________________________________
____。

化学变化

仔细观察老师演示下列实验，你能得出什么结论？

观察活动

目的　了解化学变化的特征。

【实验 1-5】 火柴梗燃烧

燃烧前：火柴梗　燃烧时：有明亮的火焰和发光发热现象　燃烧后：黑色的固体

图 1-26　火柴梗的燃烧

【实验 1-6】 镁条燃烧

燃烧前：镁条是___色的___体　燃烧时：发出___光，并且___热　燃烧后：生成的是___色___状物质

图 1-27　镁条的燃烧

讨论与交流

请完成下表，然后回答：你能从哪些方面比较镁条燃烧前后的不同点？

实验	颜色	形状
镁条燃烧前		
镁条燃烧后		

最能说明镁条燃烧发生化学变化的证据是：____________________

观察活动

目的　通过观察实验现象，判断是不是发生了化学变化。

【实验 1-7】　气体生成：在装有少量小块的石灰石固体（主要成分是碳酸钙）的试管中，滴加几滴稀盐酸。

观察____。

判断____。

【实验 1-8】　颜色变化：在装有少量黑色氧化铜粉末的试管中，加入 2 mL 稀盐酸，加热。

观察____。

判断____。

【实验 1-9】　沉淀生成：将原装可乐瓶的瓶盖打开后，改用带导管的瓶塞把瓶口塞紧，把导气管通入盛有少量澄清石灰水的试管中。轻轻摇动可乐瓶。

观察____。

判断____。

在北京版教科书中，本实验属于演示实验。先通过三个演示实验，经观察、思考、讨论变化的不同点形成物理变化与化学变化的概念；再通过多个生活实例简单应用概念；最后依据实验中观察到的现象，得出物质在发生化学变化时，可能伴随发光、放热、变色、产生气体或沉淀等现象，但这些并不是判断物质发生化学变化的根本依据，进一步加深了对化学变化特征的理解。教科书中相关内容如下：

观察·思考

[实验操作]

1. 取一支试管，向其中加入少量冰块，在酒精灯火焰上加热。水沸腾后取一块玻璃片靠近试管口（注意不要全部蒸干）（如图 1-2 所示）。观察到的现象是＿＿＿＿＿＿＿＿＿＿＿＿＿＿＿＿＿＿＿＿＿＿＿＿＿＿＿＿＿＿＿＿＿＿＿。

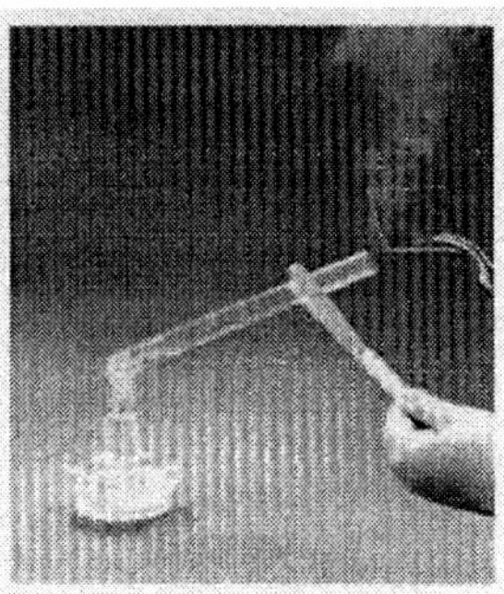

图 1-2　加热试管中的冰

2. 取一小段镁条用坩埚钳夹住，在酒精灯火焰上点燃后，迅速移到石棉网上方（如图 1-3 所示）。观察到的现象是＿＿＿＿＿＿＿＿＿＿＿＿＿＿＿＿＿＿＿＿＿＿。

3. 再取一小段镁条放入试管中，倒入少量稀盐酸（如图 1-4 所示）。观察到的现象是＿＿＿＿＿＿＿＿＿＿＿＿＿＿＿＿＿＿＿＿＿＿＿＿＿＿＿＿＿。

图 1-3　镁条燃烧

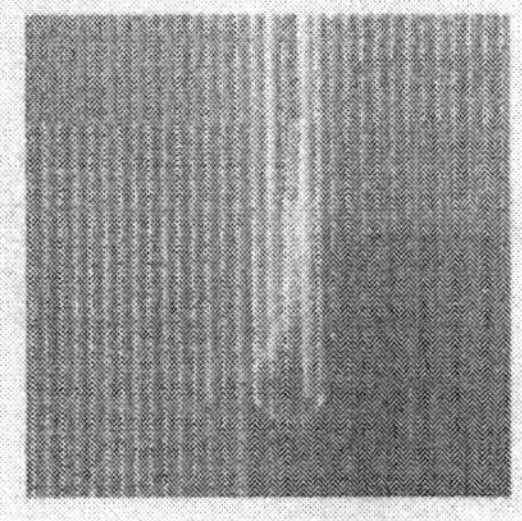

图 1-4　镁条在稀盐酸中的反应

思考讨论

以上三个实验中，物质是否都发生了变化？它们的变化有什么不同吗？

冰变成水及水蒸气，成分都是水，在变化过程中没有新物质生成，只是状态发生了变化，属于物理变化（physical change）。而镁条燃烧、镁与稀盐酸作用，都有新物质生成，属于化学变化（chemical change），也叫化学反应。燃料燃烧、食物变质、植物的光合作用、钢铁生锈等都是常见的化学变化。物质在发生化学变化时，可能伴随发光、放热、变色、产生气体或沉淀等现象。判断某一变化是否为化学变化的依据是有没有新物质生成。

二、功能探析

该实验在教育教学上的功能如下图所示：

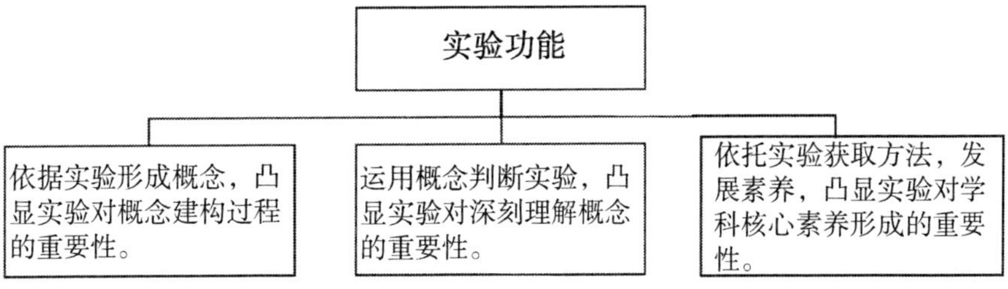

以下以人教版教科书为例，阐述这一实验的功能。

该实验位于九年级上册教科书“第一单元　走进化学世界”的“课题1　物质的变化和性质”，实验类型属于演示实验。首先，通过四个演示实验，采用类比推理的方法，归纳总结物理变化、化学变化的概念；其次，应用概念判断实验，加深对概念的理解。在此过程中实验教学优势凸显，主要表现在以下三个方面：

1. 依据实验形成概念，凸显实验对概念建构过程的重要性

依据学生在小学科学中已获取的知识及生活经验，引导学生通过对实验现象的观察、对比、分析，寻找变化的相同点和不同点，讨论分类的依据，归纳并总结形成概念，突出实验教学对概念建构过程的重要性。通过实验知道物质是不断变化的，物质变化分为物理变化和化学变化，认识物质变化的过程伴随着能量变化，在一定条件下通过化学反应可以实现物质转化，初步形成转化观。

2. 运用概念判断实验，凸显实验对深刻理解概念的重要性

首先，通过运用概念特征对氢氧化钠溶液与氯化铁溶液反应、镁条与稀盐酸反应、火柴燃烧等实验进行观察、感知、判定，强化可以通过生成沉淀、放出气体、发光、发热等现象及能量变化，判断是否发生化学变化的意识。

其次，通过对日常生活及物质变化中的现象（如水沸腾前产生气泡，海水晒盐，电灯的发光、发热，氢氧化钠溶于水发热）进行对比分析，逐步形成对概念的深刻理解——现象只是变化的表现形式，有新物质生成才是化学变化的本质特征。再通过对点燃蜡烛实验过程变化的判定，建立化学变化与物理变化两个概念之间的联系，进一步加深对概念的理解。

3. 依托实验获取方法，发展素养，凸显实验对学科核心素养形成的重要性

本节的教学设计以实验为基础，先通过对反应前、中、后实验现象的观察、对比分析，分类归纳形成化学概念，再运用概念论证实验本质，最后通过实验验证概念之间的关系，初步形成研究化学问题的科学思维方法。通过观察、分析、归纳、概括揭示规律，让学生深刻体会到实验教学的重要作用，并在实验中形成基于实验事实进行证据推理、敢于质疑的思维能力，培养严谨求实的科学态度和勇于修正错误观点的科学精神。

三、教学策略

1. 保证实验成功的策略

做大理石与盐酸反应的实验，实验前要先检查装置气密性，确保装置气密性良好。实验时使用新制石灰水，通入的二氧化碳应适量。二氧化碳通入澄清石灰水中的化学反应为 $Ca(OH)_2+CO_2=CaCO_3\downarrow+H_2O$。若二氧化碳过量，则还会发生如下反应：$CaCO_3+H_2O+CO_2=Ca(HCO_3)_2$。

2. 发展学生高阶思维方法

(1) 批判性思维及其发展。以问题为导向，引导学生在思考问题的过程中，既提出合乎常理的观点，也对问题进行质疑，从不同角度提出自己的看法。例如，家庭使用“84”消毒液消毒属于什么变化？爆炸属于什么变化？蜡烛燃烧产生白烟属于什么变化？制取碳酸饮料属于什么变化？

(2)发散性思维及其发展。学生思考并上台演示，设计出一个利用生活用品发生化学变化的实验方案。

(3) 创造性思维及其发展。我国的四大发明都属于什么变化？你想用化学变化创造什么物质，解决什么问题？

3. 安全节约环保策略

实验前要强调安全的重要性，引起学生重视。取用药品的量要最少，培养节约意识。硫酸铜溶液与氢氧化钠溶液反应后废液中含有重金属离子铜离子，石灰石与盐酸反应后废液可能呈酸性，这些废水会对水体、土壤有一定的污染，应该经过处理之后再排放到自然界中，增强学生的环保意识。

4. 实验方案的优化与改进

(1) 大理石与盐酸的反应可以采用如图 2-32 微型实验装置，利于节约药品，同时采用新型装置可以开阔学生眼界。

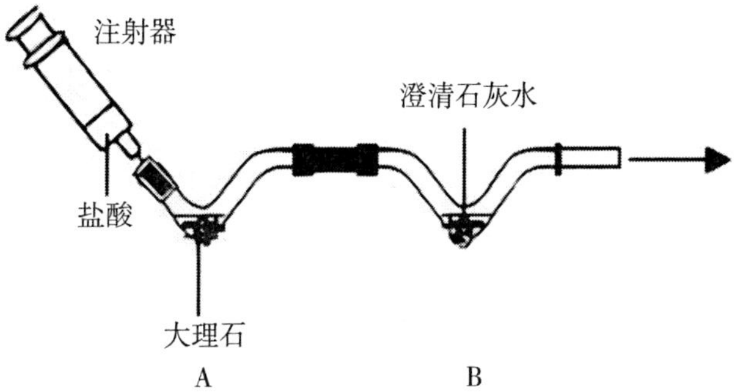

图 2-32　大理石与盐酸的反应

(2) 在做完水的沸腾实验后，教师可以增加演示实验——干冰升华，将干冰放入热水中，产生升华现象。这个变化过程与水的沸腾实验本质一样，只是物质的状态发生了改变，并没有生成其他物质，均属于物理变化，但干冰升华实验可以加深学生对概念的理解。同时可以介绍干冰升华的妙用——人工降雨、营造舞台烟雾缭绕的效果，再次将化学知识与生活实际联系在一起，使学生认识到化学的应用价值。

(3) 增加把粉笔折断、纸撕成碎片实验。这两个实验只是物质形状发生了改变，并没有生成其他物质，均属于物理变化。增加这两个实验，可以使学生再次感受到化学源于生活，生活中处处有化学，培养学生有意识地从化学视角看待问题的习惯，运用化学知识分析常见现象，进而用化学知识解决生活中的实际问题。

(4) 增加实验视频——饱和硝酸钾溶液降温结晶，霓虹灯的发光、发热，加深学生对概念的理解。

第 9 节　探究质量守恒定律

一、实验的基本情况及不同版本教科书呈现

【实验名称】

探究质量守恒定律。

【实验目的】

探究反应物与生成物之间的质量关系。

【实验原理】

参加化学反应的各物质的质量总和等于反应后生成的各物质的质量总和。

【实验用品】

锥形瓶、橡胶塞、玻璃导管、气球、陶土网、酒精灯、天平、烧杯，及铜粉、铁丝、硫酸铜溶液、盐酸、碳酸钠粉末。

【实验操作要点】

(1)铜与氧气反应前后质量的测定。如图 2-33 所示，将铜粉平铺于锥形瓶的底部，把上端系有小气球的玻璃导管插入单孔橡胶塞，用橡胶塞塞紧锥形瓶口。将装置放在台式天平上称量，记录所称的质量 m_1；再将锥形瓶置于陶土网上，用酒精灯加热，观察实验现象。反应一段时间后停止加热，待装置冷却后再次称量，记录所称的质量 m_2。比较反应前后的质量。

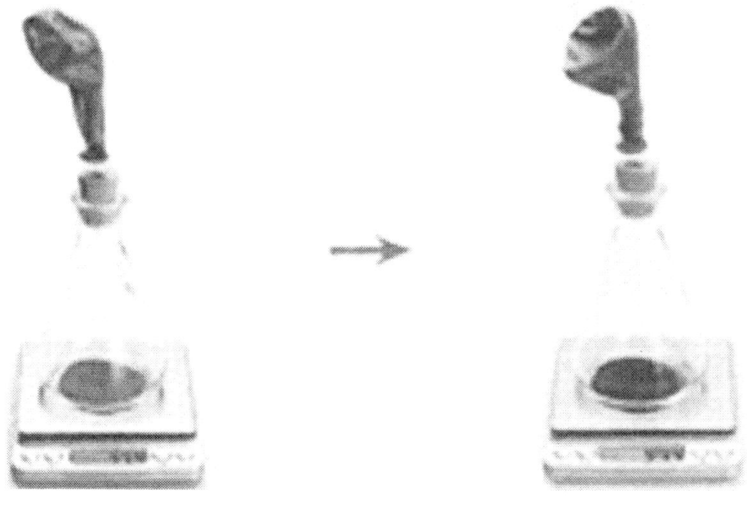

图 2-33　铜与氧气反应前后质量的测定

(2) 铁丝与硫酸铜溶液反应前后质量的测定。如图 2-34 所示，在锥形瓶中放入用砂纸打磨干净的铁丝，再小心地将其放入盛有硫酸铜溶液的小试管中，塞好橡胶塞，将装置放在台式天平上称量，记录所称的质量 m_1。取下锥形瓶并将其倾斜，使小试管中的硫酸铜溶液流入锥形瓶，观察实验现象。反应一段时间后再次称量，记录所称的质量 m_2。比较反应前后的质量。

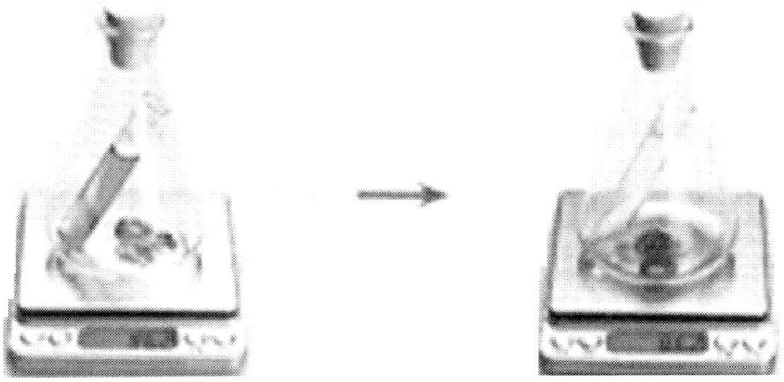

图 2-34 铁丝与硫酸铜溶液反应前后质量的测定

(3) 盐酸与碳酸钠粉末反应前后质量的测定。如图 2-35 所示，将盛有盐酸的小试管小心地放入装有碳酸钠粉末的小烧杯中，并调整天平使其平衡。倾斜小试管使盐酸进入小烧杯中，观察现象。

反应进行一段时间后，再把小烧杯放回托盘天平上，天平是否仍然平衡？

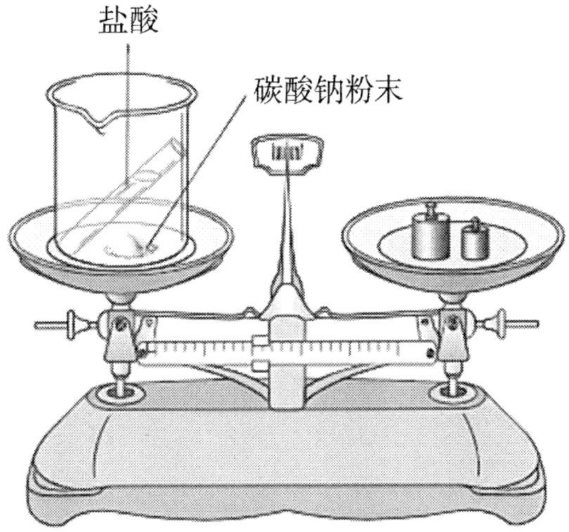

图 2-35 盐酸与碳酸钠粉末反应前后质量的测定

(4) 镁条燃烧前后质量的测定。取一根用砂纸打磨干净的长镁条和一个陶土网，将它们一起放在托盘天平上称量，记录所称的质量 m_1。在陶土网上方将镁条点燃，观察现象。将镁条燃烧后的产物与陶土网一起放在托盘天平上称量，记录所称的质量 m_2。比较反应前后的质量。

【实验现象】

(1) 铜粉受热后变黑，反应前后天平保持平衡。

(2) 铁丝表面有紫红色固体，溶液由蓝色变为浅绿色，反应前后天平保持平衡。

(3) 盐酸与碳酸钠粉末反应有气泡产生，反应后天平指针向右偏转。

(4) 镁条燃烧，发出耀眼白光，生成白色固体，反应后天平指针向左偏转或天平指针向右偏转或天平保持平衡。

【实验结论】

参加化学反应的各物质的质量总和等于反应后生成的各物质的质量总和。

【不同版本教科书呈现】

在沪教版教科书中，本实验属于探究性实验。先提出问题“在化学变化中物质的质量发生变化吗?”通过具体实验进行“交流与讨论”，直接提出“对物质变化要进行定量研究”；再经过“活动与探究”总结规律。在“活动与探究”过程中先通过查阅资料和联系已学知识收集证据，了解科学家认识质量守恒定律的历程，为定量研究化学变化提供有力证据。通过“实验探究”验证科学家拉瓦锡获得的结论——参加反应的各物质的质量总和等于生成的各物质的质量总和，从而建构这一定律。最后，通过“交流与讨论”，不仅从宏观方面对这一定律进行应用，而且还从微观方面对这一定律的本质进行解释。“练习与实践”中的实验从定性、定量两方面对质量守恒定律进行了灵活迁移应用，达到对定律的深刻理解。教科书中相关内容如下：

交流与讨论

火柴燃烧后只余下少许灰烬。化学变化中物质质量变小了吗？

薄铜片在火焰上加热，表面变黑，质量增大。化学变化中物质质量变大吗？

活动与探究

提出问题

参加化学反应的各物质都发生了变化，并有新物质生成。那么，参加反应的各物质质量总和与反应生成的各物质质量总和相比较，是否发生了变化？

猜想与假设

人们根据平时的观察和已有的知识与经验，可以提出三种猜想：

1. 发生了变化，反应生成的各物质的质量总和大于参加反应的各物质的质量总和；

2. 发生了变化，反应生成各物质的质量总量和小于参加反应的各物质的质量总和；

3. 没有变化，反应生成的各物质的质量总和等于参加反应的各物质的质量总和。

你的猜想是什么？______________________________

收集证据

建议你通过查阅资料和联系已学知识，并通过实验收集有关证据。

早在300多年前，化学家们就对化学反应进行定量研究。1673年，英国化学家波义耳（Robert Boyle, 1627—1691）在一个敞口的容器中加热金属，结果发现反应后容器中物质的质量增加了。

1777年，法国化学家拉瓦锡用较精确的定量实验法，在密封容器中研究氧化汞的分解与生成中各物质质量之间的关系，得到的结论是：参加化学反应的各物质的质量总和等于反应后生成的各物质的质量总和。

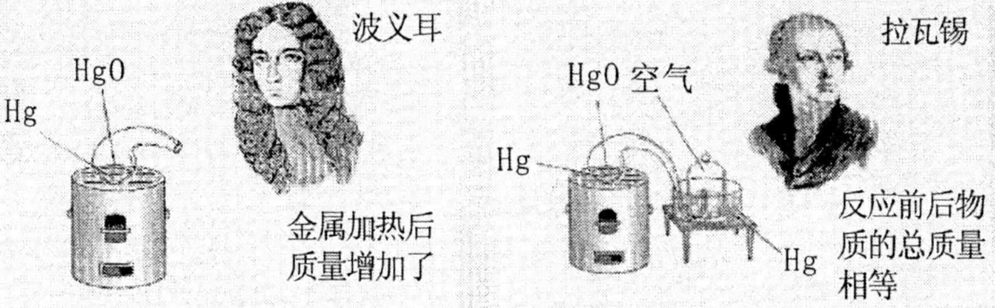

后来，人们利用先进的测量仪器做了大量精度极高的实验，确认拉瓦锡的结论是正确的。从此，质量守恒定律被人们所认识。

读了上述资料你有什么想法？你能得到什么结论？

实验探究

建议你参考下列实验图示设计并进行实验、观测和记录，再根据实验现象和结果得出结论。

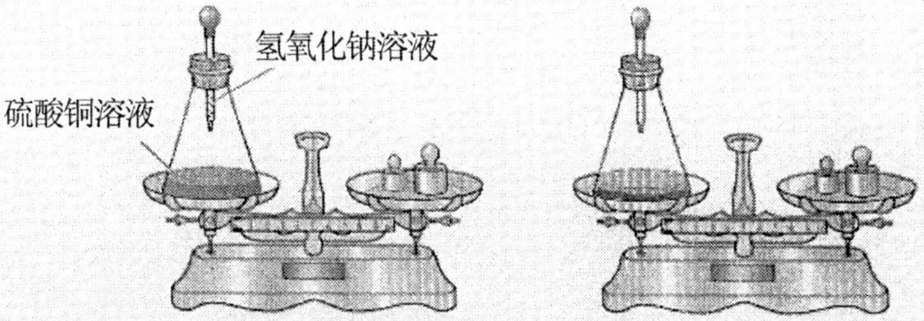

图 4-11 氢氧化钠溶液与硫酸铜溶液反应

硫酸铜 + 氢氧化钠 ⟶ 硫酸钠 + 氧化化铜

$CuSO_4$　　$NaOH$　　　Na_2SO_4　$Cu(OH)_2$

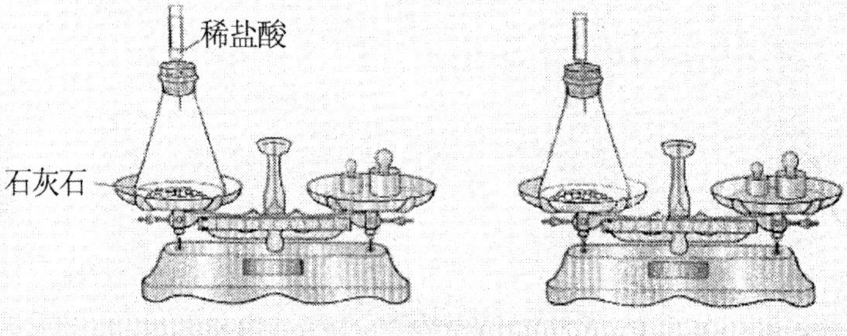

图 4-12 碳酸钙与盐酸反应

碳酸钙 + 盐酸 ⟶ 氯化钙 + 二氧化碳 + 水

$CaCO_3$　HCl　$CaCl_2$　CO_2　H_2O

实验现象:

实验1 ____________________

实验2 ____________________

结论和反思

结论: ____________________

反思:

1. 实验中要注意哪些问题? ____________________

____

2. 从化学变化的本质如何解释得到的结论? ____________________

____

交流与讨论

1. 某同学定量研究化学反应，发现木炭燃烧后质量减小了；铁钉生锈后质量却增加了。这些现象与质量守恒定律有矛盾吗?

2. 为什么“参加化学反应的各物质的质量总和等于反应生成的各物质的质量总和”呢? 你能根据构成物质的微粒在化学反应中的变化对质量守恒定律作出解释吗? 请以金属镁和氧气的反应为例，与同学进行讨论。

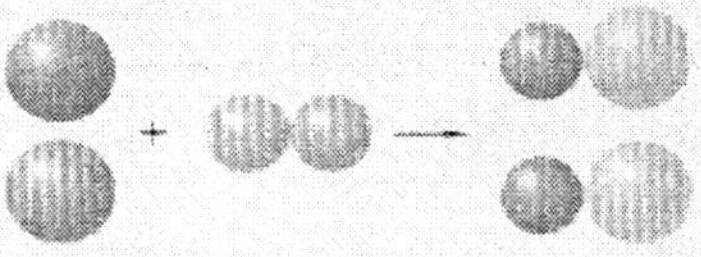

Mg　　O_2　　MgO

图 4-13 化学变化是反应物的原子重新组合转变成生成物的过程

镁 + 氧气 $\xrightarrow{点燃}$ 氧化镁

	2Mg　O_2	2MgO
原子数:	氧原子: 2	氧原子: 2
	镁原子: 2	镁原子: 2
相对质量:	24×2+16×2=80	2×(24+16)=80

在化学变化中:

反应前后原子种类和数目不变、原子质量不变

↓

质量守恒

在化学变化中，组成物质的元素种类不变，各元素的原子数目和质量也不变。因此，所有化学反应都遵循质量守恒定律。

练习与实践

1. 把干燥的二氧化碳气体通入盛有石灰水的小烧杯中，若称得烧杯内物质的总质量增大 2.5 g，那么被吸收的二氧化碳气体是多少克？你是怎么推算的？

2. 比较下列物质的质量大小，用“>”“=”或“<”填写空白。

（1）木材燃烧，余下灰烬的质量________原木材的质量。

（2）铜丝在火焰上灼烧，灼烧后的“铜丝”质量________原铜丝的质量。

（3）加热高锰酸钾，剩余固体的质量________原高锰酸钾的质量。

3. 某物质在氧气中燃烧后只生成二氧化碳和水，该化合物中一定含有________元素。

4. 请设计一个实验，证明普通纸张中含有碳元素。

在鲁教版教科书中，该实验属于探究性实验。先以文字和图片展示的形式提出问题：木炭燃烧成为灰烬及树苗长成参天大树，质量如何变化？引发学生思考。再通过“活动天地”让学生推测在过氧化氢分解过程中物质的质量关系是怎样的，并依据微观示意图让学生思考参加反应的过氧化氢的质量与生成的水和氧气的质量总和是否相等，推测物质在化学反应前后质量是否改变，进一步采取“实验探究”的方式定量研究化学反应来论证自己的猜测。学生通过亲身经历科学探究过程，观察和记录实验现象，经过由此及彼、由表及里的思考获得这一规律。教科书还通过“多识一点”呈现“质量守恒定律发现简史”，使学生认识到质量守恒定律的发现是化学发展史上的一个里程碑，使化学科学研究由定性走向定量，促进了化学科学的发展，为以上实验从定量角度研究化学变化提供了根本依据。在“交流共享”中从微观角度获得化学反应前后遵循质量守恒定律的本质。通过“挑战自我”的两个实验对这一定律进行迁移应用。教科书中内容相关如下：

木炭燃烧成为灰烬，质量如何变化？

小树苗长成参天大树，质量如何变化？

活动天地 5-1

推测过氧化氢分解过程中物质的质量关系

过氧化氢在催化剂作用下分解生成水和氧气。分解了的过氧化氢的质量与生成的水和氧气的质量具有什么关系呢？

1. 你同意下图两位同学中哪一位的观点？

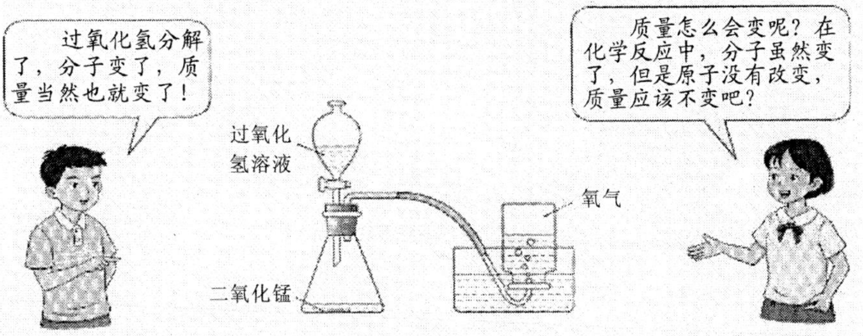

2. 小丽同学用如下 3 个图示表示过氧化氢分解生成水和氧气的反应。你认为哪个图示是正确的？为什么？

甲 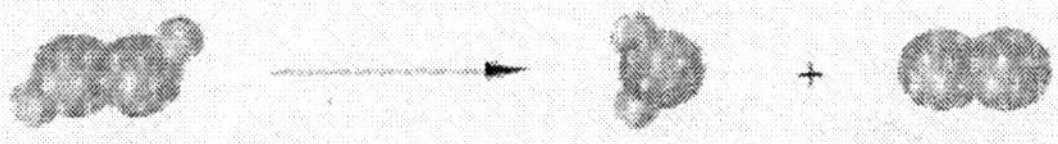

乙 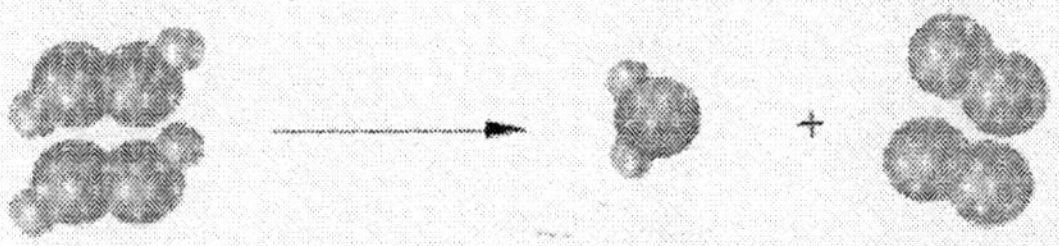

丙 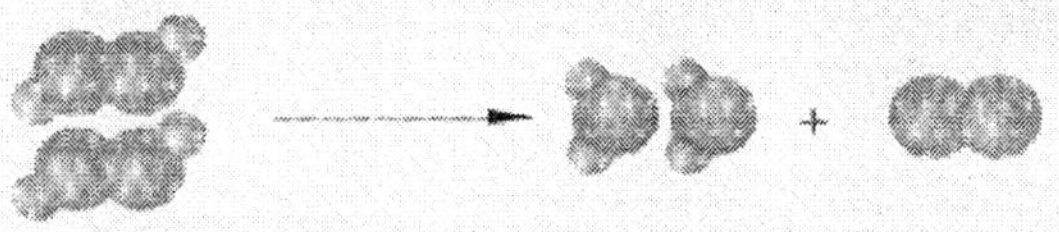

思考： 分解了的过氧化氢的质量与生成水和氧气的质量是否相等？

在上述活动中，可能你对物质在化学反应前后质量是否改变已经做出了推测。那么，如何设计实验来检验这一推测是否正确？

实验探究 5-1

探究化学反应前后物质的质量有无变化

实验用品：托盘天平（或电子秤）、烧杯、试管、胶头滴管、锥形瓶、酒精灯、橡皮塞、导管、试管夹、玻璃棒、塑料袋（或气球）、细线、细沙、放大镜、火柴；盐酸、大理石、硫酸铜溶液、氢氧化钠溶液、白磷等。

实验步骤：

1. 确定一个化学反应作为研究对象

下列反应可供你选择，当然也可以选择其他你熟悉的反应。

(1) 盐酸和大理石（主要成分是 $CaCO_3$）反应，生成二氧化碳、水和氯化钙（$CaCl_2$）。

(2) 氢氧化钠（NaOH）溶液和硫酸铜（$CuSO_4$）溶液反应，生成硫酸钠（Na_2SO_4）和氢氧化铜〔$Cu(OH)_2$〕

(3) 白磷在空气中燃烧生成五氧化二磷（P_2O_5）。

提示：首先要确定一个容易发生的化学反应作为研究对象；其次要考虑怎样测量反应前后的物质质量；同时还要考虑怎样使反应发生、在哪里发生，需要哪些仪器、药品等

2. 确定实验操作步骤并进行实验

实验步骤和方法	实验现象和结论
称量反应前反应物和反应容器的总质量	

思考：

1. 你的实验是否验证了自己的推测？
2. 你的实验过程是否存在失误？是否影响了你的实验结果？

多识一点

质量守恒定律发现简史

质量守恒定律的发现经历了漫长、曲折的过程。

1673 年，英国化学家波义耳将金属汞放在密闭容器里煅烧，然后打开容器盖称量，发现固体物质的质量增加了。

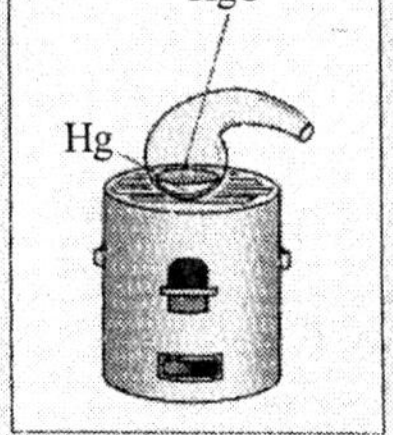

1756 年，俄国化学家罗蒙诺索夫把金属锡放在密闭容器里煅烧，生成白色的氧化锡，容器里的物质的总质量在煅烧前后并没有发生变化。经过反复实验，都得到相同结果。但这一发现当时并没有引起科学界的注意。

1777 年，法国化学家拉瓦锡利用当时比较精确的称量仪器，在密封容器里进行多种金属和非金属的煅烧

实验，研究反应中各物质的质量关系，得到以下结论：在化学反应中，物质的总质量在反应前后保持不变。后来，科学家们用更先进的测量仪器做了大量精度更高的定量实验，确认拉瓦锡的结论是正确的，使这一结论得到公认。

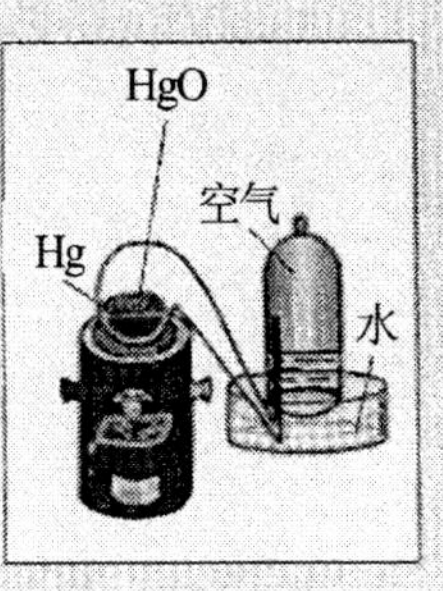

质量守恒定律的发现，使得化学科学由定性研究走向定量研究，促进了化学科学的发展。

交流共享

为什么在化学反应前后物质的总质量不发生变化呢？请你根据化学变化的微观本质分析化学反应前后质量守恒的原因。

挑战自我

1. 某同学做了两个实验：一是氧化汞受热分解生成汞和氧气；二是镁条在氧气中燃烧生成固体氧化镁。他将反应的生成物全部收集起来，并准确称量了这些反应物和生成物的质量，发现反应后的生成物质量都发生了变化。你认为这两个反应是否符合质量守恒定律？为什么？

在科粤版教科书中，该实验属于探究性实验。先抛出问题——化学变化过程中物质种类改变，总质量发生变化吗？通过“探究活动”对不同设计方案的实验数据进行对比、讨论交流、分析得出化学反应基本规律——质量守恒定律。同时在对比实验中渗透验证质量守恒定律的概念，提出若有气体参加或生成需要在密闭体系内进行验证的观点。针对质量守恒的微观解释，教科书从化学反应的微观本质角度进行简单推论和总结。最后通过“讨论与交流”，从定量及微观模型建构的角度迁移应用这一定律。教科书中相关内容如下：

探究活动

提出问题

图 4-19

物质发生化学变化的前后，参加反应的各物质的质量总和会等于生成的各物质的质量总和吗？

猜想与假设

____。

实验与事实

提供下列一组化学反应供同学们进行比较：

【实验4-7】如图 4-19 装置，锥形瓶中装入 0.5 g 粉末状石灰石，将一支注射器的针头插入胶塞，使瓶内与大气相通。另将一支量程为 5 mL 的注射器的针头插入胶塞，事先在其针筒内吸进 2 mL 稀盐酸。实验时，推压注射器活塞至 1 mL 刻度处，观察实验现象，反应前后称量做比较。

图 4-20

【实验4-8】如图 4-20 装置，锥形瓶中装入 0.5 g 粉末状石灰石，将装有 2 mL 稀盐酸的注射器针头插入胶塞。推压注射器活塞至 1 mL 刻度处，观察实验现象，反应前后再称量做比较。

图 4-21

【实验4-9】如图 4-21 装置，锥形瓶中装入 5 mL 硫酸铜溶液，将装有 3 mL 氢氧化钠溶液的注射器针头插入胶塞。推压注射器活塞至 1 mL 刻度处，观察实验现象，反应前后称量做比较。

实验结果

将上述实验的现象和称量数据记录在下表中：

实验序号	反应原理	实验现象	反应前称量	反应后称量
实验 4-7	碳酸钙 + 盐酸 ⟶ 氯化钙 + 二氧化碳 + 水 （$CaCO_3$）（HCl）（$CaCl_2$）（CO_2）（H_2O）			
实验 4-8				
实验 4-9	氢氧化钠 + 硫酸铜 ⟶ 硫酸钠 + 氢氧化铜 （NaOH）（$CuSO_4$）（Na_2SO_4）[$Cu(OH)_2$]			

讨论与交流

请大家比较上述实验得到的数据，并研讨两个问题：

1. 为什么【实验 4-7】和【实验 4-8】都属于同一个反应，反应前后各物质的总质量，前者不相等而后者相等？

2. 我们应当以哪些实验为依据来探究化学反应前后物质质量总和的关系？能从中得到什么结论？

讨论与交流

请你运用质量守恒定律讨论化学实验过程中出现质量变化的问题。

1. 为了验证质量守恒定律，某同学在托盘天平的左盘上放一块陶土网，在陶土网上放一段经过砂纸打磨过的镁条，称量。然后点燃镁条，将生成的白色固体全部收集在陶土网上，冷却后再称量，发现质量比实验前的质量增大了。怎样解释反应前后质量不等的现象？

2. 你能否从微观的角度，用图示表明上述实验也是符合质量守恒定律的？

在北京版教科书中，该实验属于探究性实验。先沿着古代科学家研究的思路，通过“活动·探究”，依据探究步骤，探究反应前后各物质质量总和的变化，依据实验现象及数据获得反应前后各物质质量总和相等的结论。接着通过阅读“史实在线”，感受科学家定量研究质量守恒定律的探究历程，为探究结论提供有力的证据。为增强定律的可信度，教科书再次通过“活动·探究”对规律进行验证，增强学生的认知体验。观看微观反应视频，结合道尔顿的原子理论总结质量守恒定律的微观本质。教科书中内容相关如下：

科学方法

定性研究与定量研究

定性研究和定量研究都是化学科学研究的重要方法，二者的研究思路有所不同。

定性研究的要点是要先设定一个参照系。如氢气在氧气中能燃烧，而氯气在氧气中不能燃烧，从而可找出氢气与氯气的可燃性差异。

定量研究的要点是要确定基准物。所以，道尔顿赋予化学元素的原子以不同原子量的特征后，以 H 为 1 或 O 为 16 就成为化学计量的基础，所有测定结果均为确定值。定量研究所得确定值的精度由所用计量工具的精确度决定。相对原子质量标准值的不断修正，就是一个实例。

活动·探究

【探究目的】化学反应前后各物质质量总和的变化。

【猜想假设】根据平时的观察、已有经验和化学知识，你提出的假设是________；你的依据是__________。

【探究操作】

1. 查阅化学史资料。
2. 根据学过的化学知识进行推理。
3. 通过实验进行验证。

（1）确定一个化学反应作为研究对象。

可选择下列两个反应进行实验：

图 7-1 测定化学反应前后各物质质量总和的变化

氢氧化钠溶液 + 硫酸铜溶液 ⟶ 氢氧化铜沉淀 + 硫酸钠溶液
（$NaOH$）　（$CuSO_4$）　[$Cu(OH)_2$]↓　（Na_2SO_4）

铁 + 硫酸铜溶液 ⟶ 铜 + 硫酸亚铁溶液
（Fe）（$CuSO_4$）　（Cu）　（$FeSO_4$）

（2）选择实验所需的仪器、药品。

氢氧化钠溶液、硫酸铜溶液、铁钉、托盘天平（或电子天平）、烧杯、锥形瓶、小试管、细线。

（3）参考图 7-1，设计实验步骤并进行实验。

实验步骤	实验现象及数据

（4）实验分析。

以铁钉和硫酸铜溶液反应实验为例进行分析。填写下表。

反应前体系的总质量包括	反应后体系的总质量包括

【探究结论】

____。

史实在线

质量守恒定律的发现历程

奠定实验基础

图 7-2　罗蒙诺索夫

俄罗斯科学家罗蒙诺索夫（Mikhail Vasilievich Lomonosov,1711—1765）通过在密闭容器中煅烧金属的实验，在 1748 年和 1756 年发表的文章中多次提出“自然界所发生的一切变化都是这样一种情形，从一个物体中夺取了多少东西，在另一个物体中就加进了多少东西。”他认为，假若在某个地方减少了一定质量的物质，在另一个地方就会增加同等质量的物质。

建立质量守恒定律

到18世纪末19世纪初，拉瓦锡根据精心设计的实验反复验证了上述假设，得到了确切的结论：化学反应前后，物质的总质量不会发生变化。这就是著名的质量守恒定律。

后来的验证工作

拉瓦锡提出的质量守恒定律能够被世界所公认，并不是一件简单的事情。

20世纪初，德国和英国化学家分别做了精确度极高的实验，得出反应前后的质量变化小于一千万分之一，科学家们认为这个误差是在实验误差允许的范围内，所以质量守恒定律仍然成立。

每当测量技术有所进步时，这个定律就要经受一次考验。直到20世纪末，称量精确度已达到10^{-9} g时，仍未发现与质量守恒定律相违背的实验事实。从而表明，质量守恒定律是自然界的一条基本定律。

认识并没有终结

尽管如此，科学家们对这个定律的验证还会不断地进行下去。爱因斯坦为解决核反应中所产生的质量亏损问题，提出了质能方程（即$E=mc^2$），它同时给人们留下了新问题，即化学反应中的能量变化是否会改变体系的质量。所以，当科学测量技术发展到更高水平时，质量守恒定律就要再次经受科学实验的检验。对真理追求的永无止境，正是科学最能吸引人的魅力所在。

活动·探究

【探究目的】进一步验证质量守恒定律。

【探究操作】提供的药品和仪器：

大理石或石灰石（主要成分是碳酸钙$CaCO_3$）、稀盐酸。

烧杯、矿泉水塑料瓶、小试管、细线、托盘天平（或电子天平）。

实验装置及操作步骤	实验现象及数据

【探究结论】______________________________。

二、功能探析

该实验在教育教学上的功能如下图所示：

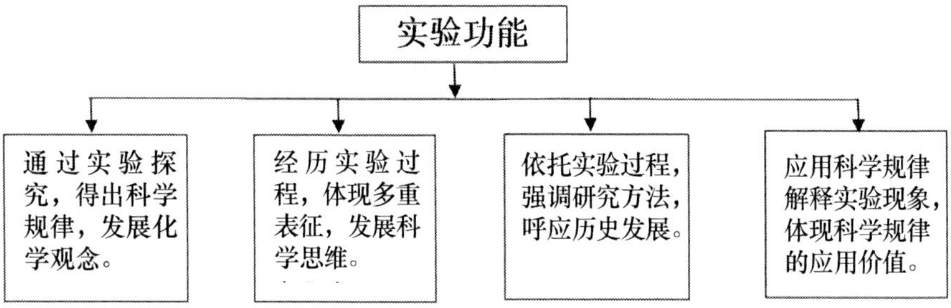

在人教版教科书中，该实验属于探究性实验。沿着科学家定量研究化学反应的足迹，通过一系列实验和探究活动，引导学生用定量的科学方法对化学现象进行研究和描述，并得出化学反应所遵循的这一基本规律，为化学方程式的教学做好理论准备。在此过程中，实验教学凸显优势，主要表现在以下三个方面：

1. 通过实验探究，得出科学规律，发展化学观念

通过对密闭体系内进行的化学反应进行定量研究，依据实验现象及数据呈现的事实，获得"质量守恒定律"这一规律，初步形成守恒观。然后通过测定碳酸钠与稀盐酸、镁条在空气中燃烧两个在敞开体系中进行的化学反应前后质量的变化情况，使学生能够透过不同情况下测量的表象结果，更为深入地认识化学反应前后质量关系的本质，发展变化观。

2. 经历实验过程，体现多重表征，发展科学思维

通过实验探究，运用比较、判断、归纳等方法，在揭示矛盾和解决矛盾中不仅从宏观、定量视角认识化学反应中各物质间存在定量关系，而且还从微观、符号视角揭示了质量守恒定律的本质，发展系统的科学思维能力，体现实验对多视角认识化学反应的重要性。

3. 依托实验过程，强化研究方法，呼应历史发展

本节实验是学生从定性角度到定量角度认识和研究化学变化的转折点，引导学生用定量的科学方法对化学现象进行研究和描述，与科学家采用定量方法研究质量守恒定律相呼应，强化定量研究在化学发展中的重要作用。

4. 应用科学规律解释实验现象，体现科学规律的应用价值

通过教科书"练习与应用"中的实验习题——运用质量守恒定律分析和解释实验中的现象，发展了学生应用化学反应规律解决实际问题的能力，体现了科学规律的应用价值。

三、教学策略

1. 保证实验成功的要点

在进行“铁丝与硫酸铜溶液反应前后质量的测定”时应注意硫酸铜溶液的浓度、铁丝的粗细和纯度。本实验不仅希望学生观察到“反应前后总质量不变”，还能观察到“溶液由蓝色变为浅绿色，铁丝表面有紫红色物质”。但事实上，由于铁丝与硫酸铜溶液接触不充分、硫酸铜溶液浓度不合适等，短时间内观察不到溶液颜色的改变。为使学生及时观察到溶液颜色改变的现象，建议再增加一组相同实验作为对比，要提前一天将铁丝放入硫酸铜溶液中。

课题一共设置 4 个探究实验。其中前两个是在密闭容器中进行的，已经验证了质量守恒定律。在第三个实验中，因在敞口容器中进行实验，造成质量变小的结果，因此在第四个实验——镁条燃烧实验中，实验结果偏大更具有教学意义。但实验中导致质量变化的不可控因素很多，因此实验时，应注意使镁条有足够的长度，以保证天平的测量结果有明显增大。

为保证称量结果的精确性，有条件的学校可以使用分析天平或电子天平进行称量。

2. 发展学生高阶思维方法

(1) 批判性思维及其发展。以问题为导向，引导学生在思考问题的过程中，既提出合乎常理的观点，也对问题进行质疑，从不同角度提出自己的看法。例如，在敞口体系中称量有气体生成的化学反应(如碳酸钠与稀盐酸反应)，天平指针向右偏转的原因是什么？若称量有气体参加的化学反应(如镁条燃烧)，天平指针一定向左偏转吗？

(2) 发散性思维及其发展。利用水果、磁力球、豆子等物品，拼出氢气燃烧、氧化汞分解、木炭燃烧的微观变化(或者拼出你学过的化学反应)，并解释质量守恒的原因。

(3) 创造性思维及其发展。我国古人关于反应前后质量变化的研究有哪些？请利用网络查阅资料，如果能穿越到那个时代做他们的助手，你有哪些好的建议和仪器设计呢？

3. 安全节约策略

实验前要强调实验安全注意事项，如红磷燃烧较剧烈，在红磷下方要铺一层细沙；从药品的用量方面培养节约意识，如在试管中进行硫酸铜溶液和铁钉的反应。

4. 实验方案的优化与改进

(1) 在进行铁丝与硫酸铜溶液反应的实验时，将铁丝换为钢丝棉(非常细的铁丝，柔软如棉)，可以使反应物接触面积增加到足够大，进而明显提高反应速率。

(2) 在碳酸钠与稀盐酸反应的实验之后增加创新实验,在塑料瓶的密闭环境中做碳酸钠与稀盐酸反应的实验,并进行称量,使学生明白有气体生成的反应若在密闭容器中进行,也可以验证质量守恒定律。

(3) 在镁条燃烧实验中,为使实验结果明显,镁条要足够长,把镁条绕成螺旋状。镁条点燃后平放在陶土网上,并立即用烧杯倒扣在火焰上方,而不是用坩埚钳夹持至燃烧结束,以减少白烟的损失。分别称量实验前和实验结束后镁条、陶土网、烧杯的总质量。

(4) 托盘天平的灵敏性较低,有条件的学校可以使用分析天平或电子天平进行称量。这样可以节约时间,提高实验精确度。

第三章　物质的组成和结构类实验功能探析与教学策略

该类实验围绕大概念"物质的组成"，使学生知道可以从物质的组成、变化等视角认识物质的性质，初步认识物质的组成、结构与性质之间的关系；通过经历科学探究，形成物质观、元素观、守恒观等化学观念，完善探究物质组成的思维模式，发展科学思维。

通过实验探究、动画模拟等可视化手段，引导学生分析现象、获取证据并得出结论，培养科学探究意识和实践操作能力；通过运用类比、推理、模拟等思维方法，增进对学科本质的认识；基于"宏观－微观－符号"多重表征设计学习活动，促进学生形成化学思维方式，引导学生认识物质的组成、结构与性质之间的关系。

第1节　测定空气中氧气的含量

一、实验的基本情况及不同版本教科书呈现

【实验名称】

测定空气中氧气的含量。

【实验目的】

利用氧气能够支持燃烧的性质，学习空气中氧气含量的测定方法。

【实验原理】

利用红磷燃烧消耗密闭容器内空气中的氧气，使密闭容器内的压强减小，在大气压的作用下，水倒吸入容器中，进入容器中的水的体积即为空气中氧气的体积。

【实验用品】

集气瓶、橡胶塞、燃烧匙、导管、乳胶管、弹簧夹、烧杯、酒精灯、火柴、红磷、水。

【实验步骤】

实验装置如图 3-1 所示。

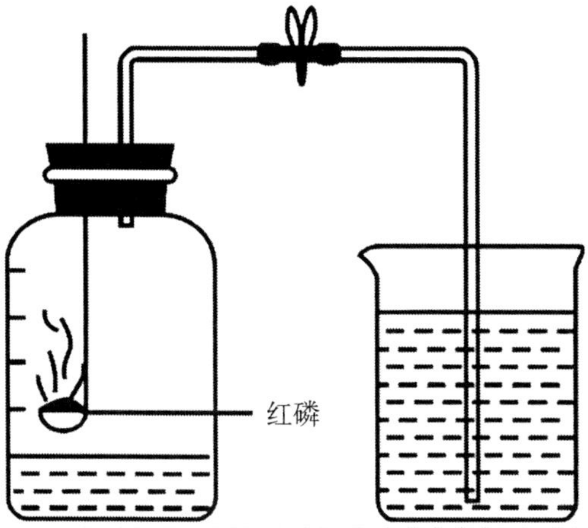

图 3-1　测定空气中氧气的含量

(1) 连接装置并检查装置的气密性。

(2) 在集气瓶内加入少量水,再将水面上方的空间 5 等分,并做上记号。

(3) 用弹簧夹夹紧乳胶管。在燃烧匙内放入足量的红磷,用酒精灯加热,点燃红磷后立即将其伸入集气瓶中,并塞紧瓶塞。

(4) 待红磷熄灭并冷却至室温,打开弹簧夹,观察实验现象。

【实验现象】

红磷燃烧,产生大量白烟;冷却至室温,打开弹簧夹,烧杯中的水被吸入集气瓶,瓶内液面上升。

【实验结论】

氧气在空气中占有一定的体积分数。

【不同版本教科书呈现】

在鲁教版教科书中,该实验的原理、用品、步骤等和人教版教科书的有所不同,是通过如图 3-2 所示的实验装置进行实验的。

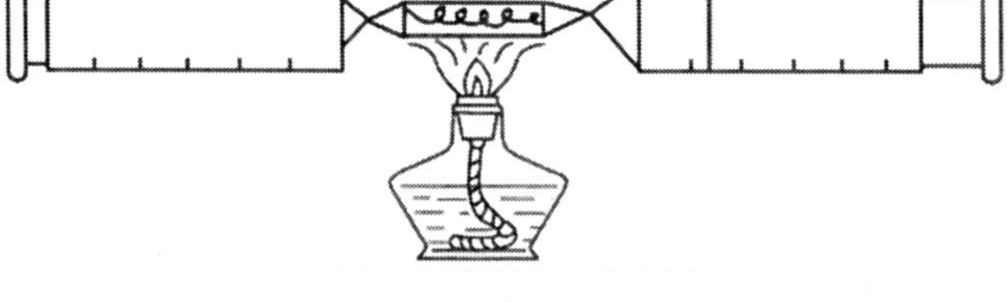

图 3-2　测定空气中氧气的含量

在由两个注射器组成的密闭系统内留有 30 mL 空气。给装有螺旋状细铜丝的玻璃管加热，同时交替缓慢推动两个注射器活塞，观察发生的现象。停止加热后冷却至室温，将气体全部推入一支注射器中，读出注射器内气体的体积。

二、功能探析

该实验在教育教学上的功能如下图所示：

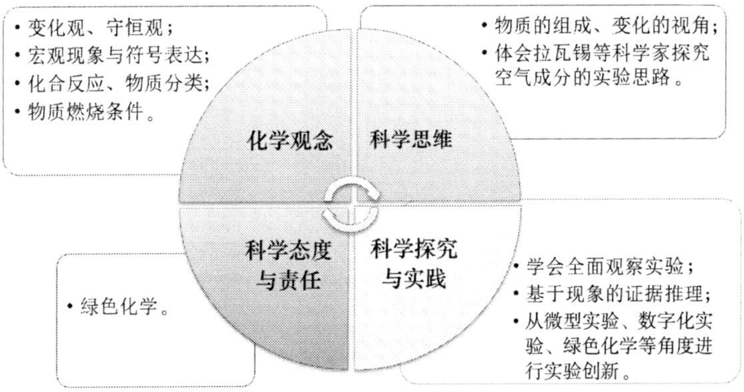

1. 建构化学观念

(1) 引导学生学会书写磷和氧气反应的符号表达式，建立宏观现象与符号表达之间的联系。

(2) 在对现象进行分析论证的过程中，进一步理解物质的变化观、守恒观。

(3) 该实验有助于学生更准确地理解“纯净物”“混合物”的概念，同时为后续氧气的化学性质、化学方程式的学习打下基础，为化合反应的概念建构提供实例。物质燃烧需要氧气(实验中氧气并没有消耗完)，也为燃烧条件的学习埋下伏笔。

2. 发展科学思维

(1) 学生通过观察实验前后红磷燃烧的现象、烧杯中水的变化，初步学会全面、完整和及时地观察实验，并且基于观察到的红磷熄灭的现象进行分析、思考。

(2) 通过了解拉瓦锡研究空气成分的科学史实，深刻体会到科学家探索物质组成与结构的智慧。

3. 提升科学探究与实践能力

(1) 基于小学科学课对空气知识已有介绍，如空气占有体积、有质量、形成大气压等，本实验可以较为顺利地引导学生进行实验探究，进一步认识空气及其成分。

(2) 借助实验过程中的误差分析，引导学生从微型实验、数字化实验、安全环保等角度对实验进行改进，增强创新意识。

4. 培养科学态度与责任感

本实验生成的五氧化二磷有毒，所以集气瓶内的水还具有吸收生成的五氧化二磷的作用，帮助学生树立绿色化学的理念和科学态度，增强责任感。

三、教学策略

1. 保证实验成功的策略

本实验产生的五氧化二磷有毒，且学生不具备独立实验的能力，建议由教师演示，有条件的可以在通风橱内进行。也可以考虑用其他物质代替，但所选的物质不能和空气中的其他物质发生反应，也不能和氧气反应生成其他气体，若生成其他气体，则需要将产生的气体吸收掉，防止干扰实验现象。

为了确保本实验的成功率，需要注意的是装置的密闭性，尽可能防止或减少气体逸散。比如红磷点燃后，要把燃烧匙迅速插入集气瓶中，并迅速塞紧塞子，点燃前要夹紧弹簧夹，等等。此外还要注意，加入的红磷要过量，使其与集气瓶内的氧气充分反应，待完全冷却后再打开弹簧夹。

2. 实验改进

鉴于本实验的特点，可以通过以下途径对实验进行改进：

(1) 利用太阳光在凸透镜下的折射聚焦或者电热棒的加热功能，将集气瓶内的红磷点燃。这样可以在原有实验的基础上，较大程度地避免气体逸散，降低实验误差。

(2) 也可以将红磷改为着火点较低的白磷，来测定空气中氧气的含量。

第 2 节　探究水的组成

实验一——氢气在空气里燃烧

一、实验的基本情况及不同版本教科书呈现

【实验名称】

氢气在空气里燃烧。

【实验目的】

(1) 通过氢气燃烧的实验学习氢气的性质以及验纯方法，为后面研究水的组成打基础。

(2) 通过实验逐步培养学生观察能力和实事求是的科学态度，初步培养学生宏观和微观相结合的分析能力。

【实验用品】

试管、带导管的单孔橡胶塞、铁架台、酒精灯、火柴、尖嘴玻璃导管、小烧杯，及锌粒、稀硫酸等。

【实验步骤】

(1)氢气的验纯

用拇指堵住集满氢气的试管口,靠近火焰,移开拇指点火,如图 3-3 所示。

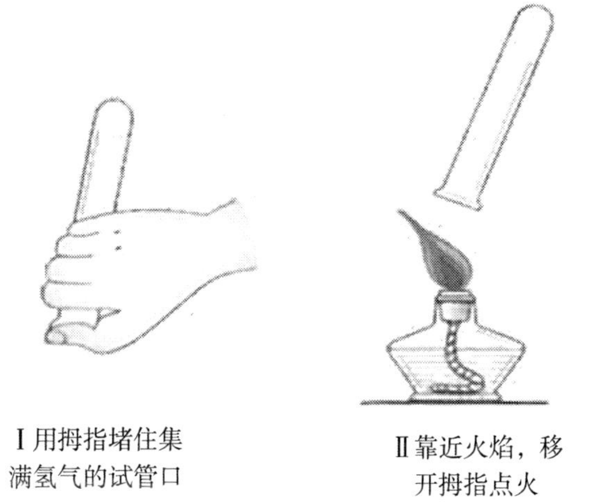

图 3-3　氢气的验纯

(2) 氢气的燃烧

如图 3-4,在尖嘴玻璃导管尖口点燃纯净的氢气,观察火焰的颜色。然后在火焰上方罩一个冷而干燥的小烧杯,过一会儿,观察烧杯内壁上有什么现象发生。

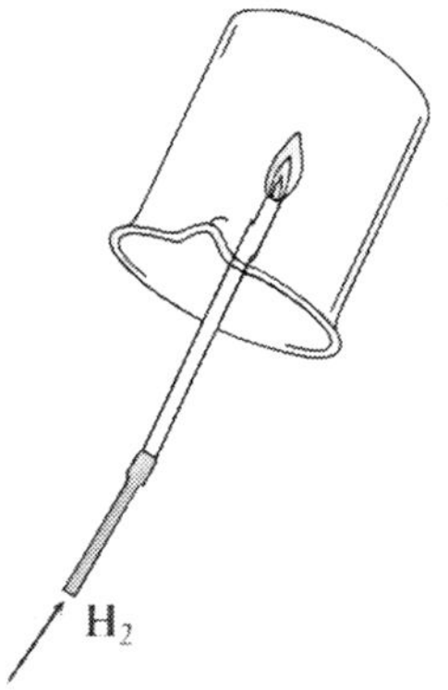

图 3-4　氢气在空气中燃烧

【实验现象】

(1) 发出尖锐爆鸣声或声音很小。

(2) 氢气安静地燃烧,火焰呈淡蓝色,放出大量热;烧杯壁上有水雾生成。

【实验结论】

(1) 氢气不纯或氢气较纯。

(2) 氢气在空气中能燃烧,与空气中的氧气反应生成水。

【微观过程】

氢气燃烧的微观过程如图 3-5 所示。

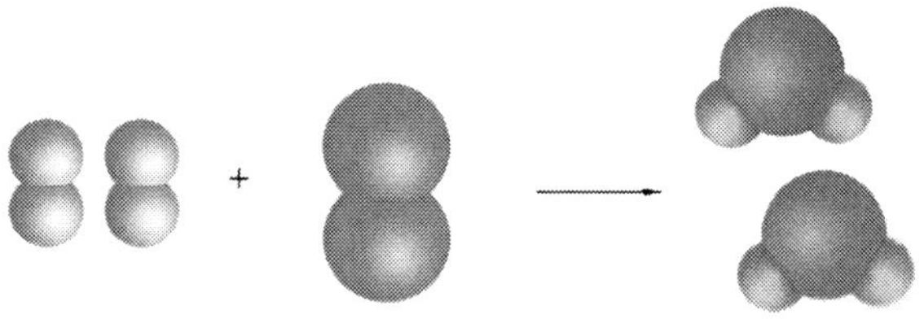

图 3-5 氢气燃烧的微观过程

【不同版本教科书呈现】

北京版、科粤版和科普版这三个版本的教科书中没有专门安排该探究实验，氢气的燃烧实验只出现在电解水实验负极气体的检验中。

北京版教科书在检验负极(电解水)产生的气体时进行了氢气点燃的实验和氢气与氧气混合气体点燃发生爆炸的实验。教科书中相关内容如下：

2. 旋转集气管 1 的活塞，放出少量气体点燃，在火焰上罩上一个冷而干燥的小烧杯。	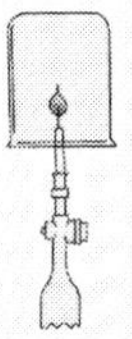 图 4-9	
3. 在集气管 2 上端连接一个干燥管，伸进一根带火星的木条，旋转活塞放出少量气体。	 图 4-10	
4. 用一支干燥的小试管按集气管 1 和 2 中气体的体积比收集满两种气体，在酒精灯火焰上点燃。	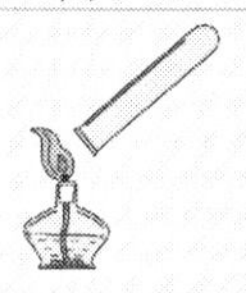 图 4-11	

北京版教科书中给出了如下知识：

小知识

氢气是一种无色、无味、难溶于水的气体，同时也是最轻的气体。氢气还是一种易燃的气体，具有着火温度低、燃烧速度快、发热量大、燃烧产物是水等优点，因此是最理想的清洁能源。若氢气与空气混合，体积分数达到4.0%～74.2%时，遇明火会发生爆炸。若集气管里的氢气较为纯净，遇火焰仅发出很小的声音；若集气管里的氢气不纯，会发出尖锐的爆鸣声。这种方法常用于检验氢气的存在和纯度。

科粤版教科书中，在探究水的组成时并没有专门安排氢气燃烧的实验，只是给出了如下的提示信息：

提示信息>>> 氢气可以燃烧，燃烧时产生淡蓝色的火焰，燃烧产物是水。点火时，必须注意安全，防止爆炸。

科粤版教科书中，安排了点燃氢气的实验以及氢气和空气混合发生爆炸的实验。教科书中相关内容如下：

观察活动

目的　学习检验氢气纯度的方法。

【实验5-4】 收集一小试管氢气，用拇指堵住试管口，使试管口稍向下倾斜，接近酒精灯火焰，再移开拇指点火。

若听到轻微的"噗"声，说明氢气已纯净。

若听到尖锐的爆鸣声，则表明氢气不纯，这时要用拇指按住试管口一会儿，使管内氢气燃烧的火焰熄来，再行收集氢气、验纯，直至听到轻微"噗"声，才可在导管口处点火。

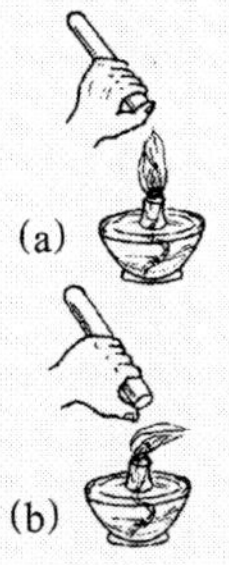

图5-4 检验氢气纯度

观察活动

目的　知道氢气与空气混合后易发生爆炸，从而注意安全使用氢气。

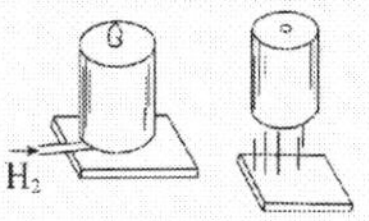

图5-3　点燃氢气和空气的混合物

【实验5-3】 取一个无盖、底部钻一小孔的塑料（纸）筒或杯，用纸团堵住小孔，开口一端朝下，通入一会儿氢气，使筒里的气体为氢气和空气的混合气。把这个筒拿到安全的地方，拔掉堵孔纸团，用燃着的木条在小孔处点火（为安全起见，点火时人要离远一些），注意观察有什么现象出现。

⚠ 注意安全

现象是：________________________。

科普版教科书中只在检验负极气体的时候，设计点燃氢气的实验，且在教科书中直接给出了氢气燃烧的现象。教科书中相关内容如下：

实验

（1）在电解水的装置（如图2-18所示）中盛满水①，然后接通直流电源，观察现象，并比较两侧玻璃管中产生气体的体积。

（2）点燃与电源负极相连的玻璃管中的气体后，用一只干冷洁净的小烧杯罩在火焰上方，观察现象。用手触摸烧杯外壁，有何感觉？

（3）将一根带火星的木条放在与电源正极相连的玻璃管尖嘴处，打开活塞，你观察到什么现象？说明水在通电的条件下分解生成了什么？

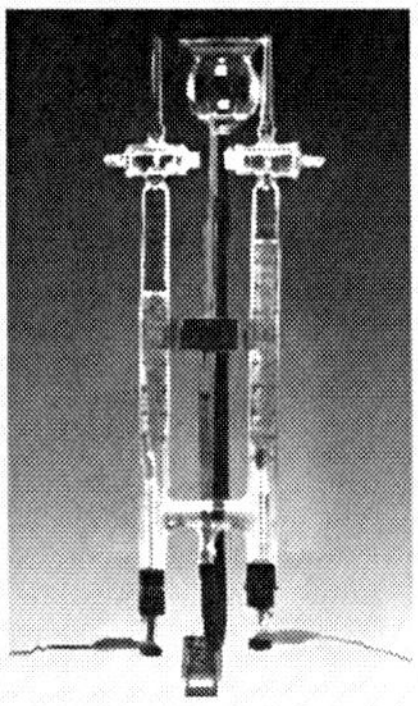

图2-18 电解水装置

鲁教版和沪教版这两个版本的教科书和人教版有相似的地方，均在水的电解中单独安排了氢气燃烧的实验。不同的是，沪教版和鲁教版教科书中的这个实验均出现在电解水之后，而且都在教科书中直接给出了实验现象，有的还给出了实验结论。

下面是鲁教版教科书中氢气燃烧的实验：在教科书中给出了氢气燃烧的实验现象、符号表达式及微观示意图。

实验探究2-3

氢气在空气中燃烧

如图所示：在空气中点燃纯净的氢气，并在火焰上方罩一只干燥的凉烧杯，观察现象。用手轻轻触摸烧杯。

现象

注意：在点燃氢气前，一定要检验它的纯度！

纯净的氢气在空气中燃烧，火焰呈淡蓝色，烧杯内壁凝结有水雾；用手触摸烧杯，烧杯发烫。这是因为氢气和空气中的氧气在点燃条件下发生反应生成了水，并放出热量。这一反应可表示为：

$$\text{氢气} + \text{氧气} \xrightarrow{\text{点燃}} \text{水}$$

$$H_2 \quad O_2 \quad H_2O$$

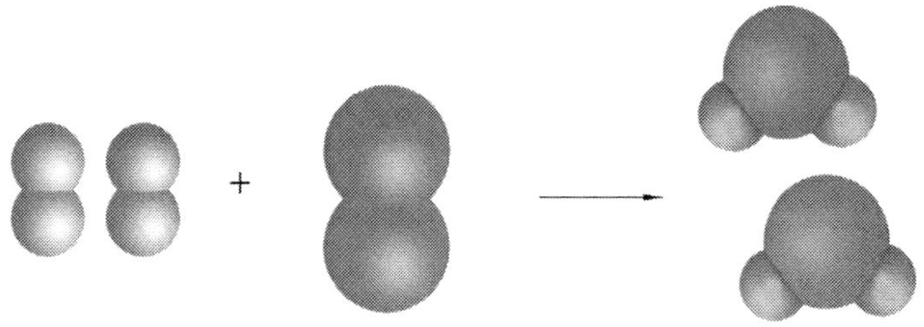

下面是沪教版教科书中氢气燃烧的实验：在教科书中给出了氢气燃烧的实验现象、符号表达式及实验结论。

观察与思考

【实验1】观察并思考水的电解实验（如图2-18所示）。

1. 接通直流电源，观察产生气体的实验现象。

2. 推测生成气体的可能组成，并思考可采用的验证方法。

3. 将一根带火星的小木条平放在与电源正极相连的玻璃管的尖嘴处，打开活塞，观察实验现象，并推断气体成分。

4. 打开与电源负极相连的玻璃管的活塞，在玻璃管的尖嘴处点燃（或用一支小试管收集生成的气体后移至酒精灯火焰处），观察实验现象，并推断气体成分。

【实验 2】在空气中点燃纯净的氢气，并在火焰上方罩一个干冷的小烧杯（图2-19），观察实验现象。

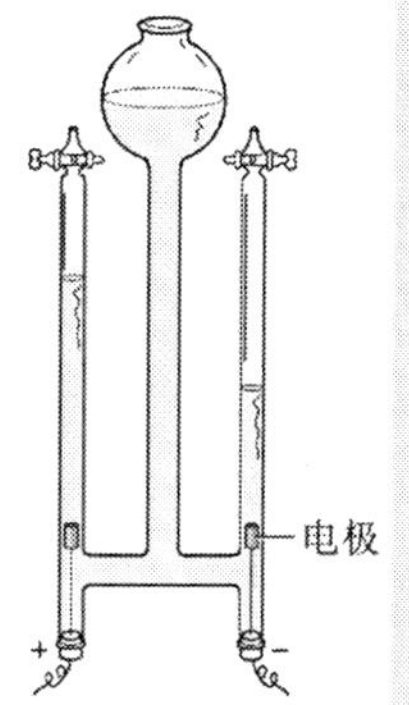

图2-18 电解水实验

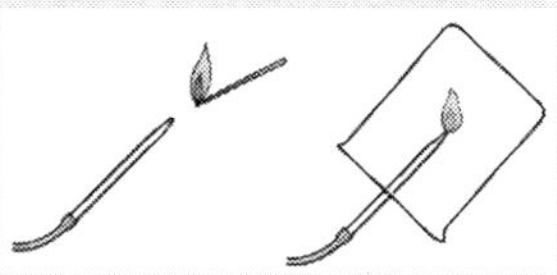
图2-19 氢气在空气中燃烧

在实验1中，与电源正极相连的玻璃管内生成的气体能使带火星的小木条复燃，这种气体是氧气。与电源负极相连的玻璃管内生成的气体能在空气中燃烧，这种气体叫氢气（hydrogen）。该实验说明水在通电的条件下能发生分解反应，生成氢气和氧气。

$$\underset{H_2O}{水} \xrightarrow{通电} \underset{H_2}{氢气} + \underset{O_2}{氧气}$$

在实验2中，纯净的氢气在空气中燃烧，产生淡蓝色的火焰，放出大量的热，烧杯内壁凝结有水雾，说明氢气与空气中的氧气发生化合反应生成了水。

$$\underset{H_2}{氢气} + \underset{O_2}{氧气} \xrightarrow{点燃} \underset{H_2O}{水}$$

上面两个实验说明了水是由氢元素和氧元素组成的。

二、功能探析

该实验在教育教学上的功能如下图所示：

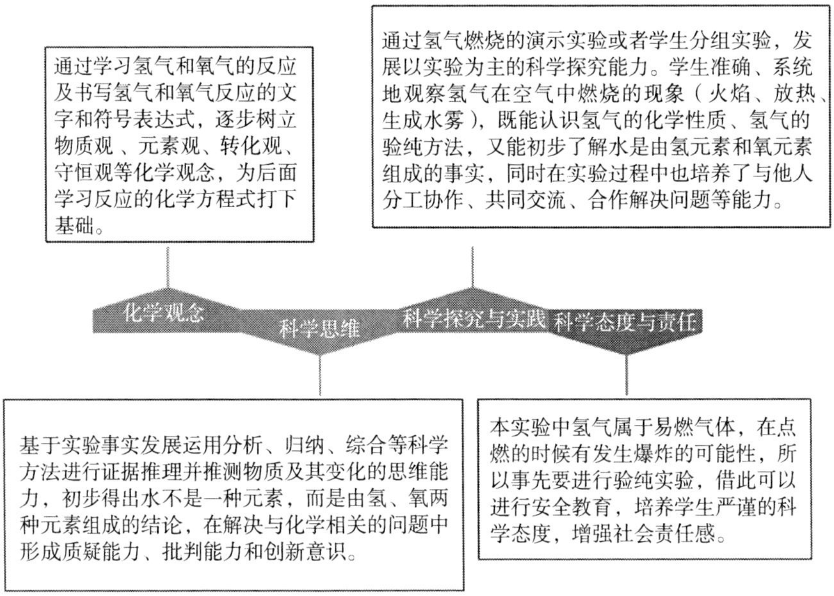

三、教学策略

（1）氢气在点燃的时候容易发生爆炸，建议由教师演示本实验。

（2）如能确保氢气纯净，实验设备简单、方便、操作安全，也可进行学生分组实验，这样更有利于学生实践能力的培养。

（3）常规实验在点燃氢气时使用玻璃导管，燃烧时的淡蓝色火焰会受到钠元素黄色火焰的干扰。因此教师可以设计如图 3-6 所示的点燃装置，这样学生可以清晰观察到氢气燃烧的火焰是淡蓝色的。

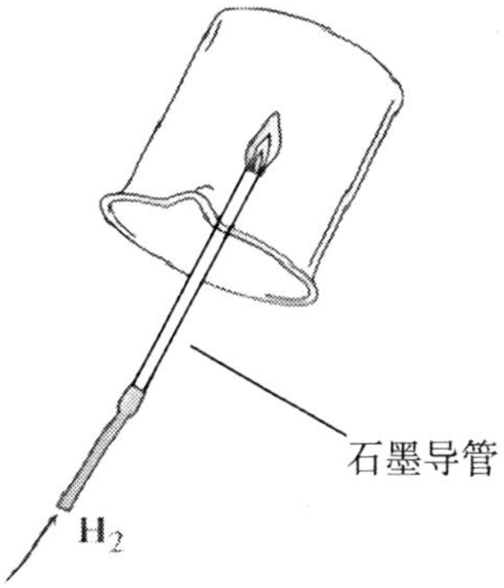

图 3-6 石墨导管点燃氢气

制作石墨导管的具体方法：取普通 1 号干电池，取出中间的碳棒，在其中间打一个小孔，代替玻璃导管。

用石墨导管点燃氢气的方法与用玻璃导管相同，点燃后一般可看到明显的淡蓝色火焰。此实验改进后学生能观察到明显的实验现象，更有利于培养学生实事求是的科学态度。（参考北京市密云县塘子中学 刘建国、谢文亭：《氢气燃烧火焰颜色实验的改进》）

另外，在点燃氢气的时候，可以先用注射器收集氢气，然后点燃。这样也可以有效避免钠元素焰色反应的干扰。学生可以清晰地观察到淡蓝色火焰，并观察到在火焰上方的小烧杯内壁上有水雾。

实验二——电解水实验

一、实验的基本情况及不同版本教科书呈现

【实验名称】

电解水实验。

【实验目的】

（1）通过电解水的实验，巩固氧气的检验，练习氢气的验纯，分析实验现象，并在此基础上推断水的组成。结合分子、原子的知识从微观的角度分析水分子的微观构成，得出水的化学式，初步学习用宏观、微观相结合的方式认识和表征化学变化的方法。通过实验逐步培养观察能力，树立实事求是的科学态度。

（2）通过分解含有氢元素和氧元素的水得到氢气和氧气，进一步认识化学反应前后元素种类不变的结论。

（3）通过对水的组成的认识，了解人类认识物质世界的过程和方法，乐于探究身边的物质世界。

【实验用品】

水、氢氧化钠溶液、小木条、酒精灯、火柴、电解器、小烧杯。

【实验步骤】

(1) 在电解器玻璃管里加满水,接通直流电源,观察并记录两个电极附近和玻璃管内发生的现象。

(2) 切断上述装置中的电源,分别用带火星的木条和燃着的木条在两个玻璃管尖嘴口检验电解反应中产生的气体,观察并记录发生的现象。

【实验现象】

(1)通电后,两个电极均有气泡产生,正极气泡产生的速度慢,负极快。一段时间后,正、负极产生气体的体积比大约为 1∶2。

(2)正极产生的气体能使带火星的木条复燃;负极产生的气体能燃烧,发出淡蓝色火焰,火焰上方罩的干冷烧杯的内壁上有水雾产生。

【实验结论】

水由氢元素和氧元素组成。

【微观过程】

电解水的微观过程如图 3-7 所示。

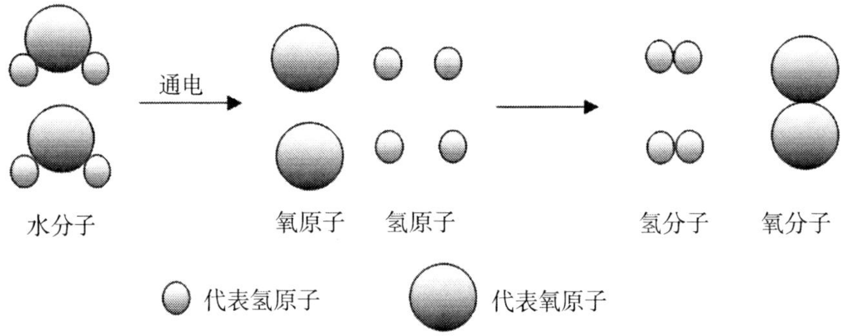

图 3-7 电解水的微观过程

【不同版本教科书呈现】

鲁教版、科普版、沪教版和科粤版教科书在检验正极产生的气体时都用了带火星的木条,而不是燃着的木条。

北京版教科书在验证正极产生的气体时也用了带火星的木条,同时还在集气管上端连接了一个干燥管。具体呈现方式如下:

实验步骤	实验装置	实验现象
1. 给注满水（可加入少量硫酸或氢氧化钠以增强导电性）的电解水装置接通直流电源，观察电极上、集气管 1 和 2 内产生的现象。	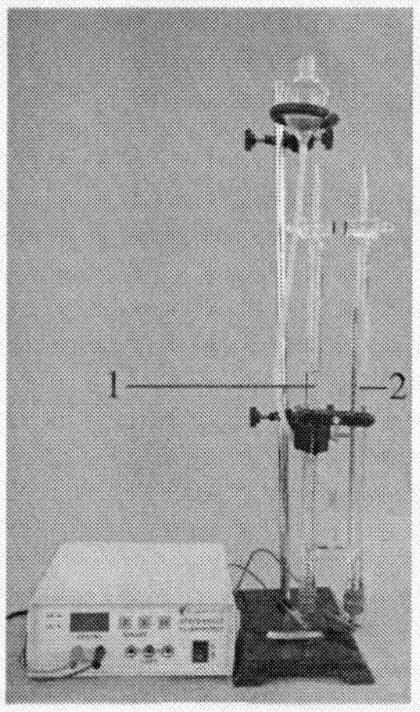 图 4-8	
2. 旋转集气管 1 的活塞，放出少量气体点燃，在火焰上罩上一个冷而干燥的小烧杯。	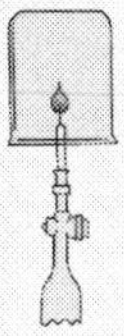 图 4-9	
3. 在集气管 2 上端连接一个干燥管，伸进一根带火星的木条，旋转活塞放出少量气体。	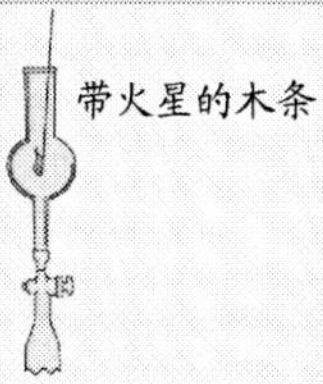 图 4-10	

二、功能探析

该实验的教育教学功能如下图所示：

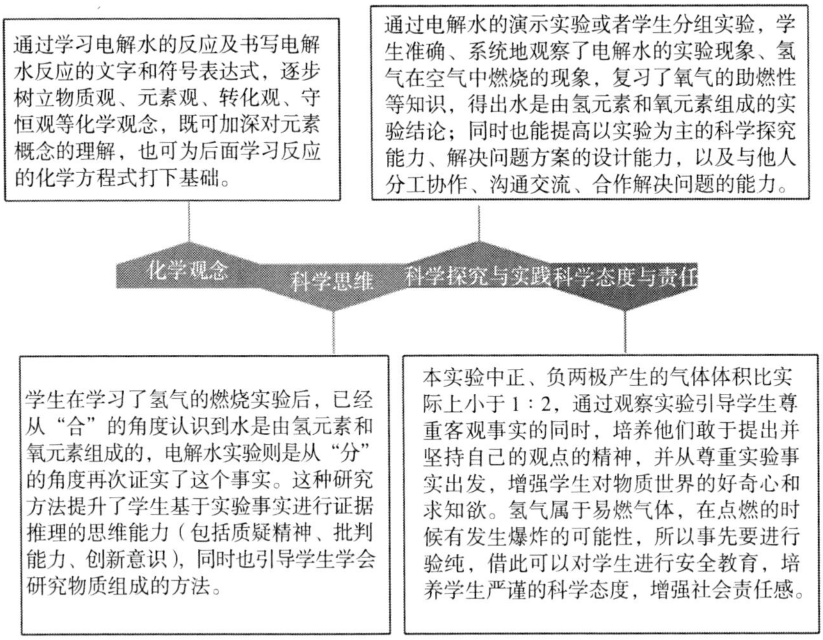

三、教学策略

(1) 电解水实验的典型装置是“霍夫曼电解器”，电极材料使用昂贵的铂，学校一般没有配置。因此，在实际教学时，往往使用如图 3-8 所示的自制简易装置。

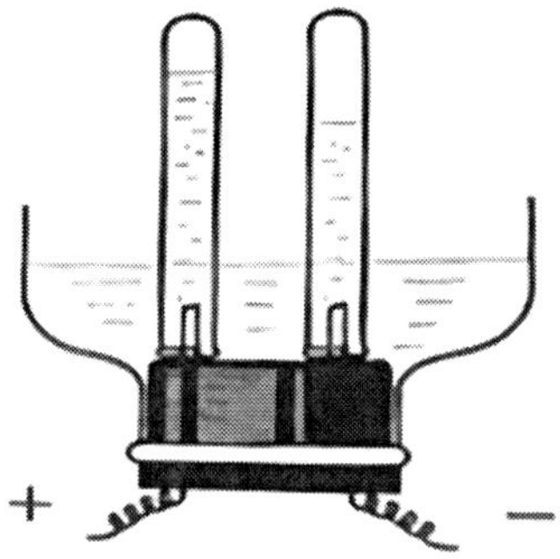

图 3-8　自制简易电解水装置

取一个大瓶子，截去瓶底，瓶口以上留 8～10 cm 的瓶身。瓶口配一橡胶塞，由里向外塞紧。把镀铬的曲别针抻直一段，由塞子上扎出，在瓶塞露头处连接导线，做成电解槽。为了增强水的导电性，可加入少量硫酸或氢氧化钠。由于在酸性介质中阳极更容易被氧化，建议用质量分数为10%～15%的氢氧化钠溶液作为电解液。它的缺点是容易在测气管的液面上产生泡沫，因此要求所用电解装置要充分洁净，氢氧化钠要比较纯净，测气管的直径不要太小。

(2) 条件允许的话，建议进行学生分组实验。学生分组进行电解水实验，探究水的组成，亲身体验水通电生成两种气体，正、负两极气体的体积比约为1∶2的宏观实验事实，这对于得出实验结论很有帮助。

(3) 建议将宏观现象、微观示意图及符号表达式相互结合进行教学。通过宏观、微观、符号三重表征，建构概念，深化对物质组成的认识和理解，形成认识化学物质的思维方式。

(4) 开展基于"化学史"的教学，梳理人们对于"水的组成"的认识发展过程，形成物质由元素组成的化学观念。

第3节　通过蜡烛、甲烷、乙醇的燃烧实验探究物质元素组成的方法

燃烧法探究物质元素组成类实验是通过可燃物燃烧，借助对燃烧产物中元素组成的检验，推导出反应物的元素组成。

通过本类实验的探究，能够深化学生对化学变化本质的认识，增强学生多角度获取证据的意识和能力，培养化学观念、科学思维、科学探究与实践等学科核心素养。

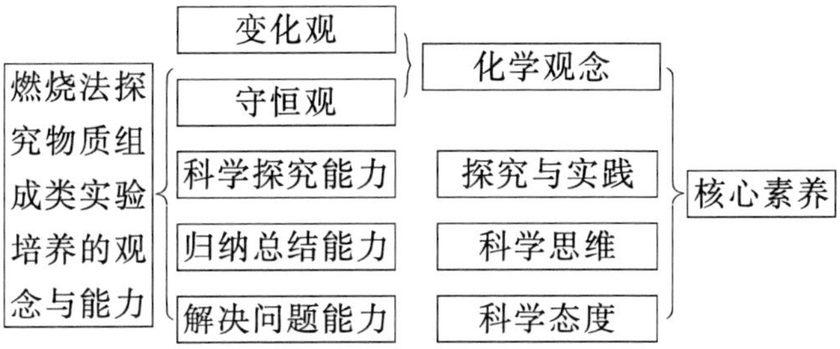

实验一——对蜡烛及其燃烧的探究

一、实验的基本情况

【实验名称】

对蜡烛及其燃烧的探究。

【实验目的】

(1)知道探究物质的组成时应该关注物质的性质、物质的变化、物质的变化过程及其现象。

(2)初步学会对实验现象进行细致的观察和描述。

(3)学会通过比较和分析得出可靠结论的方法。

【实验用品】

仪器:烧杯等。

药品:蜡烛、澄清石灰水等。

其他用品:火柴、小刀、抹布、废液缸等。

【实验步骤】

(1) 点燃前

① 观察蜡烛的颜色、状态、形状、硬度,闻一闻气味,并进行描述。

② 用小刀切下一块石蜡,放入水中,根据实验现象对石蜡的硬度和密度进行初步判断。

(2) 点燃蜡烛

① 观察蜡烛燃烧时发生了哪些变化,火焰分几层,哪层最亮、哪层最暗。

② 取一根火柴梗,迅速平放入火焰中,约 1s 后取出,根据火柴梗在火焰不同部位的燃烧情况,推测火焰哪一部分的温度最高、哪一部分的温度最低。

③ 分别取一个干燥烧杯和一个用澄清石灰水润湿内壁的烧杯,先后罩在火焰上方,观察并描述烧杯中的现象。

(3) 熄灭蜡烛

观察蜡烛熄灭时有什么现象发生。用火柴去点燃蜡烛刚熄灭时产生的白烟,蜡烛能否重新燃烧?蜡烛熄灭后,其颜色、长度等与点燃前相比有什么变化?

【实验现象】

(1) 蜡烛是白色(或其他颜色)圆柱形固体,用指甲划有划痕,有轻微气味。

(2) 蜡烛浮于水面。

(3) 点燃的蜡烛能够持续安静地燃烧,在燃烧的过程中火焰附近石蜡部分熔化。蜡烛的火焰可以分成三层:最内层火焰最暗,最外层火焰最亮。

(4) 干燥的烧杯内壁上出现了水雾,用澄清石灰水润湿的烧杯内壁上的澄清石灰水变浑浊。

(5) 蜡烛熄灭后有白烟产生,白烟能燃烧,并可引燃蜡烛。蜡烛熄灭后颜色不变,长度变短。

【实验结论】

(1) 石蜡是白色固体,硬度较小,有气味;石蜡密度比水小。

(2) 石蜡能燃烧,火焰分三层。蜡烛燃烧能生成水和二氧化碳,依据质量守恒定律即可推出蜡烛中含有碳元素和氢元素。

(3) 蜡烛熄灭后产生的白烟能燃烧。

在沪教版教科书中,为了便于点燃白烟,选用如图 3-9 所示的实验,将短玻璃管一端放在蜡烛火焰中心导出白烟,从另一端点燃白烟,这样可以更加直观地观察到白烟具有可燃性。

图 3-9　从蜡烛火焰中引出白烟

二、功能探析

(1) 发挥化学实验的“认知”功能，培养学生科学探究能力，认识到实验是学习化学的一条重要途径，知道对比实验是科学探究的常用方法，提升科学探究与实践素养。

(2) 初步学习如何描述实验现象，能根据实验现象推理出一些简单的结论；初步培养实验操作能力、观察能力、分析问题能力、表述能力，发展科学思维。

(3) 初步掌握化学实验的关注要点，如关注物质的性质，关注物质的变化，关注物质变化的过程以及对结果的解释和讨论，培养化学观念。

(4) 通过对实验现象的观察和推理能够初步了解石蜡燃烧能产生二氧化碳和水；结合质量守恒定律的学习，知道石蜡中一定含有碳元素和氢元素，发展化学观念。

三、教学策略

(1) 本实验所需材料容易准备，建议可在教师指导下由学生分组完成。实验过程中要注意用火安全。

(2) 观察蜡烛燃烧的火焰时，选择引线较长且已经燃烧过一段的蜡烛，尽量不选择新蜡烛或引线较短的蜡烛。

(3) 用澄清石灰水润湿的烧杯需要选择洁净的烧杯；否则，会影响澄清石灰水的润湿效果。

(4) 观察蜡烛熄灭后的现象时，需要事先让蜡烛多燃烧一会儿，使火焰较大，能够产生较多的石蜡蒸汽。

(5) 可以借助氧气传感器、二氧化碳传感器、湿度传感器等将此实验进行数字化改造，通过收集的数据和图像能够直观地看到在密闭容器中蜡烛燃烧会产生二氧化碳和水。

实验二——对甲烷及其燃烧的探究

一、实验的基本情况

【实验名称】

对甲烷及其燃烧的探究。

【实验目的】

(1) 认识甲烷的物理性质,学会检验生成物中的水和二氧化碳。

(2) 结合学过的知识,能根据本实验所获得的证据推理出甲烷的元素组成。

【实验原理】

$$CH_4+2O_2 \xlongequal{点燃} CO_2+2H_2O$$

【实验用品】

仪器:烧杯、导管、试管、酒精灯、贮气装置。

药品:甲烷、澄清石灰水。

其他用品:火柴等。

【实验步骤】

实验装置如图 3-10 所示。

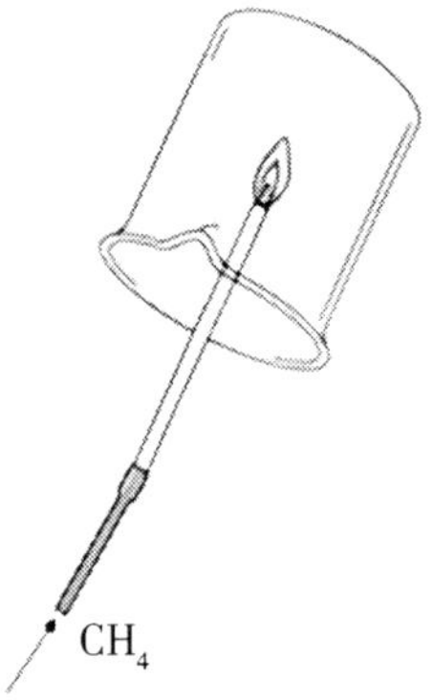

图 3-10　甲烷燃烧实验

(1) 用排水法收集一小试管甲烷,用拇指堵住试管口,靠近火焰,移开拇指点火。如果发出尖锐的爆鸣声,则表示气体不纯;如果声音很小,则表示气体较纯。

(2) 观察甲烷的颜色、状态。

(3) 点燃从导管放出的甲烷,在火焰的上方罩一个冷而干燥的烧杯。过一会儿,观察烧杯内壁上的现象。

(4) 迅速把烧杯倒过来,向烧杯内注入少量澄清石灰水,振荡,观察现象。

【实验现象】

(1) 发出尖锐爆鸣声或声音很小。

(2) 甲烷是一种无色气体。

(3) 甲烷安静地燃烧，火焰呈蓝色，甲烷燃烧放出大量热，烧杯内壁上有水雾生成。

(4) 澄清石灰水变浑浊。

【实验结论】

(1) 甲烷不纯或较纯。

(2) 甲烷具有可燃性，燃烧生成水和二氧化碳。

(3) 甲烷中含有氢元素和碳元素。

二、功能探析

(1) 本实验可以引导学生系统地观察甲烷及其燃烧，了解甲烷的物理性质、化学性质，描述甲烷燃烧实验的现象，提升科学探究与实践素养。

(2) 根据观察所记录的实验现象，推理出甲烷燃烧生成水和二氧化碳，进而推出甲烷中含有氢元素和碳元素，发展守恒观等化学观念。

(3) 点燃不纯的甲烷会引起爆炸，因此点燃之前需要验纯，借此对学生进行实验安全教育，培养科学态度与责任素养。

三、教学策略

(1) 点燃不纯的甲烷会引起爆炸，因此点燃之前需要验纯。教师可带领学生复习氢气验纯的方法，加深学生对实验安全的认识。

(2) 甲烷燃烧时在火焰上方罩干冷的烧杯，火焰不要离烧杯底太近。

(3) 燃烧时间适当长一些，产生足够的二氧化碳后翻转烧杯，迅速地倒入澄清石灰水。倒石灰水并振荡时最好能用玻璃片盖住烧杯口，以防止二氧化碳逸散。

实验三——对乙醇及其燃烧的探究

一、实验的基本情况

【实验名称】

对乙醇及其燃烧的探究。

【实验目的】

(1) 了解乙醇的物理性质、化学性质。

(2) 复习检验燃烧后生成水和二氧化碳的方法。

【实验用品】

仪器：蒸发皿（或铁质容器）、陶土网、烧杯。

药品：无水乙醇。

其他用品：火柴等。

【实验原理】

$$C_2H_5OH + 3O_2 \xlongequal{\text{点燃}} 2CO_2 + 3H_2O$$

【实验步骤】

(1) 观察乙醇的颜色、状态,闻一闻乙醇的气味。

(2) 将蒸发皿(或铁质容器)放在陶土网上,向容器内倒入少量无水乙醇并点燃,观察燃烧的现象。

(3) 在火焰的上方罩一个冷而干燥的烧杯。过一会儿,观察烧杯内壁上的现象。

(4) 迅速把烧杯倒过来,向烧杯内注入少量澄清石灰水,振荡,观察现象。

【实验现象】

(1) 乙醇是无色液体,有特殊气味。

(2) 乙醇燃烧放出大量的热,火焰呈淡蓝色。

(3) 烧杯内壁上有水雾生成。

(4) 澄清石灰水变浑浊。

【实验结论】

(1) 乙醇是无色液体,有特殊气味,具有可燃性。

(2) 乙醇燃烧有水生成。

(3) 乙醇燃烧有二氧化碳生成。

(4) 乙醇中含有氢元素和碳元素。

二、功能探析

(1) 进一步学习研究物质性质的方法。

(2) 进一步学习探究物质元素组成的方法。

三、教学策略

(1) 需要选择无水乙醇,避免含水的乙醇燃烧过程中原有水分的蒸发对实验现象产生干扰。

(2) 点燃乙醇尽量在金属容器中进行,避免玻璃或陶瓷制品中钠元素焰色反应对实验现象的干扰。

(3) 可以借助传感器将此实验进行数字化改造。

第 4 节　观察并解释氨水挥发使酚酞溶液变红

学习该实验的一般思路和方法:由于分子很小,肉眼无法直接观察其运动现象,需要借助间接对比实验。可以利用具有挥发性的某种分子与物质作用而产生明显现象,来证明分子在运动。

一、实验的基本情况及不同版本教科书呈现

【实验名称】

分子运动实验。

【实验目的】

探究分子运动现象。

【实验原理】

浓氨水具有挥发性，挥发出的氨分子不断运动，运动到酚酞溶液中，与水分子形成氨水，使酚酞溶液变红。

【实验用品】

大烧杯 1 个、小烧杯 2 个、试管、胶头滴管、盛水的小烧杯、废液缸、酚酞溶液、浓氨水、蒸馏水。

【实验装置】

实验装置如图 3-11 所示。

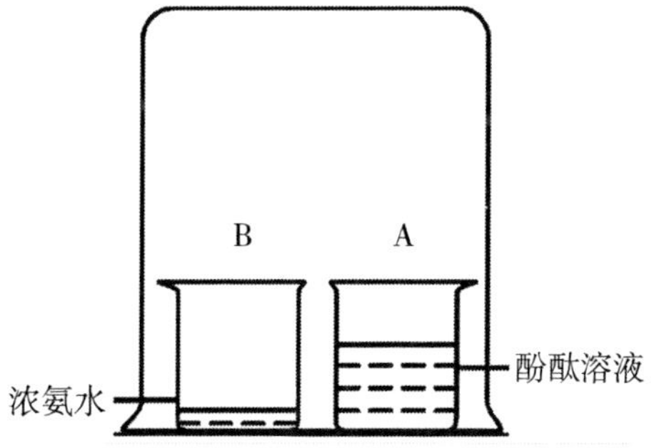

图 3-11　分子运动现象的实验

【实验步骤】

(1) 向盛有约 20 mL 蒸馏水的小烧杯 A 中加入 5～6 滴酚酞溶液，搅拌均匀，观察溶液的颜色。

(2) 从烧杯 A 中取少量溶液加入试管中，向试管中慢慢滴加浓氨水，观察溶液颜色有什么变化。

(3) 另取一个小烧杯 B，加入约 5 mL 浓氨水。用一个大烧杯或水槽罩住 A、B 两个小烧杯。观察几分钟，有什么现象发生？你能解释这一现象吗？

【实验现象】

(1) 烧杯 A 中的溶液为无色。

(2) 从烧杯 A 中取少量溶液加入试管中，向试管中慢慢滴加浓氨水，溶液颜色由无色变为红色。

(3) 烧杯 A 中的溶液由无色变为红色。

【实验结论】

分子在不断运动。

【不同版本教科书呈现】

在北京版教科书中，该实验的目的是探究烧杯中溶液变红的原因。教科书中直接呈现A烧杯中的现象：溶液由无色逐渐变为红色。学生观察并填写B烧杯中的现象后，进行猜想假设和探究实验。实验装置如图3-12所示。

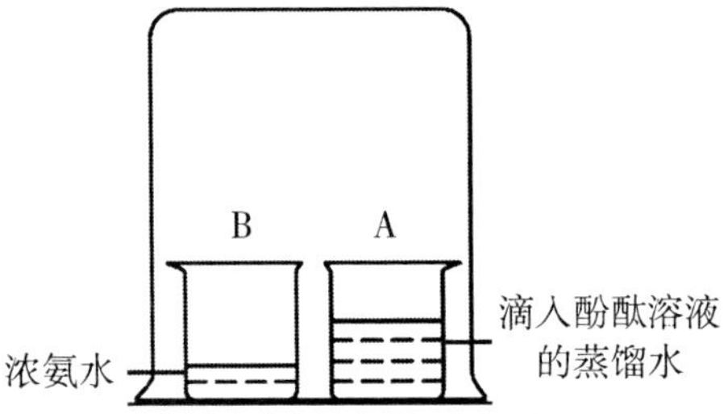

图3-12　探究烧杯中溶液变红的原因

沪教版教科书实验1：向烧杯A中加入20 mL蒸馏水，滴入2～3滴酚酞溶液，得到溶液甲。向溶液甲中滴加1～2滴浓氨水，观察现象。

实验2：如图3-13所示，在烧杯B中加入3～5 mL浓氨水，在烧杯C中重新配制甲溶液，用一个大烧杯将烧杯C、B罩在一起，观察实验现象。

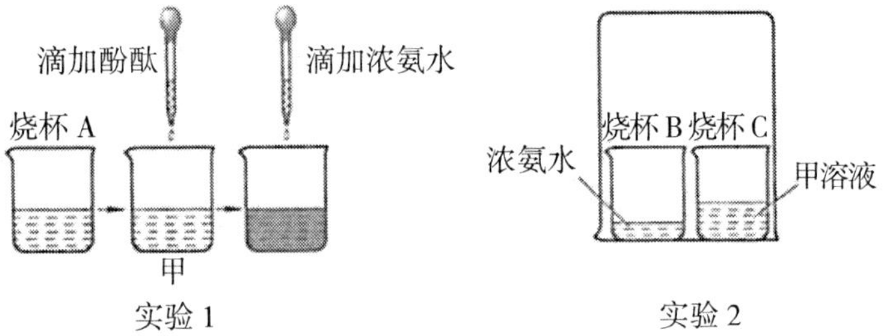

图3-13　分子运动实验装置

在科粤版教科书中，该实验装置如图3-14所示，在玻璃管两端的胶塞内侧，分别放置蘸有浓盐酸和浓氨水的小团棉花。

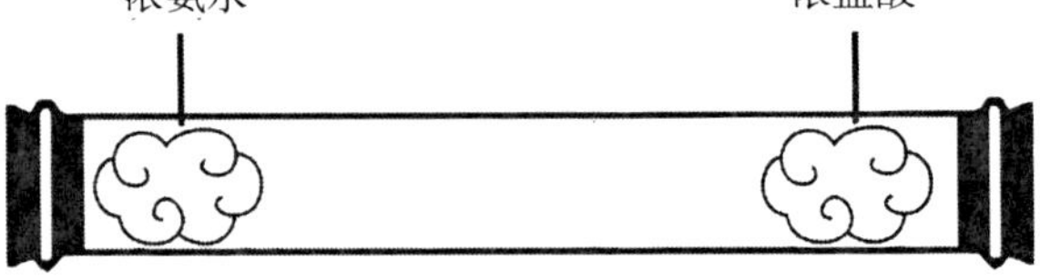

图3-14　浓盐酸与浓氨水反应生成白烟

问题：为什么蘸有浓盐酸和浓氨水的棉花并没有接触，却会在空气中生成浓浓的白烟？

解释：浓盐酸挥发出来的氯化氢分子和氨水挥发出来的氨分子运动到空气中相遇，并发生化学反应，生成氯化铵小颗粒，扩散到空气中形成白烟。

二、功能探析

1. 建构化学观念

探究分子运动现象的实验是启蒙学生“微粒观和运动观”的关键实验。学生在观察、辨识反应现象的过程中，从宏观现象分析出微观实质，认识到“分子在不断运动”这一基本性质。

2. 发展科学思维

在此之前学生对微观世界已有初步了解，比如“分子很小”“分子总在不停地做无规则运动”，但这些基本上处于物理学科的层次。通过分子运动实验的探究，学生能够从不同视角对化学现象进行分析研究，逐步揭示其特征和规律，增强学生的抽象思维意识。

3. 提升科学探究与实践能力

通过现象明显、对比性强的实验装置来证明分子是不断运动的，有利于帮助学生直观、可视化地理解微观粒子的运动。在实验过程中，学生可以提出有探究价值的化学问题，或教师引导学生从微型实验、安全环保等角度对实验进行改进、设计并和同学交流实验的成果，培养学生的实验探究能力与创新意识。

4. 培养科学态度，增强责任感

学生在实验的过程中，逐步形成严谨的科学态度，认识到化学对环境保护的重要性，增强可持续发展意识，树立绿色化学观念。

三、教学策略

(1) 分子运动实验的成功率较高。教师在进行演示实验前要确保浓氨水未变质，所用小烧杯不含杂质，尤其是不含碱性物质。

该探究的设计层层引导和深入，先观察酚酞溶液在蒸馏水中的颜色是对方法的引导；观察酚酞溶液遇到浓氨水变红色是知识的铺垫，帮助学生获取信息，降低探究的难度，继而再进行探究性实验。

(2) 教科书中的探究分子运动实验，将浓氨水放置在敞口的烧杯中，教室里会弥漫难闻的有刺激性气味的氨气，在一定程度上存在环境污染；另外，实验药品用烧杯盛放，用量较大，会造成一定的浪费。鉴于本实验的以上不足，也可以利用以下改进装置(如图 3-15)进行探究。

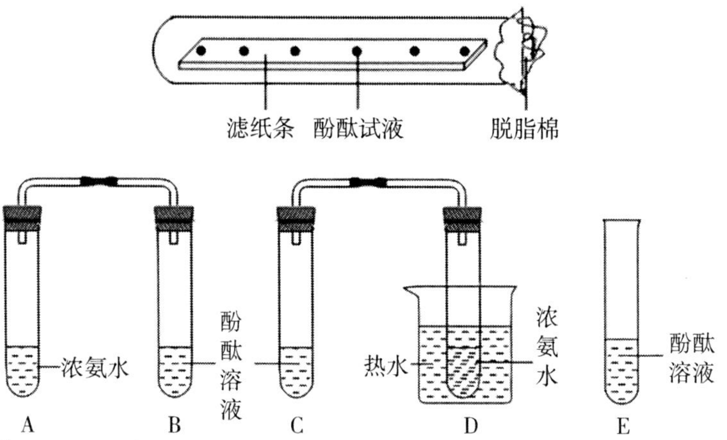

图 3-15 分子运动现象的改进实验

第 5 节 红墨水分别在冷水和热水中扩散

一、实验的基本情况及不同版本教科书呈现

【实验名称】

红墨水分别在冷水和热水中扩散。

【实验目的】

(1) 探究红墨水分别在冷水和热水中的扩散现象。

(2) 探究分子运动速率与温度的关系。

(3) 学习通过控制变量的科学思维设计简单对比实验的方法。

【实验用品】

仪器:烧杯、胶头滴管等。

药品:红墨水、蒸馏水等。

【实验步骤】

(1) 取两个规格完全相同的烧杯,在其中一个烧杯中倒入半杯凉水,在另一个烧杯中倒入等体积的热水。

(2) 用胶头滴管吸取红墨水,分别向两个烧杯中滴加等量的红墨水,观察现象。

【实验现象】

(1) 红墨水在两个烧杯中均有扩散现象产生。

(2) 红墨水在热水中扩散比较快,在凉水中扩散比较慢。

【实验结论】

(1) 分子在不断运动。

(2) 温度越高,分子运动速率越快。

【不同版本教科书呈现】

本实验在义务教育阶段的各版本化学教科书中均未作为单独的实验来呈现。在人教版九年级上册教科书第三单元课题 1 中有类似实验——品红在水中扩散(如图 3-16)。

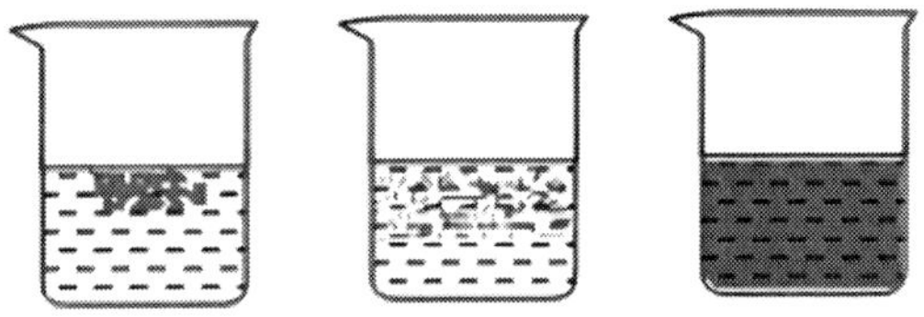

图 3-16　品红在水中扩散

该实验只是向盛有水的小烧杯中加入少量品红,静置,观察发生的现象。通过该实验,只观察到品红能在水中扩散,从而得出分子是在不断运动的结论,并不能直接对比分子运动速率与温度的关系。但是,在教科书接下来对品红在热水中扩散更快一些及其原因进行了叙述和解释。

人教版教科书中的实验虽能证明分子是在不断运动的,而且也对分子运动速率与温度的关系进行了叙述和解释,但是,从初中学生的认知能力和认知特点考虑,这一实验缺少直观的实验现象,不利于学生深入理解。

墨水分别滴入凉水和热水中的实验,在人教版教科书九年级物理全一册第十三章第 1 节中作为演示实验出现。

二、功能探析

(1) 发挥化学实验的"认知"功能,培养学生科学探究能力,认识到实验是学习化学的一条重要途径,知道对比实验是科学探究的常用方法,提升科学探究与实践素养。

(2) 通过观察和实验等方法获取证据,基于证据进行分析推理、形成结论。

(3) 学习控制变量和对比实验的设计方法。

(4) 能分别从宏观和微观两个层面对一个化学现象进行辨识和探析。

三、教学策略

(1) 本实验所需材料容易准备,建议可在教师指导下由学生分组完成。实验过程中要注意热水温度不宜过高。

(2) 实验过程中,可以将红墨水换成品红或其他颜料。为了激发学生的学习兴趣,也可以在分组实验过程中,给不同小组提供不同颜色的颜料。

第6节　观察水的三态变化

一、实验的基本情况及不同版本教科书呈现

【实验名称】

水的三态变化。

【实验目的】

(1) 通过探索水沸腾及液化的过程，让学生初步了解水的三态变化；学习运用日常现象与课本理论相结合的方法，用课本理论来解释日常现象。

(2) 通过对不同状态的水中水分子的排列方式的认识，学习从宏观和微观两个角度认识物质世界的方法。

(3) 通过实验，逐步培养观察能力和实事求是的科学态度，初步形成宏观和微观相结合的分析能力。

【实验用品】

试管、铁架台、酒精灯、玻璃片(或小烧杯)等。

【实验步骤】

如图3-17所示，把盛有少量水的试管斜夹在铁架台上，在试管底部小心加热到水沸腾。把一块洁净的玻璃片(或盛有冷水的小烧杯)移近试管口，观察并记录发生的现象。

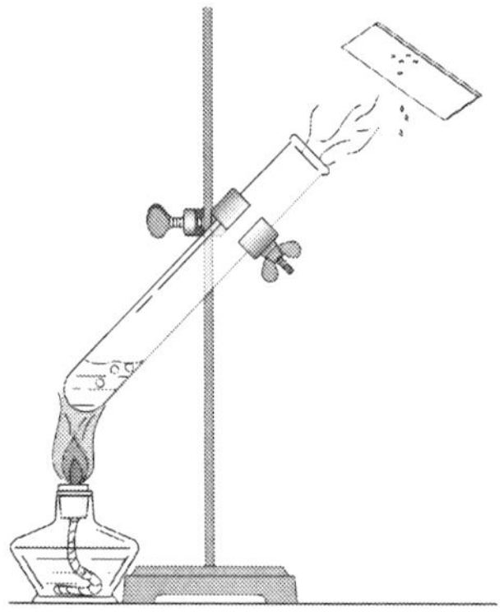

图3-17　水的沸腾

【实验现象】

试管中的水沸腾，玻璃片上有水雾生成。

【实验结论】

水可以由液态变为气态，也可以由气态变为液态。

【不同版本教科书呈现】

鲁教版教科书安排了“运动的水分子”一节，具体内容如下：

一、水的三态变化

水变作云、雨、雪是水分子的运动状态发生变化的结果。

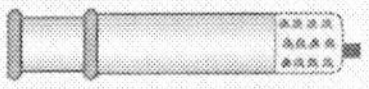

封闭在针管中的水
表示水分子

设想把封闭在针管中的少量水煮沸，液态的水就会变为水蒸气，体积会明显增大。你有没有想过，在这个过程中，水分子发生了什么变化？

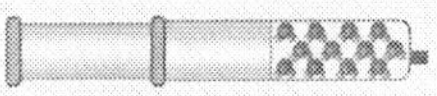

水分子本身变大了？

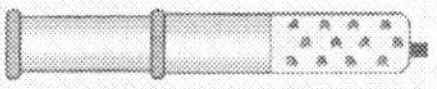

水分子之间的间隔变大了？

水分子的数目增多了？

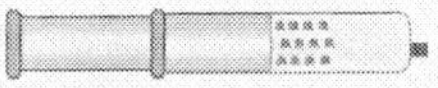

水分子受热都运动到针管的另一端去了？

在固态的水中，水分子紧密有序排列，只能在固定的位置上振动。在液态的水中，水分子间隔较小，可在一定程度上自由运动。在气态的水中，水分子间隔较大，可以完全自由运动。

一定量的水，当它由固态变为液态，再由液态变为气态时，水分子的数目和大小不会变化，变化的只是水分子之间的间隔和排列方式。这样的变化属于物理变化。

雨后初晴的夏日，路边的斑斑水渍一会儿就消失得无影无踪了，这是水蒸发的缘故。在水蒸发的过程中，水分子获得太阳光的能量后，运动加快，克服了水分子之间的相互作用，离开液体表面，变成水蒸气逸散到空气中去了。

烧开了水之后，揭开锅盖，立即就会有许多水滴滴下，这是水蒸气在锅盖上冷凝的结果。烧水时，部分水分子获得足够能量，离开水面向锅盖处运动。这些水分子遇到冷的锅盖后失去部分能量，导致其运动减慢，由于分子间的相互作用而彼此靠近，于是聚集在一起，凝结成水滴。

北京版教科书中相关内容如下：

纯水是无色、无味的液体。在 1.01×10^5 Pa（标准大气压）时，水的凝固点为 0 ℃，沸点为 100 ℃。水在 4 ℃时密度最大，为 1 g/cm³；在 4 ℃以上时，水的密度的变化符合“热胀冷缩”规律，但在 0 ℃和 4 ℃之间却表现为“热缩冷胀”。0 ℃时水的密度为 0.999 84 g/cm³，而冰的密度仅为 0.916 71 g/cm³。

交流分享

设想一下，如果冰的密度比水大，会对水生生物造成什么影响？

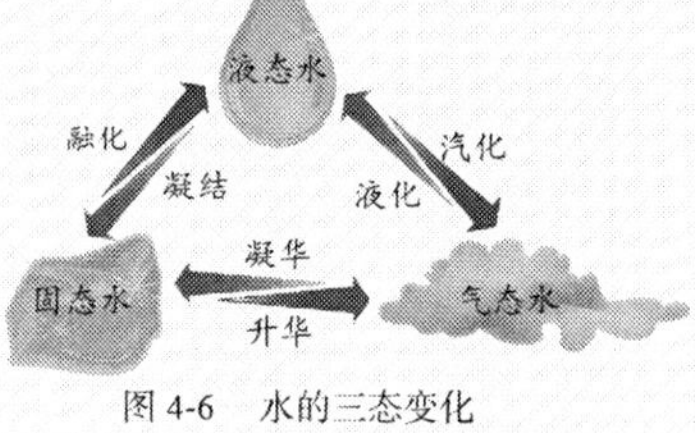

图 4-6　水的三态变化

在温度及压强改变时，水的状态会发生三态变化。水有很高的热稳定性，即使达到 2 127 ℃的高温，也仅有 2.4% 的水发生分解。

水的三态变化构成了自然界中水的循环，它不仅起着调节地表温度的作用，还体现了为地球上生物分配淡水资源的功能。

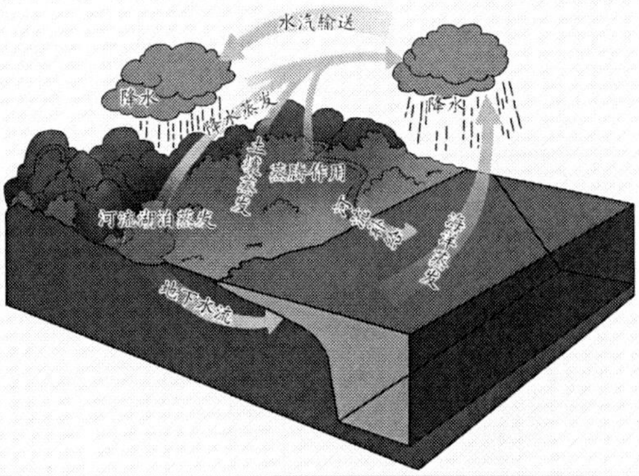

科粤版教科书中相关内容如下：

纯净的水是无色、无气味的透明液体。在压强为 101.3 kPa 时，水的凝固点是 0 ℃，沸点是 100 ℃。温度为 4 ℃时，水的密度（$1\ g\cdot cm^{-3}$）最大。

在寒冷的冬天，河流湖泊上面的冰层保护着下层的水，有利于水生动植物的越冬生存。

沪教版教科书中相关内容如下：

你已经知道什么

1. 你知道水是一种什么样的物质吗？它有哪些性质？

2. 你能列举出水在工农业生产和生活中的一些用途吗？

3. 水、冰和水蒸气相互之间是怎样转化的？请用图示来说明，并描述自然界中的这种转化。

4. 无色透明的自来水是纯净物还是混合物？列举有关的事实或通过实验来证明你的观点。

二、功能探析

该实验的教育教学功能如下图所示：

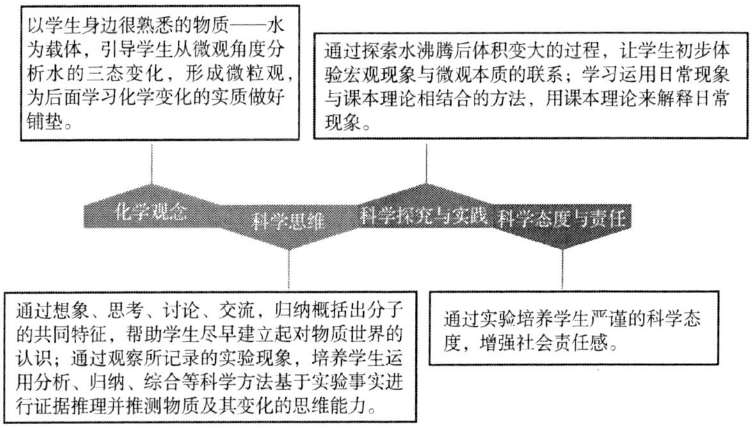

三、教学策略

（1）本实验设备简单，操作安全、方便。因此，本实验也可由学生分组实验，这样更有利于学生实践能力的提高。

（2）本实验还可以改进得更简单：取一个集气瓶，向其中倒半瓶热水，将表面皿盖在集气瓶上，可以观察到表面皿上有水珠。

（3）实验改进：用一小段玻璃管连接两个注射器，注射器共装 20 mL 红墨水，在玻璃管处加热。点燃酒精灯后缓慢交替推动两个注射器的活塞，并观察注射器中原有的 20 mL 墨水，加热后体积会变大。这样改进，不仅能观察到水的状态的变化，而且还能观察到水的体积的变化（即分子间间隔变大）。

（4）建议采用宏观现象和微观示意图相结合的方法进行教学，从宏观、微观、符号相结合的视角探究物质及其变化规律。

第四章 物质分离、检验和制备类实验功能探析与教学策略

物质分离与提纯是研究物质组成、性质、转化及应用的重要基础性实验操作，在生产生活、科学研究领域都有广泛的应用。在初中阶段涉及物质分离的操作和方法主要有蒸发、过滤、吸附、沉淀、蒸馏、结晶等。人教版九年级化学教科书中设置了多个物质分离与提纯实验，这些实验从简单到复杂，涉及物理方法和化学方法。具体实验如下：

此类实验的主要功能是提高学生实验操作能力，进一步发展“物质性质决定应用”的观念，建构物质分离类化学实验探究活动的一般思路和方法，提高学生分析和解决真实情境中简单物质分离与提纯相关实验问题的能力。

此类实验的学习思路如下图所示，具体为：① 明确实验目的，确定要分离或提纯的物质；② 分析混合物的组成；③ 分析混合物中各组分的性质，区分物质性质的不同；④ 设计实验方案，主要包括选择合适的分离方法与试剂；⑤ 实验实施及交流反思评价。

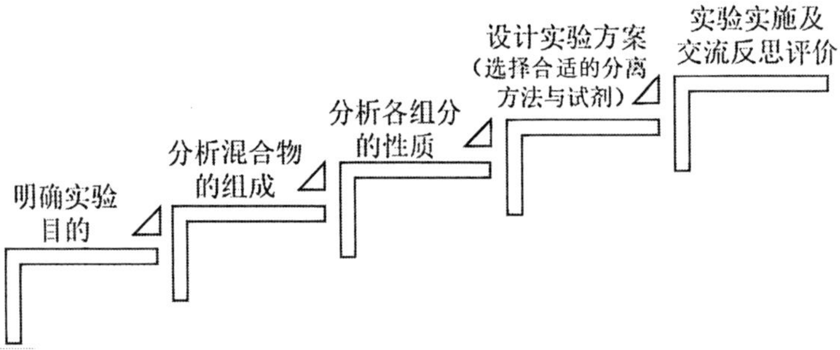

研究物质的组成、性质是化学的基本问题。物质检验是了解物质组成的定性手段，也是物质性质的具体应用。九年级教科书涉及的实验主要是几种常见物质的检验或鉴别，如氧气、二氧化碳和一氧化碳，软水和硬水，纯金属和合金，酸和碱，某些盐，等等。物质的检验就是利用物质的性质解决具体问题的一种体现。在检验过程中，学生会感受到物质的性质与检验的重要关系，逐步建构“物质性质决定应用”的化学观念，发展通过物质性质推断其应用的证据推理能力，同时提高应用物质性质解决实际问题的实践能力，能通过物质的检验为人类及其生活、环境等方面赋能。

针对该类实验的学习，首先引导学生梳理待检验或待鉴别物质的性质，可以从物理性质和化学性质两个方面分别梳理；其次找出能够产生明显现象的变化的性质，先

考虑物理性质，再考虑化学性质；最后根据所定位的性质设计检验方法。基本学习思路如下图所示：

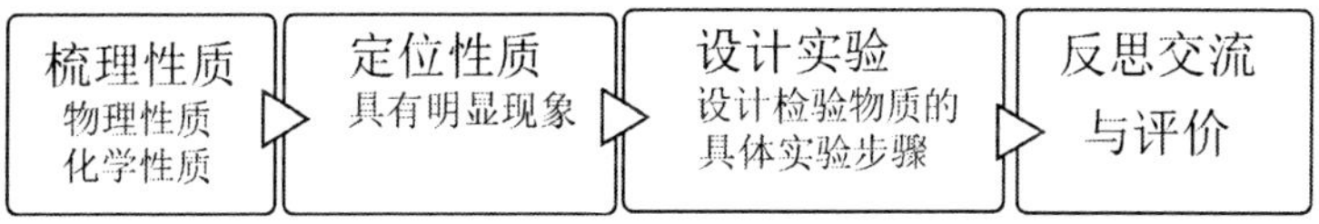

第1节　粗盐中难溶性杂质的去除

一、实验的基本情况及不同版本教科书呈现

【实验名称】

粗盐中难溶性杂质的去除。

【实验目的】

(1) 体验固体混合物初步提纯的实验过程，学习蒸发操作技能，巩固溶解、过滤操作技能及注意事项。

(2) 掌握粗盐提纯的一般步骤，初步学习利用物质溶解性的不同分离物质的思路与方法。

(3) 发展合作探究能力和合作精神。

【实验原理】

根据物质溶解性不同，利用过滤的方法去除食盐中的泥沙等难溶性杂质，然后蒸发水得到较纯的精盐。

【实验用品】

烧杯、玻璃棒、蒸发皿、坩埚钳、酒精灯、漏斗、药匙、量筒(10 mL)、铁架台(带铁圈)、托盘天平、滤纸、火柴、粗盐。

【实验步骤】

实验装置如图4-1所示。

(1) 溶解

用托盘天平称取5.0 g粗盐，用药匙将该粗盐逐渐加入盛有10 mL水的烧杯中，边加边用玻璃棒搅拌，一直加到粗盐不再溶解为止，观察所得液体是否浑浊。称量剩下的粗盐，计算10 mL水中溶解粗盐的质量。

(2) 过滤

过滤步骤(1)中所得液体，仔细观察滤纸上剩余物及滤液的颜色。

(3) 蒸发

把所得的澄清滤液倒入蒸发皿，用酒精灯加热。在加热过程中，用玻璃棒不断搅拌，防止因局部温度过高造成液滴飞溅。当蒸发皿中出现较多固体时，停止加热，利用蒸发皿的余热蒸干滤液。

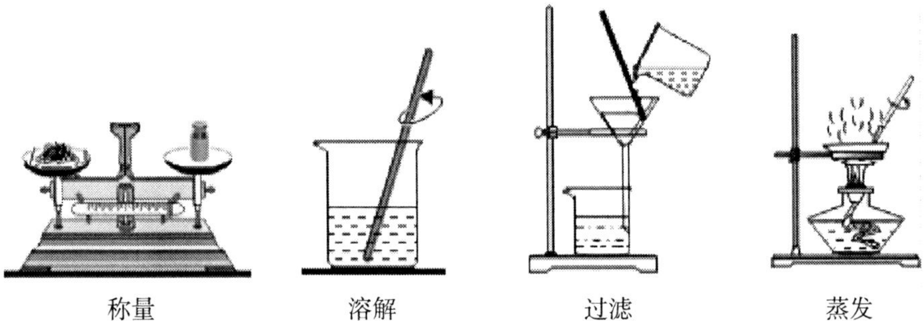

图 4-1　粗盐中难溶性杂质的去除

（4）计算产率

用玻璃棒把固体转移到纸上，称量后，回收到教师指定的容器中。将提纯后的氯化钠与粗盐作比较，并计算精盐的产率。

【不同版本教科书呈现】

在鲁教版教科书中，该实验并没有直接呈现实验步骤，而是在讲解完溶解度的概念后以自主探究的形式出现，分成“想一想→制定实验方案→实验步骤”三步进行探究，是一种先思考再做实验的方式。这样的方式能够引导学生主动思考分离的方法，有助于物质分离思维模型的建立。教科书中相关内容如下：

1. 想一想

(1)使用什么方法可将粗盐中的泥沙除去？

(2)除去泥沙后，再怎样操作才能得到纯净的食盐？

2. 制定实验方案，并与同学交流

供选择的实验用品：量筒、托盘天平、小烧杯、药匙、胶头滴管、玻璃棒、酒精灯、铁架台、蒸发皿、滤纸，及蒸馏水，粗盐。

3. 实验步骤

(1)溶解：量取 5 mL 蒸馏水，倒入小烧杯中。称取 6.0 g 粗盐，边搅拌边将粗盐逐渐加入小烧杯中，至粗盐不再溶解。观察现象。

(2)过滤：________________________________

(3)蒸发：________________________________

在沪教版教科书中，该实验的呈现方式与人教版相似，以“实验目的→实验用品→实验过程→问题讨论”四大环节展开，即以先做实验再反思讨论的方式。其中实验步骤中详细地列出了“称量与溶解→过滤→蒸发”。教科书中相关内容如下：

粗盐的初步提纯

实验目的

1. 学习除去粗盐中难溶性杂质的实验过程；
2. 掌握溶解、过滤、蒸发等实验的操作技能。

实验用品

粗盐（含难溶性杂质）、蒸馏水；

托盘天平（含砝码）、漏斗、纸片、药匙、烧杯、量筒、胶头滴管、玻璃棒、铁架台（带铁圈）、滤纸、酒精灯、蒸发皿、坩埚钳、石棉网、火柴、剪刀等。

实验过程

按以下步骤与要求进行实验，观察实验现象。

1. 称量与溶解

用托盘天平称取 2 g 左右粗盐，并用量筒量取 10 mL 蒸馏水，将粗盐和蒸馏水转移到烧杯中，用玻璃棒搅拌，使粗盐充分溶解。

2. 过滤

制作过滤器，并进行过滤操作。仔细观察滤纸上的剩余物及滤液的颜色。若滤液浑浊，则必须重新过滤。

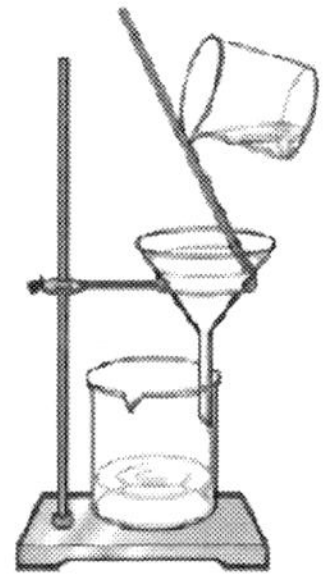
图 6-21 过滤操作

3. 蒸发

将过滤后所得溶液转移至蒸发皿中，将蒸发皿放在铁架台的铁圈上，用酒精灯加热，同时用玻璃棒不断搅拌滤液。待蒸发皿中出现较多固体时，停止加热，利用余热将滤液蒸干。

蒸发操作结束后，用玻璃棒将固体转移到纸片上，比较食盐提纯前后的状态。

图 6-22　蒸发操作

问题讨论

1. 实验中多次用到玻璃棒，其作用分别是什么？
2. 如果过滤后溶液仍浑浊，其原因可能有哪些？
3. 本实验提取得到的精盐是否是纯净物，是否可能还含有其他杂质？说出你判断的理由。

在科粤版教科书中，该实验以类似实验报告与记录的形式呈现。该实验主要分成三大部分呈现，分别是实验现象、解释和结论→讨论与交流→操作指引。教科书中相关内容如下：

学生实验活动

目的　学习除去粗盐中难溶性杂质的方法。

【实验 7-10】

请按以下三个步骤进行实验，并填答实验现象、解释和结论。

实验内容和步骤	实验现象	解释和结论
1. 粗盐溶解 (1) 称量 在托盘天平上称取混入少量泥沙杂质的粗盐 5 g (2) 溶解 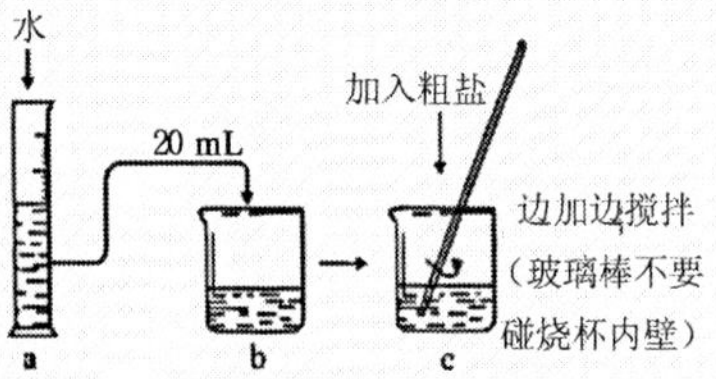	粗盐水中混有少量________杂质，所得盐水是否澄清？________	(1) 用玻璃棒搅拌的目的是________________ (2) 溶解所得是__________
2. 过滤 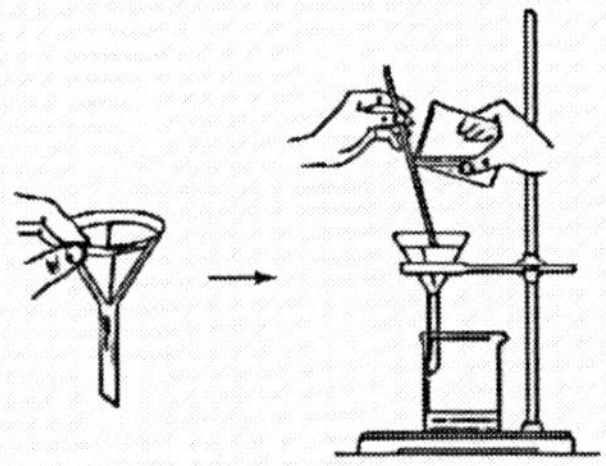	滤纸上有______________，滤液是______________，它是否澄清？__________	把________态和________态的混合物分离可以用过滤的方法
3. 蒸发 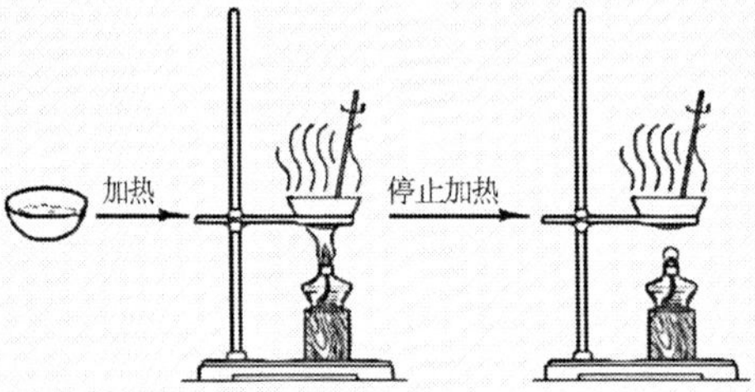	蒸发至一定程度，蒸发皿底部有________析出；停止加热继续搅拌，结果________________	析出的晶体是__________；停止加热的原因是________________________

讨论与交流

1. 用托盘天平称量时，应注意什么事项？
2. 实验过程中，进行过滤和蒸发应掌握什么要领？
3. 通过本实验制取的精盐是否为纯净物？为什么？
4. 玻璃棒在本实验各步骤中分别起什么作用？

操作指引

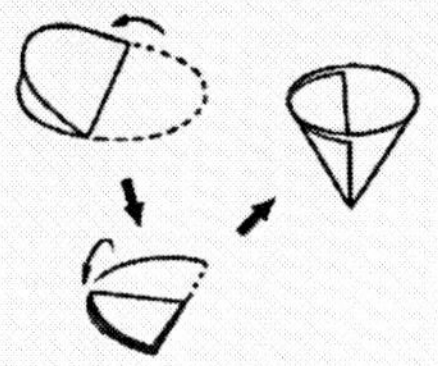

折滤纸：取一圆形滤纸，对折两次，打开成圆锥形。

把折好的滤纸放进漏斗内，用手压紧，并用水润湿。

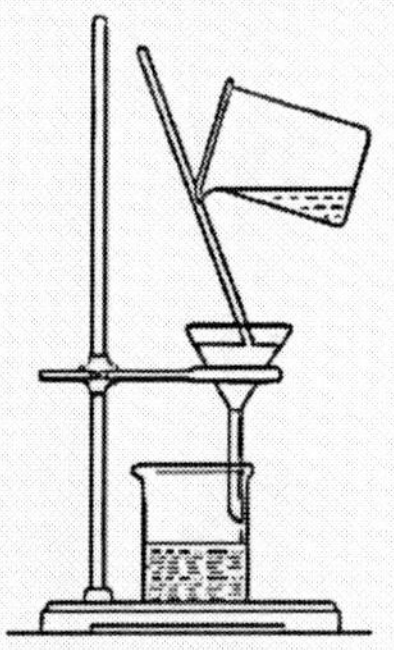

- 玻璃棒末端斜靠三层滤纸一边，避免将滤纸戳穿。
- 盛液体的烧杯杯口紧靠在倾斜的玻璃棒中部，让滤液沿玻璃棒缓缓地流入漏斗内。
- 漏斗里的液体液面要低于滤纸的边缘。否则，液体会从滤纸和漏斗壁之间流下，使固体混入滤液。

安装和过滤

图 7-16　过滤操作

可以看出，该版本教科书中呈现得更加具体，每一步骤都有详细的图示和现象记录，最后还有具体的过滤操作指引，这样更能保证学生正确掌握实验操作技能。同时，每一步骤后都配以解释和结论，引导学生每一步操作都应进行思考，促进学生思维与操作的同步发展，更能帮助学生理解实验操作的目的和原因。

二、功能探析

该实验在 2011 年、2022 年两版课标中都为学生必做实验之一，实验内容主要是去除粗盐中的泥沙等难溶性杂质。该实验主要功能有以下四点，四点功能承载了知识掌握和素养提升，它们互为依托、相辅相成。

1. 巩固分离混合物的基本实验技能

学生在“水的净化”部分已初步学习了过滤操作，该实验进一步对过滤操作进行巩固，同时也能将刚刚学习过的溶解和蒸发结晶操作进行实践，使学生掌握溶解、过滤、蒸发等基本实验操作方法，并知道溶解、过滤、结晶是物质分离的基本方法。

2. 深化建构物质分离实验探究活动的一般思路和方法

“水的净化”部分中初步建构了混合物分离方法，结合去除粗盐中难溶性杂质的过程分析，进一步建构利用物质的溶解性不同进行物质分离的实验模型，为今后学习冷却结晶法分离混合物、粗盐中可溶性杂质去除等物质分离实验提供有效的解决思路与方法。

3. 培养定量分析的思维能力

该实验涉及两步计算，分别是“计算 10 mL 水中溶解的粗盐质量”和“计算精盐产率”，引导学生根据数据理解溶解限度，并通过对提纯后的氯化钠质量与粗盐质量进行比较，思考产生误差的原因，从而培养学生进行定量分析的思维能力。

4. 提高解决实际问题的能力

基于该实验形成的物质分离类实验的探究思路与方法，结合所具备的实验操作技能与定量分析能力，让学生初步学会真实情境下对简单的物质分离问题提出合理化的解决方案。

三、教学策略

1. 基于“模型建构与应用”

本实验之前，学生已经学习过空气的分离、水的净化两大物质分离类实验，且水的净化中不仅有难溶性杂质的去除，还涉及可溶性杂质的去除，以及除杂顺序的排列。因此，学生已初步具备物质分离的基本思路、方法及以探究形式开展该实验的能力，以学生主动深化建构物质分离与提纯的实验思维模型为起始，让学生结合模型思考粗盐提纯的具体方法和步骤进行实验操作，具体过程如下图所示。这种教学策略也为今后解答有关物质的分离与提纯的试题提供了基础。

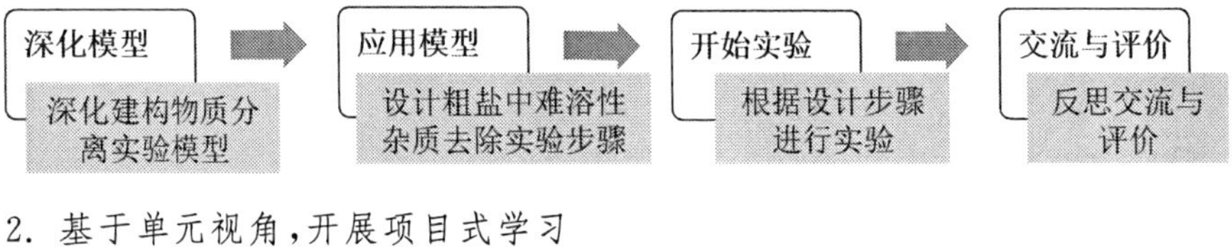

2. 基于单元视角，开展项目式学习

这种教学策略是从大单元视角进行设计的，以自然界中的粗盐到餐桌上的食用盐为项目主题，开展“溶液”整个章节的教学。以食盐生产过程中的问题展开讨论，解释生产过程的核心环节和关键问题，自主建构溶液、饱和溶液、溶解度等概念，最终模拟粗盐中难溶性杂质的去除过程，建立物质分离模型。

3. 实验注意事项

过滤时，溶液充分静置后，先用上层溶液过滤。过滤时要注意“一贴二低三接触”。教师可以结合学生的生活经验，比如生活中借助漏斗往瓶中倒油等，总结注意事项，也可以请学生结合实验操作步骤主动挖掘这六点注意事项。另外，在进行蒸发实验时，停止加热的时间要控制适当，防止食盐颗粒溅出。学生对于蒸发皿出现大量固体的把握并不到位，所以在此实验之前，教师最好将“大量固体”的量更加具体化，方便学生参照。另外，玻璃棒的作用在溶解、过滤、蒸发操作中是不同的，最好对比记忆。

实验中或者实验后，要注意强化学生思维能力与化学观念的发展。要注意对操作方法背后的原因进行分析，如“从溶解性不同分离泥沙与食盐”“从溶解度受温度影响的趋势选择结晶食盐的方法”。这样能够引导学生从物质性质出发确定分离与提纯的思路，强化“物质性质决定应用”的观念，发展学生分析、证据推理的思维。

第 2 节　检验溶液的酸碱性

一、实验的基本情况及不同版本教科书呈现

【实验名称】

检验溶液的酸碱性。

【实验目的】

(1) 初步学会用酸碱指示剂检验溶液的酸碱性。

(2) 初步学会用 pH 试纸测定溶液的酸碱度。

【实验原理】

(1) 测定溶液酸碱性的原理

不同酸碱性的溶液遇到酸碱指示剂显示不同颜色，根据颜色变化确定溶液的酸碱性。

(2) 测定溶液酸碱度的原理

pH 试纸遇到不同酸碱度的溶液会显示不同的颜色，把试纸的变色情况与标准比色卡对照可测定出溶液的 pH。

【实验用品】

烧杯、试管、研钵、玻璃棒、纱布、蒸馏水、酒精、酚酞溶液、石蕊溶液、pH 试纸、植物的花瓣或果实、土壤样品、个人所需要的实验用品或生活用品。

【实验操作要点】

(1) 自制酸碱指示剂时，可以将植物的花瓣或果实切碎，放入塑料袋中，加入酒精揉搓，然后将汁液倒出。

(2) 用 pH 试纸测定溶液酸碱度时，pH 试纸使用前要保持干燥；蘸取溶液的玻璃棒要洁净；不能用试纸直接蘸取待测溶液，要用玻璃棒蘸取待测溶液滴到 pH 试纸上。

(3) 在测定土壤样品的 pH 时要记录好所取土壤的准确地点、取样时间，以及土壤的色、态、味等，然后再进行实验。

【不同版本教科书呈现】

在人教版教科书中，该实验位于“第十单元　酸和碱”的“实验活动 7　溶液酸碱性的检验”。教科书中相关内容如下：

实验活动 7　溶液酸碱性的检验

【实验目的】

1. 初步学会用酸碱指示剂检验溶液的酸碱性。

2. 初步学会用 pH 试纸测定溶液的酸碱度。

【实验用品】

烧杯、试管、研钵、玻璃棒、胶头滴管、纱布。

蒸馏水、酒精、酚酞溶液、石蕊溶液、pH 试纸、植物的花瓣或果实、土壤样品。

你还需要的实验室用品：________________

你还需要的生活用品：________________

【实验步骤】

1. 自制酸碱指示剂：自己选择植物的花瓣或果实，在研钵中捣烂，加入酒精浸泡；用纱布将浸泡的汁液过滤或挤出。

2. 选择实验室或生活中的几种溶液，进行下列实验：

（1）分别用酚酞溶液和石蕊溶液检验溶液的酸碱性；

（2）用 pH 试纸测定溶液的酸碱度；

（3）试验自制的指示剂在溶液中颜色的变化。

选择的溶液	加入石蕊溶液后的颜色变化	加入酚酞溶液后的颜色变化	溶液的酸碱性	pH	加入自制指示剂后的颜色变化

3. 在校园或农田里取少量土壤样品。将土壤样品与蒸馏水按 1:5 的质量比在烧杯中混合，充分搅拌后静置。用 pH 试纸测澄清液体的酸碱度。

【问题与交流】

1. 你自制的指示剂检验溶液酸碱性的效果如何？了解其他同学自制的指示剂的检验效果，哪种植物的花瓣或果实制成的指示剂检验效果好？

2. 归纳自制的指示剂在酸、碱溶液中的颜色变化情况，与同学交流。

在鲁教版教科书中，该实验位于“第七单元　常见的酸和碱”的“第三节　溶液的酸碱性”中“实验探究 7-4”的“测定溶液的 pH”。教科书中相关内容如下：

实验探究 7-4

测定溶液的 pH

请选择你感兴趣的物质（如白醋、柠檬汁、石灰水、肥皂水、食盐水、蔗糖水、雨水、自来水、汽水、啤酒和洗涤剂等），用 pH 试纸测定它们的 pH。按 pH 由小到大的顺序将被检验试样排序：

试样					
pH					
试样					
pH					

讨论：与同学们交流你的测试结果，如果有较大差异，请找出原因。

溶液 pH 测定方法

通常用 pH 试纸测定溶液的 pH，方法：在洁净干燥的玻璃片或白瓷板上放一片 pH 试纸，用洁净干燥的玻璃棒蘸取待测溶液，滴到试纸上，立即将试纸显示的颜色与 pH 标准比色卡对照，读出对应的 pH。在科学研究中，也常使用一种叫作 pH 计的电子仪器来测定溶容的 pH。

在沪教版教科书中，该实验位于“第7章　应用广泛的酸、碱、盐”的“基础实验7　溶液的酸碱性”。教科书中相关内容如下：

基础实验7
溶液的酸碱性

实验目的

1. 了解酸碱指示剂（石蕊、酚酞）在pH不同的溶液中所呈现的颜色；
2. 学会使用指示剂检验溶液酸碱性的基本方法和实验操作；
3. 学会使用pH试纸测定溶液pH的基本方法和实验操作。

实验用品

常见稀酸溶液（稀硫酸、稀盐酸）、常见稀碱溶液（石灰水、稀氢氧化钠溶液）、生活中常见溶液（食盐水、食醋、蔗糖溶液、碳酸饮料、肥皂水）、蒸馏水、石蕊、酚酞；

pH试纸、玻璃棒、点滴板、表面皿、试管等。

实验过程

1. 常见指示剂在酸、碱溶液中的显色

在白色点滴板的空穴（或小试管）里分别滴入几滴稀硫酸、稀盐酸、石灰水、稀氢氧化钠溶液，再各滴加1~2滴石蕊（酚酞）试液，观察颜色的变化，完成下表。

溶液	滴加酸碱指示剂后，溶液颜色变化		酸碱性
	石蕊	酚酞	
稀硫酸			
稀盐酸			
石灰水			
稀氢氧化钠溶液			

2. pH试纸的使用

取1张pH试纸，将试纸放在表面皿上，用干净的玻璃棒蘸取少许待测液于pH试纸上，将试纸呈现的颜色与标准比色卡对照，读取标准比色卡上与pH试纸最相近颜色对应的pH，定为待测液的pH。

溶液	pH	溶液	pH
稀硫酸		石灰水	
稀盐酸		稀氢氧化钠溶液	

3. 生活中常见溶液的酸碱性

用酸碱指示剂定性测定生活中常见溶液的酸碱性，并与 pH 试纸定量测定的结果进行比较。

溶液	酸碱性	pH
食盐水		
食醋		
蔗糖溶液		
碳酸饮料		
肥皂水		

问题讨论

1. 使用 pH 试纸测定溶液的 pH 时，试纸是否要先润湿？请说明理由。

2. 我国最新的《生活饮用水卫生标准》明确规定生活饮用水的 pH 范围为 6.5~8.5。请用 pH 试纸测定你所居住城市的生活饮用水的 pH，并确定你居住城市生活饮用水的 pH 是否达标。

在科粤版教科书中，该实验位于下册教材“实验六　溶液酸碱性检验与酸、碱的化学性质”。教科书中相关内容如下：

实验六　溶液酸碱性检验与酸、碱的化学性质

姓名:________　年级:________　日期:________

内容链接：请结合课文 P222 ~ 224 和 P232 ~ 235、P238 有关溶液酸碱性检验和酸、碱化学性质的内容，开展如下实验。

目的:________________________________

仪器:________________________________

药品:________________________________

项目	实验步骤	现象	理解或解释
一、溶液酸碱性的检验	1. 用指示剂检验溶液的酸碱性：用4支小试管分别取盐酸、氢氧化钠溶液各2份，分别滴入石蕊溶液和酚酞溶液。	▲石蕊遇盐酸，由____色变____色；石蕊遇氢氧化钠溶液，由____色变____色。 ▲酚酞遇盐酸，依然保持____色；酚酞遇氢氧化钠溶液，由____色变____色。	▲________________________________叫酸碱指示剂。 ▲酸性溶液使石蕊显____色，使酚酞____色；碱性溶液使石蕊显____色，使酚酞显____色。
	2. 用pH试纸检验溶液酸碱性强弱：pH试纸剪成2~3小块放在表面皿或玻璃片上，用干燥的滴管吸取或玻璃棒蘸取盐酸、石灰水，滴或粘在pH试纸上，再与标准比色卡对比颜色。	▲盐酸溶液的pH为____；石灰水的pH为____。	▲常温下，酸性溶液的pH __ 7，酸性越强，pH越 __；碱性溶液的pH __ 7，碱性越强pH越 __；中性溶液pH __ 7。

续表

项目	实验步骤	现象	理解或解释
二、酸碱中和反应	1. 在装有 4 ml 澄清石灰水的试管中滴入两滴酚酞溶液，往该试管中小心、逐滴加入盐酸溶液，不断振荡，当颜色刚好褪去即停止滴酸。 2. 可用氢氧化钠溶液和稀硫酸重复上述实验。	▲在澄清石灰水中滴酚酞时显____色，当逐滴加入盐酸时，出现的现象是________________。	▲ 左列实验发生反应的化学方程式是： ①________________； ②________________。 ▲结论： 酸 + 碱 ⟶ ____ + ____，称为____反应，其实质是__________。
三、稀酸的化学相似性	1. 四支小试管中分别放镁、铝、锌、铁各一小片，滴入少量稀盐酸（也可用稀硫酸代替）。	观察到：________________________。	镁、铝与稀硫酸反应的化学方程式是：______，________________。 ▲结论：酸 + 较活泼金属⟶____ + ____。
	2. ①试管中放入少量氧化铜粉末，滴入 1～2 mL 盐酸，加热振荡。②试管中放入一支生满锈的铁钉，滴入稀硫酸，加热、振荡。	实验①的现象是________________。 实验②的现象是________________。	实验①的化学方程式是：__________。 实验②的化学方程式是：__________。 ▲结论：酸 + 金属氧化物⟶____ + ____。
	3. 试管中加入 1 mL 硝酸银溶液，滴入少量稀盐酸。	观察到：________________。	实验的化学方程式是：__________。 ▲结论：酸 + 盐 ⟶____ + ____。

续表

项目	实验步骤	现象	理解或解释
四、碱溶液的化学相似性	1. 一支充满二氧化碳的试管，倒插入氢氧化钠溶液中，摆动试管。(图见课文P235)	观察到：________ ________。	实验的化学方程式是： ________。 ▲结论：碱+非金属氧化物⟶____+____
	2. 取支试管，一支加1 mL硫酸铜溶液，另一支加1 mL氯化铁溶液，分别滴入石灰水。	观察到：________ ________。	实验的化学方程式是： ________ ________。 ▲结论：碱 + 盐⟶ ____+____。
活动后反思	1. 石蕊、酚酞试剂还可以制成试纸，它们都可以润湿了使用，为什么pH试纸不能先润湿了使用呢？ 2. 你能完整地归纳出酸和碱各自的化学通性吗？为什么酸和碱有各自的化学通性呢？ 3. 本实验涉及的化学反应各属什么基本反应类型，其发生的条件各是什么？		

二、功能探析

该实验属于课标中物质的性质和应用主题下的内容，课标中明确要求能检验溶液的酸碱性。同时在“主题一　科学探究与化学实验”中，也明确指出学会用酸碱指示剂、pH试纸检验溶液的酸碱度。因此该实验主要有以下功能：

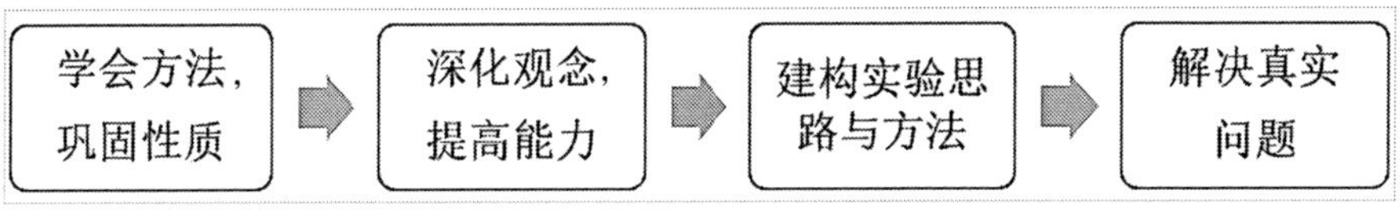

1. 学会检验溶液酸碱性的方法，巩固酸、碱的主要性质

该实验主要用到如下内容：指示剂遇到酸、碱的变色情况；酸和碱的 pH 大小。在对检验溶液酸碱性、酸碱度方法的实践中，加强对这种方法的理解和应用，同时巩固酸、碱的主要性质。

2. 深化“物质性质决定应用”的化学观念，提高应用物质性质解决问题的能力

物质的检验是物质性质的一种应用，检验的方法是性质的具体化表现，由此深化“物质性质决定应用”的化学观念，同时帮助学生学会在不同情境下根据实际需要对性质进行筛选，以达到实验目的，提高应用物质性质解决实际问题的能力。

3. 帮助学生建构研究物质性质、物质检验实验的一般思路和方法

在本实验中，酸、碱、盐由学生自主选择。但学生通过实验会发现，只要选择的物质类别相同，指示剂变色情况都是相同的，pH 的范围也大致相同。由此学生再次体会到类别与性质的关系，可以通过物质类别认识具体物质的性质，这其实就是研究物质性质的一种思路和方法。

4. 为人类解决生产、生活问题赋能

基于该实验，学生结合物质的组成及变化等相关知识，分析解决真实情境中的简单问题，形成检验物质的思路和方法。例如，通过检验土壤的酸碱性，来提高农作物的产量；通过检验水的酸碱性，来选择利于人类健康的生活饮用水；从而通过物质的检验为人类生产、生活和环境方面赋能。另外，完成利用指示剂和 pH 试纸检验溶液的酸碱度之后，还可以引导学生进一步思考用其他方法来检验溶液的酸碱度，设计实验方案，根据现象进行证据推理。学生通过学习会逐步建构起物质检验实验的一般思路和方法，发展科学探究与实践能力。

三、教学策略

1. 保证分组实验的效果需要注意的事项

(1) 自制指示剂所用的植物的花瓣或果实从学校或所居住小区适当选取。

(2) 自制指示剂时，植物的花瓣或果实要充分捣碎，用适量酒精浸泡。

(3) 过滤植物色素浸出液的纱布要有 3～4 层，不能用滤纸，以免浸出液被滤纸吸收。

(4) 自制指示剂最好在课下进行，将具体方法讲解后，请同学们利用家中用品来完成制作指示剂的实验。植物色素指示剂久置容易变质，最好制成试纸。

(5) 由于该实验所选择的药品品种繁多，在实验过程中易混淆，并且清洗不干净

也会导致实验误差,因此建议可以根据需要将盛放药品的试管或者点滴板进行编号,并用标签做出标记,方便为下一步判断自制指示剂的检验效果提供直观的现象依据。

(6) 在实验过程中,多种试剂(包括药品)的使用顺序也可提前设定好,方便接下来的现象对比。例如,在酸类溶液中依次滴入石蕊溶液、酚酞溶液、自制指示剂;碱类溶液与此相同。

(7) 实验所用的土壤需要风干并筛去其中的石子等大颗粒的固体杂质,所以需要提前准备。

2. 注意对比实验方法的引导

对自制指示剂效果的判断,是在与其他指示剂变色情况对比、与其他同类物质溶液变色现象对比的基础上得出来的。所以教师要注意对比方法的引导和使用,让学生灵活运用横向对比、纵向对比相结合的方法,根据现象是否明显、是否一致作出判断,而不能无方向地盲目比较。

3. 注意实验结果的实际应用

本实验最后一步是测定校园土壤或农田土壤的 pH。该步实验操作不能仅停留在测定层面,可将测定所得的土壤酸碱性与当地高产农作物的种类联系起来,拓展讨论酸碱性对农作物的影响,这样得出的结论更加具有说服力。也可以通过对盐溶液酸碱性的测定拓展对酸碱性和酸碱溶液的辩证理解。

4. 注意实验方法的拓展

该实验是用定性和定量相结合的方法来测定溶液的酸碱性,在完成教科书所要求的实验后,可分别从定性和定量两个角度来拓展酸碱性的测定方法。请学生设计实验方案,根据现象进行证据推理,由此可以引导学生建构物质检验类实验的一般思路和方法,发展学生的科学探究与实践能力。

定性方法:根据指示剂的变色情况来判断溶液是否呈碱性。

定量方法:利用 pH 计或者 pH 传感器来测定溶液的 pH。

例如,利用 pH 计测定常见食物和用品的酸碱度(如下表),感受身边物质 pH 的不同。

物质	肥皂水	牙膏	西瓜汁	苹果汁
pH	10.2	8.5	5.8	2.9

数字化的测定方法还可以结合数字化装置进行进一步的拓展分析,测定装置如图 4-2。pH 传感器的应用可以为今后测定中和反应过程中动态的 pH 变化过程奠定基础。

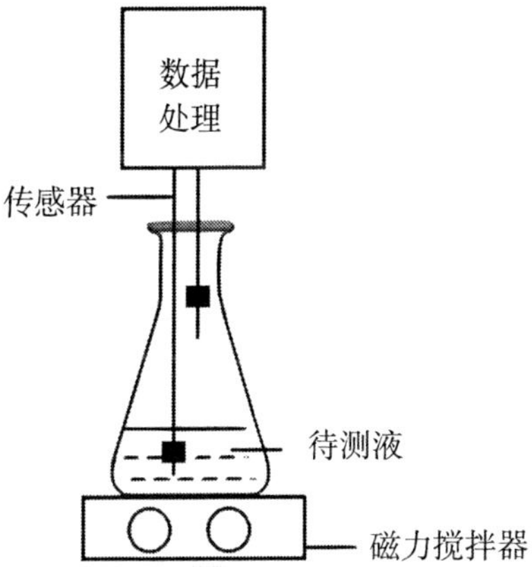

图 4-2　数字化测定溶液 pH 变化的装置

5. 开展跨学科实践活动

该实验可以和跨学科实践活动“探究土壤酸碱性对植物生长的影响”融合。另外，植物的生长还可以与化肥的作用联系，研究肥料对土壤酸碱性的影响。下面为主要设计方案。

【社会调查】向种植户了解到所选取的土壤一直施用的化肥是硫酸铵。

【实验探究】取少量土壤样品加入烧杯中，向其中加入适量水，静置，取上层清液配制土壤溶液，进行下列实验。

实验一　测定土壤溶液的酸碱性，实验报告如下：

实验方法	实验现象	实验结论
方法一：用 pH 试纸测定		
方法二：用其他化学方法测定		

实验二　探究所施化肥在土壤中是否有残留，实验报告如下：

实验步骤	实验现象及化学方程式	实验结论
步骤一：取少量土壤溶液加到一支试管中，向其中滴加________。		
步骤二：另取少量土壤溶液加到另一支试管中，滴加少量________。		

【信息检索】

几种植物生长适宜的 pH 范围如下表：

作物	小麦	葱	玉米	大蒜	棉花
pH	5.5～6.5	7.0～7.4	6.5～7.0	5.6～6.0	6.5～8

几种肥料对土壤酸碱性的影响如下表：

能使土壤呈酸性的肥料	能使土壤呈碱性的肥料	能使土壤呈中性的肥料
硫酸铵、过磷酸钙	氨水、碳酸钾、钙镁磷肥	碳酸氢铵、硫酸钾

【总结反思】

(1) 信息检索到的化肥中属于氮肥的有哪些？(至少写出两种)

(2) 该地种植玉米不科学。请你结合所学知识，分析上述检索资料，给种植户提出一条合理化的种植建议。

(3) 施用化肥要适度。过度施用单元素化肥的危害有哪些？(写一条即可)

第3节　使用pH试纸等检测生活中常见溶液的酸碱性

一、实验的基本情况及不同版本教科书呈现

实验一——区分酸性和碱性溶液

【实验名称】

区分酸性和碱性溶液。

【实验目的】

初步学会用酸碱指示剂检测溶液的酸碱性。

【实验用品】

烧杯、试管、酚酞溶液、石蕊溶液、白醋、肥皂水。

【实验步骤】

如图4-3所示，将四支试管分成两组，向每组的两支试管中分别加入少量白醋和肥皂水(也可以用苹果汁、氢氧化钠溶液)。然后向其中一组试管中滴加入无色酚酞溶液，向另一组试管中加入紫色石蕊溶液。观察并记录实验现象。

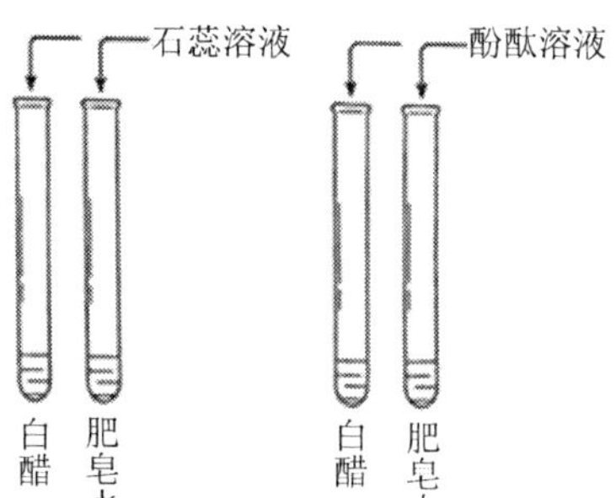

图4-3　向溶液中加入酸碱指示剂

【实验现象】

实验现象如下表：

样品	加入紫色石蕊溶液后颜色的变化	加入无色酚酞溶液后颜色的变化
白醋	红色	无色
苹果汁	红色	无色
肥皂水	蓝色	红色
氢氧化钠溶液	蓝色	红色

【实验结论】

(1)酸能使紫色石蕊溶液变红，不能使无色酚酞溶液变色；碱能使紫色石蕊溶液变蓝，使无色酚酞溶液变红。

(2)酸和碱能与酸碱指示剂反应，使指示剂显示不同的颜色。

实验二——检验溶液酸碱性强弱的程度

【实验名称 1】

测定溶液的 pH。

【实验目的】

初步学会用 pH 试纸测定生活中常见溶液的酸碱度。

【实验用品】

烧杯、试管、玻璃棒、玻璃片、胶头滴管、pH 试纸、白醋、食盐水、肥皂水。

【实验步骤】

在玻璃片上放一小片 pH 试纸，用玻璃棒分别蘸取待测溶液滴到 pH 试纸上，把试纸显示的颜色与标准比色卡比较，记录该溶液的 pH。

【实验现象】

实验现象如下表：

待测溶液	pH	酸碱性
白醋	4	酸性
食盐水	7	中性
肥皂水	9	碱性

【实验结论】

酸性溶液的 $pH<7$，碱性溶液的 $pH>7$，中性溶液的 $pH=7$。

【实验名称 2】

测定生活中一些物质的 pH。

【实验目的】

初步学会用 pH 试纸测定生活中常见溶液的酸碱度。

【实验用品】

烧杯、试管、玻璃棒、玻璃片、胶头滴管、pH 试纸、糖水、肥皂水、自来水、小苏打水、白醋、柠檬汁、洁厕灵、炉具清洁剂等。

【实验步骤】

在玻璃片上放一小片 pH 试纸，用玻璃棒分别蘸取待测溶液滴到 pH 试纸上，把试纸显示的颜色与标准比色卡比较，记录该溶液的 pH。

【实验现象】

实验现象如下表：

待测溶液	pH	酸碱性
糖水	7	中性
肥皂水	10	碱性
自来水	7	中性
小苏打水	8	碱性
白醋	4	酸性
柠檬汁	2	酸性
洁厕灵	1	酸性
炉具清洁剂	12	碱性

【实验结论】

(1) 小苏打水、肥皂水、炉具清洁剂的 $pH>7$，呈碱性；

(2) 白醋、柠檬汁、洁厕灵的 $pH<7$，呈酸性；

(3) 糖水、自来水的 $pH=7$，呈中性。

【不同版本教科书呈现】

在人教版教科书中，通过向不同溶液中加入酸碱指示剂的实验，让学生认识酸、碱能与指示剂反应的性质，从而初步体会酸、碱作为不同类别的物质具有不同的性质，知道利用酸碱指示剂可以简单区分酸性物质和碱性物质。通过“探究　自制酸碱指示剂”提高学生学习化学的兴趣，知道一些植物的花卉、果实也可以作为酸碱指示剂，充分体现了从化学走向生活的理念。人教版教科书在第十单元的“课题 2　酸和碱的中和反应”这节课中，先介绍中和反应及其应用，在此基础上引出溶液的酸碱度——pH 及其应用，引导学生初步从定量的角度认识酸性、碱性的强弱。

北京版、科粤版、科普版、鲁教版、沪教版这五种版本的教科书在编排溶液的酸碱性这一内容时均是在一节课中呈现的，先介绍溶液的酸碱性，再介绍溶液的酸碱度，最后介绍物质的酸碱性与生命活动的关系。

人教版教科书中，设计了向溶液中加入指示剂和自制酸碱指示剂两个实验，引入酸碱指示剂变色规律和自制酸碱指示剂的方法，设计了测定四种物质的 pH、测定生活中一些物质的 pH、探究洗发剂和护发剂的酸碱性三个活动。教科书中相关内容如下：

实验 3-1　将 8 支试管分成两组，每组的 4 支试管中分别加入少量白醋、苹果汁、石灰水和氢氧化钠溶液。向其中一组试管中加入紫色石蕊溶液，向另一组试管中加入无色酚酞溶液。观察现象。

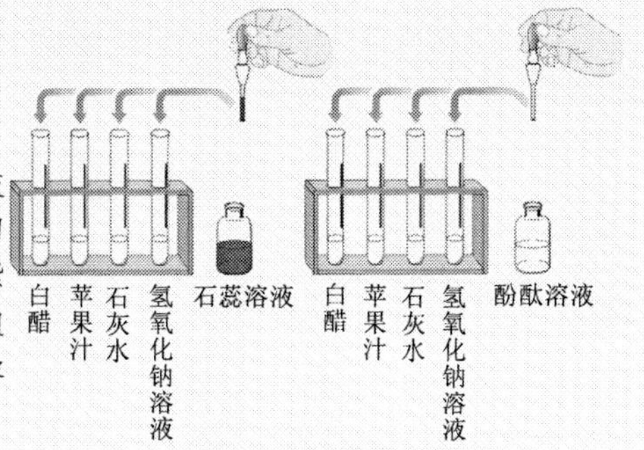

图 3-1 向溶液中加入酸碱指示剂

探究

自制酸碱指示剂

1. 阅读“资料卡片 —— 酸碱指示剂的发现”，你从中能获得什么启示？与同学交流。

2. 自制酸碱指示剂。

(1) 取几种植物的花瓣或果实（如牵牛花、月季花、紫甘蓝等），分别在研钵中捣烂，加入酒精（乙醇与水的体积比为 1∶1）浸泡；

(2) 用纱布将浸泡出的汁液过滤或挤出，得到指示剂；

(3) 试验指示剂在下列 4 种溶液中的颜色变化。

（每小组可以自制 1~2 种指示剂。）

指示剂（汁液）	在不同溶液中的颜色变化			
	白醋	石灰水	盐酸	氢氧化钠溶液

3. 交流实验结果，比较所制得的指示剂中，哪些在酸、碱溶液中的颜色变化明显？

实验 3-9 在白瓷板或玻璃片上放一小片 pH 试纸，用玻璃棒蘸取溶液滴到 pH 试纸上，把试纸显示的颜色与标准比色卡比较，读出该溶液的 pH。

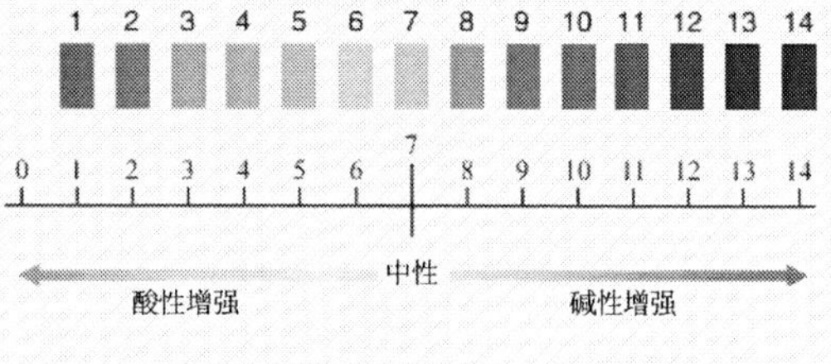

图 3-17 pH 和溶液的酸碱性

实验 3-10 测定生活中一些物质的 pH（可根据实际情况选择生活中的一些物质进行实验）。

	pH	酸碱性		pH	酸碱性
橘汁			汽水		
糖水			自来水		
牛奶			唾液		
番茄汁			草木灰水		
肥皂水			洗洁精		
苹果汁			白醋		

探究

洗发剂和护发剂的酸碱性

头发的主要成分是蛋白质，容易受碱性溶液的侵蚀。

选择几种平常使用的洗发用品（洗发剂、护发剂或洗护合一的洗发液），测一测它们的 pH。

根据实验及所学知识，讨论：

1. 一般情况下，我们使用的洗发用品是酸性的还是碱性的？

2. 有的洗发用品分为洗发剂（洗发香波）和护发剂（护发素）。洗发时，在用过洗发剂后再使用护发剂，这样对头发有保护作用。你能解释这是为什么吗？

3. 从清洁效果和保护头发的角度考虑，你认为怎样选择洗发用品比较好。为什么？

科普版教科书在“专题七　初识酸、碱和盐”的“单元 1　酸性溶液和碱性溶液”中，分别向酸性、中性、碱性物质的溶液中加入石蕊溶液、酚酞溶液，观察并记录现象，引出酸碱指示剂的概念，初步认识酸性、中性、碱性溶液及其检验方法。在“探究活动”栏目设计了测定相同质量分数的不同溶液的 pH 的实验，使学生认识到质量分数相同的不同种类的溶液的 pH 不同。教科书中相关内容如下：

观察思考

300多年前，英国科学家波义耳偶然发现盐酸能使紫罗兰花由紫变红。由此，他提出这样的问题：其他酸性物质也能使紫罗兰花变红吗？碱性物质能使它变色吗？下列实验能帮助我们找到答案。

实验1 请从下列三组物质中各选择两种溶液，分别取少量加入小试管（或白色点滴板的孔穴）中，再各滴加1~2滴紫色石蕊溶液，观察溶液呈现的颜色。

第一组：白醋、柠檬汁、无色透明碳酸饮料。

第二组：食盐水、蔗糖水。

第三组：石灰水、纯碱溶液、肥皂水。

实验2 用无色酚酞溶液代替紫色石蕊溶液重复上述实验，观察溶液呈现的颜色，并将你观察到的颜色变化填入下表。

试液 / 现象 / 指示剂	第一组		第二组		第三组	
紫色石蕊溶液						
无色酚酞溶液						

探究活动

现有A、B、C、D、E 5支试管，试管中所盛溶液如下表：

试管	A	B	C	D	E
溶液	1%硫酸	1%醋酸	1%氯化钠	1%碳酸钠	1%氢氧化钠
pH					

1. 请你写出实验方案，探究5支试管中溶液的pH由大到小的顺序，并与同学交流讨论。

____

____

2. 根据你所设计的实验方案完成实验，并将实验结果填写到上表中。

科粤版教科书采用在盐酸、石灰水中分别加入石蕊溶液、酚酞溶液，得出检验溶液酸碱性的方法；让学生用教科书中给出的几种物质设计实验，来定性区分溶液的酸碱性；详细介绍检验溶液酸碱性的具体方法；让学生收集生活中的样品，检验它们的pH；最后“实践活动”让同学们学习了从植物花或叶中提取酸碱指示剂的方法。教科书中相关内容如下：

学生实验活动

目的　学习区分溶液酸碱性的方法。

【实验 8-1】用 4 支试管取盐酸溶液、石灰水各两份，然后分别取石蕊溶液、酚酞溶液滴在不同的试管中，观察颜色。

可以看出：盐酸使石蕊溶液变____色，使酚酞溶液______（变 / 不变）色；石灰水使石蕊溶液变____色，使酚酞溶液变____色。

a　　b

图 8-1 石蕊溶液和酚酞溶液

【实验 8-2】试用图 8-2 所示的不同物质设计类似实验，区分它们的酸碱性。

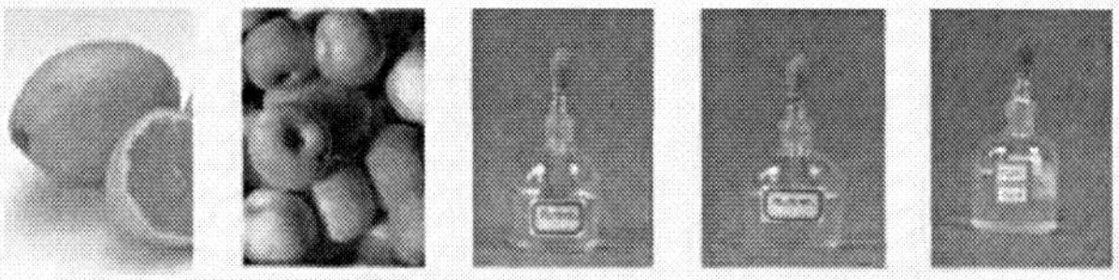

柠檬　苹果　稀硫酸　稀硝酸　稀烧碱溶液

图 8-2 区分不同物质的酸碱性

学生实验活动

目的 学习溶液酸碱性的检验方法。

【实验 8-3】 取 pH 试纸剪成 2~3 小块放在洁净的表面皿（或小烧杯、点滴板）上，用干燥的滴管吸取（或用玻璃棒蘸取）需检测的溶液（如食醋、石灰水、洗涤剂、橙汁等），滴一小滴（如用玻璃棒，则将粘附在玻璃棒上的溶液轻轻涂抹）在 pH 试纸上，然后与标准比色卡对比颜色，读出 pH 数值。

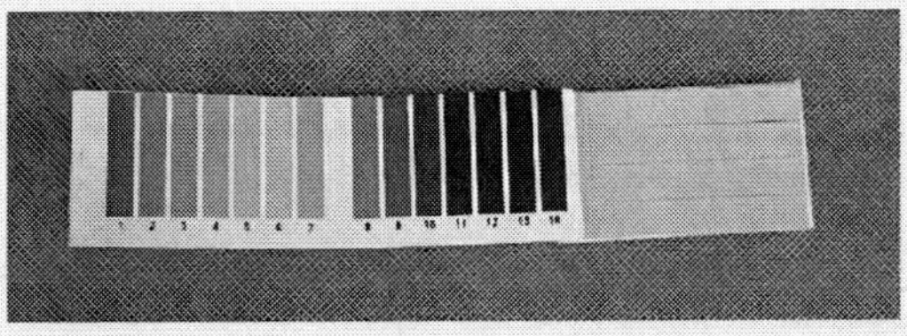
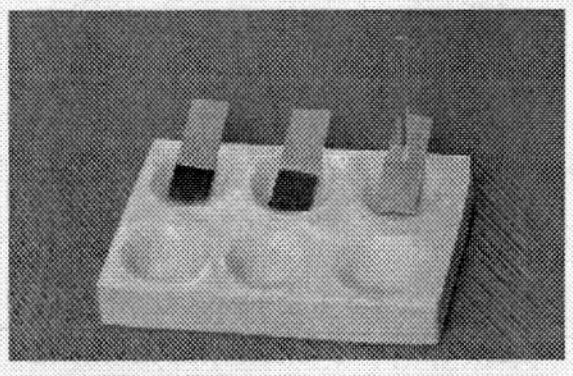

图 8-4 pH 试纸及其用法

注意：如果将 pH 试纸润湿、滴管或玻璃棒有水，会使待测溶液被稀释而导致所测 pH 不准。

实践活动

【实验 8-4】 请同学们在课外分成小组收集检验样品，如白醋、牛奶、肥皂、牙膏、洗涤剂、洗发剂、厨房洗洁精、卫生间清洁剂、西瓜、西红柿、橘子和苹果等，并用 pH 试纸检验它们的 pH，将检测结果填在下表中：

比色卡 pH	1	2	3	4	5	6	7	8	9	10	11	12	13	14
被测样品														

实践活动

学习从植物花或叶中提取酸碱指示剂的方法

采料：收集不同颜色的花瓣或紫甘蓝叶，取适量研碎 → **提液**：用水和酒精（体积比 1∶1）浸泡，过滤，取液备用 → **试验**：将色素提取液分别滴入白醋、石灰水、蒸馏水中，观察颜色变化

编号	提取液颜色	在酸性溶液中颜色	在碱性溶液中颜色	在中性溶液中颜色
(1)				
(2)				
(3)				
(4)				

链接▶【实验 1-1】

鲁教版、沪教版教科书除了用酸碱指示剂检测溶液的酸碱性，还使用石蕊试纸检验溶液的酸碱性。

图 4-4 为鲁教版教科书中的实验，图 4-5 为沪教版教科书中的实验。

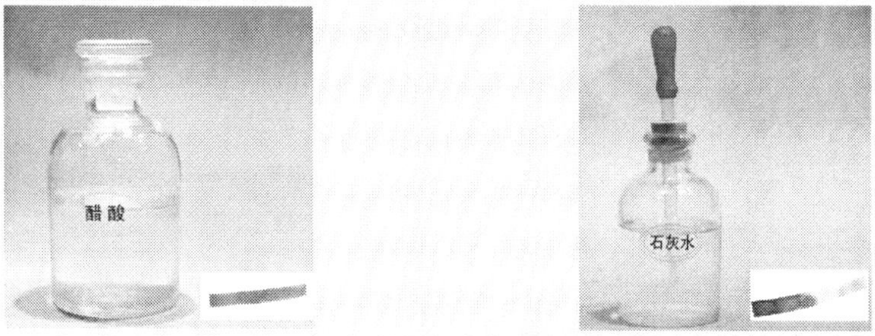

蓝色石蕊试纸遇酸性溶液变成红色　　红色石蕊试纸遇碱性溶液变成蓝色

图 4-4　鲁教版教科书中使用石蕊试纸检验溶液的酸碱性

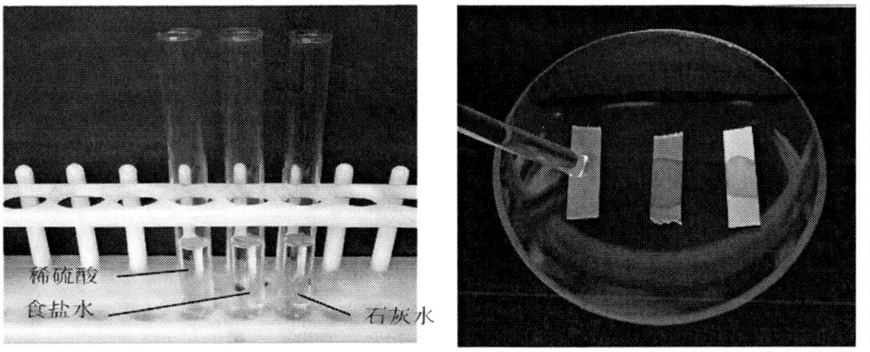

图 4-5 沪教版教科书中使用石蕊试纸检测溶液的酸碱性

二、功能探析

本实验注重学生的生活体验，从学生熟悉的物质入手，有利于激发学生的学习兴趣，培养学生分工合作、实践探究的能力。

该实验的教育教学功能如下图所示：

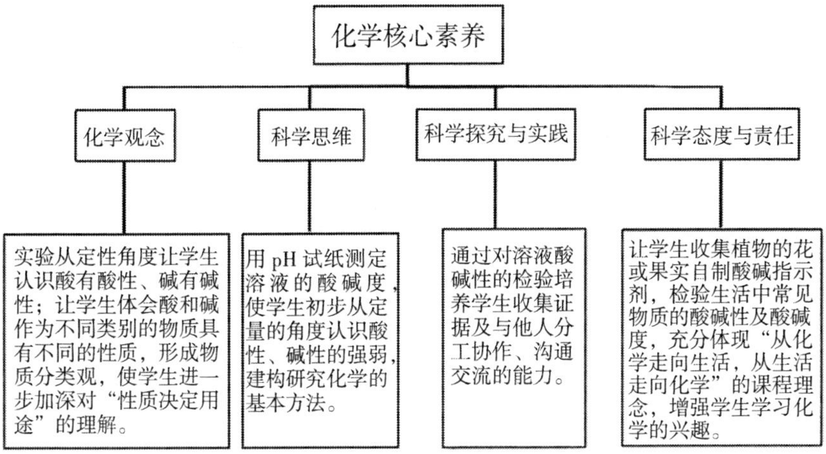

三、教学策略

1. 保证实验成功的策略

(1) 不能直接把 pH 试纸浸入待测的溶液中，以免带入杂质。另外，待测的溶液还可能溶解 pH 试纸上的一部分指示剂，致使比色时产生较大误差。

(2) 不能先用水将 pH 试纸润湿再进行测定。因为将待测溶液滴到用水润湿后的 pH 试纸上，其溶质质量分数将变小，酸碱度会发生变化。

(3) 用 pH 试纸测得的溶液的 pH 一般为整数。

2. 实验优化策略

有条件的学校可以使用 pH 计(如图 4-6)测定溶液酸碱度,使测得的数据更准确。

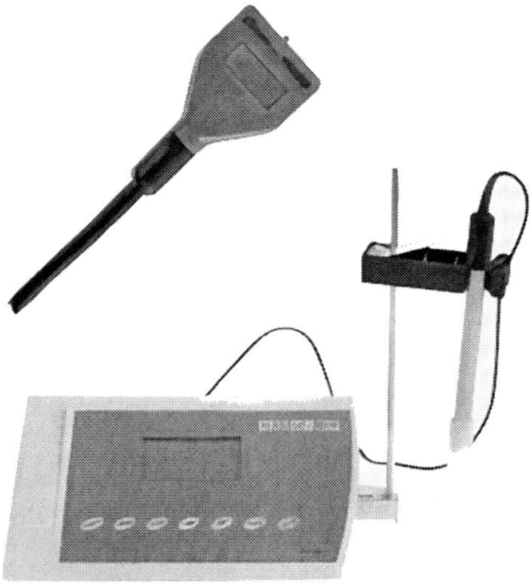

图 4-6　pH 计

实验的操作要点如下:

(1) 先校准 pH 计;

(2) 使用去离子水冲洗 pH 电极;

(3) 将电极头擦干;

(4) 将待测溶液搅拌均匀,边搅拌边将电极插入待测溶液;

(5) 待读数稳定,就得到待测溶液的 pH。

第 4 节　制备并检验氧气和二氧化碳

实验一——制备并检验氧气

一、实验的基本情况及不同版本教科书呈现

【实验名称】

制备并检验氧气。

方案 1　加热高锰酸钾制备氧气

【实验原理】

制备氧气:$2KMnO_4 \overset{\triangle}{=\!=\!=} K_2MnO_4 + MnO_2 + O_2\uparrow$

检验氧气:利用氧气的助燃性,若瓶中气体能使带火星的木条复燃,则该气体为

氧气。

【实验用品】

高锰酸钾、水、酒精灯、大试管、带导管的单孔橡胶塞、集气瓶(配毛玻璃片)、棉花、铁架台(带铁夹)、水槽、药匙、镊子、火柴。

【实验操作要点】

实验装置如图 4-7 所示。

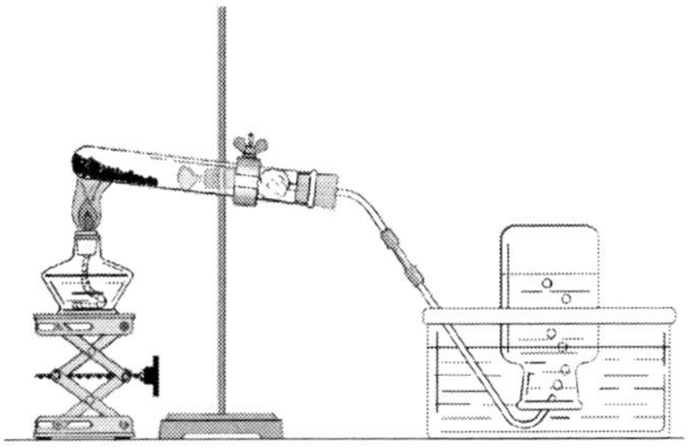

图 4-7　加热高锰酸钾制备氧气

(1) 装药品之前先检查装置的气密性(如图 4-8),以防止漏气。步骤为:将带导管的单孔橡胶塞旋进试管,将导管另一端放入盛水的烧杯中,用手握住试管。若导管口有气泡冒出,移开手后导管中形成一段水柱,则证明装置的气密性良好。

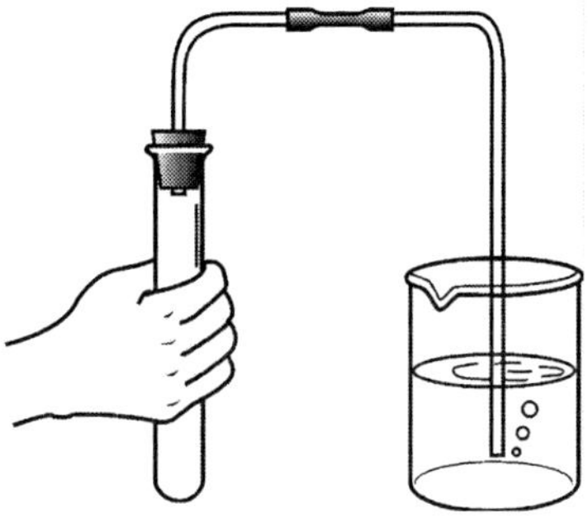

图 4-8　检查装置的气密性

(2) 将高锰酸钾平铺在试管底部,试管口放一团蓬松的棉花,防止加热时试管内的粉末状物质进入导管。

(3) 将试管固定在铁架台上时,注意要将试管口略向下倾斜,防止冷凝水回流到热的试管底部,从而导致试管炸裂。

(4) 使用排水法集气时,需先将集气瓶装满水,连同玻璃片一起倒立在盛水的水槽内,再点燃酒精灯加热药品。如果先加热药品再装水,会造成气体逸散,浪费药品。要求装满水的集气瓶内没有气泡,防止收集到的氧气中混有空气。

(5) 将盛满水的集气瓶倒立在盛有水的水槽内,将导管伸入盛水的集气瓶中排水收集氧气时，要用手按住集气瓶，防止集气瓶中的水排出时瓶身翻转。也可采用向上排空气法收集氧气，注意要将导管伸入到接近集气瓶底，以便于排出瓶内的空气。

(6) 加热时先在试管下方来回移动酒精灯进行预热，再对高锰酸钾药品所在的部位固定加热。

(7) 导管口开始有气泡放出时不宜收集，当气泡连续且比较均匀放出时再收集，防止收集到的氧气混有装置内的空气。

(8) 待集气瓶里的水排完后，在水面下用玻璃片盖住瓶口，再取出集气瓶正放在桌面上，防止气体逸出。

(9) 停止加热时，先将导管移出水面，再熄灭酒精灯，防止因温度下降试管内压强减小，水槽中的水沿导管倒吸进入试管，引起试管炸裂。

方案 2　分解过氧化氢制备氧气

【实验原理】

$$2H_2O_2 \xlongequal{MnO_2} 2H_2O + O_2\uparrow$$

【实验用品】

5%过氧化氢溶液（又名双氧水）、二氧化锰、集气瓶（配毛玻璃片）、药匙。

实验装置如图 4-9、图 4-10、图 4-11。

图 4-9：试管、带导管的单孔橡胶塞、铁架台（带铁夹）。

图 4-10：锥形瓶、长颈漏斗、带导管的双孔橡胶塞。

图 4-11：锥形瓶、分液漏斗、带导管的双孔橡胶塞。

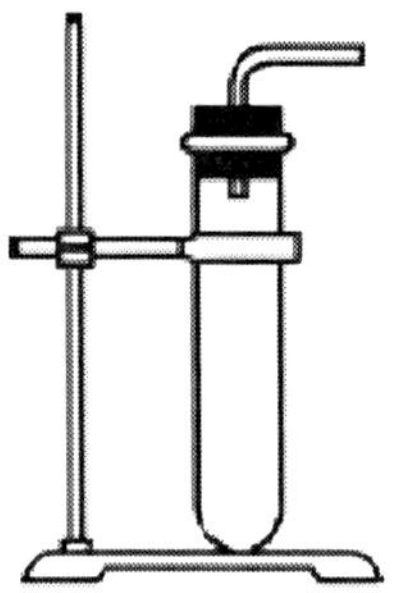

图 4-9　实验装置 1

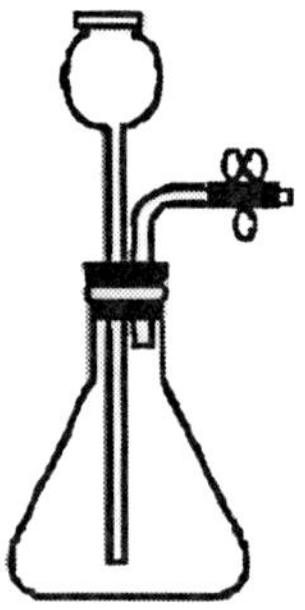

图 4-10　实验装置 2

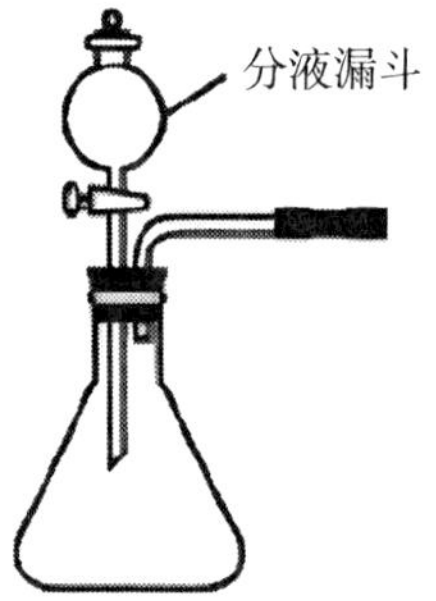

图 4-11　实验装置 3

【实验操作要点】

(1) 装药品之前先检查装置的气密性。检查图 4-10 发生装置的气密性的方法如图 4-12 所示：关闭弹簧夹，向长颈漏斗内加水。一段时间后，若长颈漏斗下端出现一段稳定的水柱，则说明装置的气密性良好。

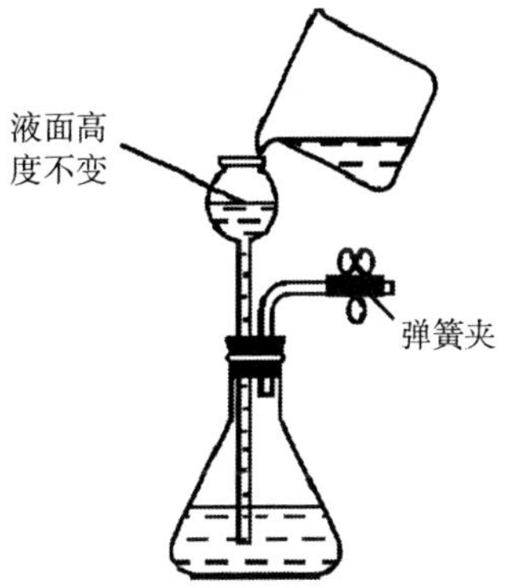

图 4-12　检查装置的气密性

(2) 采用向上排空气法集气时，注意要将导管伸入到集气瓶底，便于瓶内空气排出。也可采用排水法集气，需将盛满水的集气瓶倒立在盛有水的水槽内，要求瓶内没有气泡，防止收集到的氧气混有空气。

(3) 添加药品时遵循“先固后液”。若用图 4-10 装置，先向锥形瓶中加入二氧化锰粉末，旋好橡胶塞，沿长颈漏斗向锥形瓶中加过氧化氢溶液，至长颈漏斗末端浸没在液面以下，防止生成的气体沿长颈漏斗逸出。

(4) 验满时，拉开玻璃片，将带火星的木条放在集气瓶口(为防氧气受热逸出，玻璃片拉开一半即可)，若木条复燃，则说明已集满。将集气瓶正放在桌面上，防止氧气逸出。

【不同版本教科书呈现】

各版本教科书关于实验室制取氧气的原理和装置大体一致，先后顺序和详略各有不同。

以人教版教科书为例，在第二单元的“课题 3　制取氧气”中介绍了两种实验室制取氧气的反应原理文字表达式、高锰酸钾制取氧气的装置和操作，并探究在过氧化氢分解制取氧气中二氧化锰的催化作用。在“实验活动 1　氧气的实验室制取与性质”中学习高锰酸钾制取氧气的操作步骤，并用铁丝、木炭在制得的氧气中燃烧来验证氧气的性质。

其他版本教科书与之相似之处不再赘述，不同之处介绍如下：

北京版教科书中未呈现氯酸钾制取氧气的相关内容。在“学生实验天地”栏目，增加“二氧化锰催化过氧化氢、排空气法制取氧气”实验。教科书中相关内容如下：

3. 二氧化锰催化过氧化氢、排空气法制取氧气。

按图 2-21 连接仪器。

是否可以将导气管伸入集气瓶上部或中部?

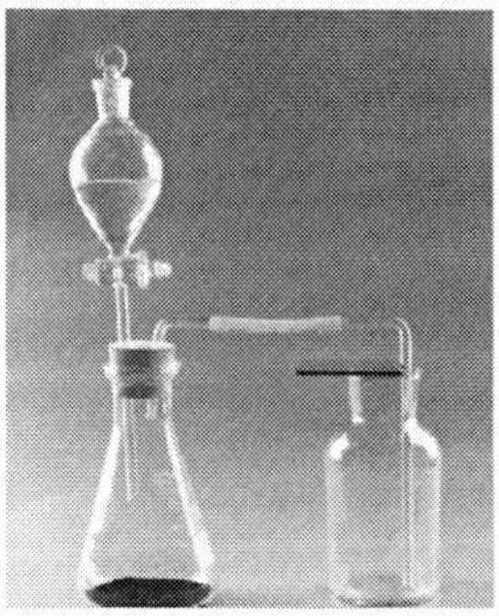

图 2-21 用过氧化氢溶液制取氧气的装置

(1)检查发生装置的气密性。

(2)向锥形瓶中加入少量的二氧化锰，用带有分液漏斗和导管的双孔塞塞紧瓶口。向分液漏斗中倒入适量的过氧化氢溶液。

(3)观察到锥形瓶中有大量气泡生成后，将导气管伸入集气瓶底部。

(4)过一段时间后，用带火星的木条检验集气瓶中的氧气是否收集满。

对于氧气化学性质的检验也是用铁丝燃烧和木炭燃烧实验来进一步加深对氧气化学性质的认识。此处通过两种制取法各制得一瓶氧气,利用排水法收集的氧气做铁丝燃烧实验,在瓶中留少量水,以防止铁丝燃烧时的高温生成物溅落炸裂集气瓶,这点与人教版教科书一致。利用排空气法收集过氧化氢分解制得的氧气与木炭反应来检验氧气的性质。

科粤版教科书中加热高锰酸钾制取氧气的实验活动步骤以表格形式呈现,包含“实验步骤”“思考和讨论”“你的理解”,最后用收集的氧气和木炭反应来检验氧气的性质。教科书中相关内容如下:

学生实验探究

目的　学习实验室制取氧气的方法，并验证氧气的化学性质。

【实验 3-5】在实验中，同学们要经历实验装置的准备和进行实验操作两个阶段，一边开展实验活动，一边思考、讨论相应的问题。

实验步骤	思考和讨论	你的理解
实验装置的准备： 用表中插图 e 所示的仪器装配制氧装置。 （1）对仪器的气密性进行检查（图 a）。 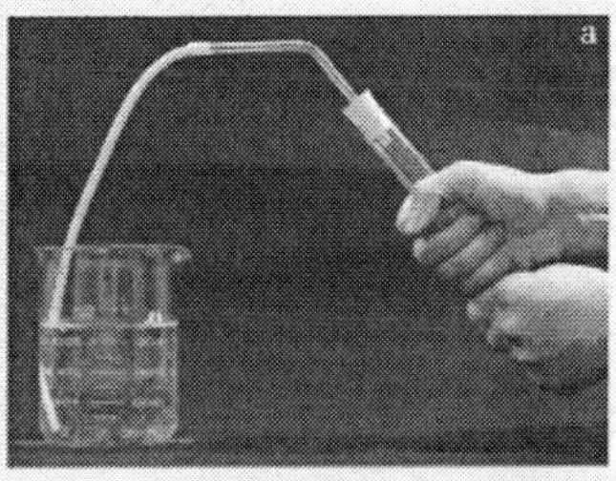	①手握试管，看看在水中的导气管口有无气泡冒出，这是检查气密性的方法。它的根据是什么？	
（2）在上述试管中装入少量高锰酸钾，然后在试管口放一团棉花，再加胶塞，试管口略向下倾斜，固定在铁架台上（图 b）。 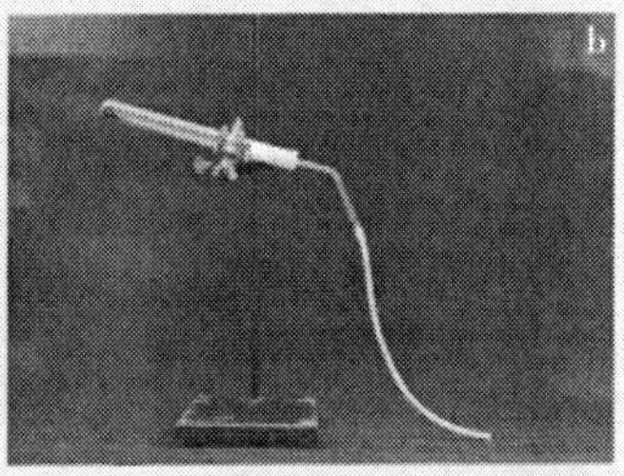	②为什么要在试管口塞一团棉花？为什么试管口要略向下倾斜？	
（3）将盛满水的集气瓶倒立在盛有水的水槽内，要求瓶底内部没有气泡（图 c）。 	③这种集气方法称为排水集气法。为什么能用这种方法收集氧气？	

续表

实验步骤	思考和讨论	你的理解
（4）垫高酒精灯至合适位置，将导气管伸入水槽内（图 d）。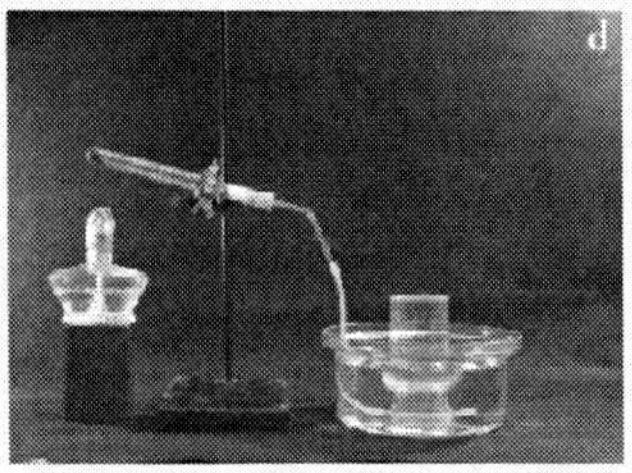	④导气管为什么不直接插入集气瓶？	
实验操作： （1）点燃酒精灯，先在试管下方来回移动，再用外焰集中加热盛药品的部位。 （2）实验开始时，从导气管口慢慢放出的气泡先不要收集，当气泡连续放出时，再把导气管口伸入集气瓶里集气。集满后盖好玻璃片，取出集气瓶，摆正后，放在桌上。 （3）停止加热前，应先将导气管从水槽中移出，再熄灭酒精灯。	①为什么要先在试管下方来回移动酒精灯火焰，并用外焰加热？ ②为什么加热开始所产生的气泡不宜收集？ ③为什么要先将导气管从水槽移出再熄灭酒精灯？	
（4）用坩埚钳夹一小块木炭，先在空气中加热至红热，再伸入所收集的氧气瓶里，观察现象。	④木炭在氧气中燃烧有何现象？发生什么反应？	现象是：________________。反应文字表达式是：________。

科粤版教科书最后的“学生实验活动记录和报告”栏目，将有关氧气实验室制取、性质与物质燃烧的条件等内容整合在一起，作为一个实验活动。在用高锰酸钾制取氧气并检验氧气性质之后，加入“项目三　认识燃烧需要具备的条件”，从燃烧需要可燃物、氧气、温度达到着火点三个角度进行实验探究。

科普版教科书详细呈现了加热高锰酸钾和催化过氧化氢两种实验室制取氧气的实验方案。高锰酸钾制取氧气的步骤与人教版教科书大致相同，不再赘述。分解过氧化氢制取氧气采用排水法收集。教科书中相关内容如下：

方案2 按图2-15所示装配好仪器，检查气密性后，将5%的过氧化氢稀溶液装入分液漏斗中，在锥形瓶中放入少量二氧化锰以加快反应。打开分液漏斗上的旋塞，将过氧化氧溶液慢慢滴入，用排水集气法收集氧气。收集满氧气后，把集气瓶用玻璃片盖住正放在桌面上，然后关闭分液漏斗旋塞。

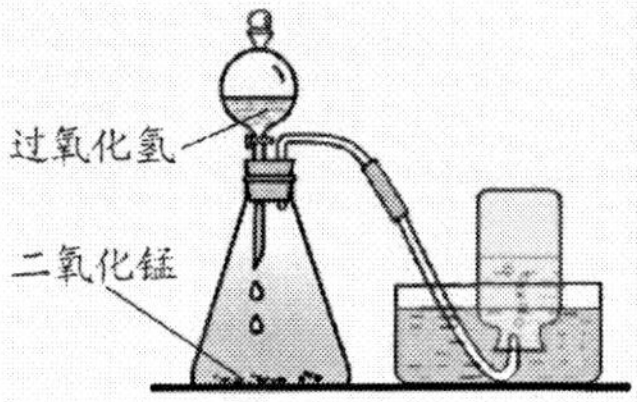

图2-15 分解过氧化氢制取氧气的装置

2. 实验结束后与同学讨论：①如何检查装置的气密性？②如何检验收集的氧气？③由于氧气不易溶于水，故可用排水法收集，能否用向下排空气法收集氧气？④实验操作中应注意哪些事项？

鲁教版教科书在“氧气”一节注重对学生思维的引导，设置了“实验室制取气体物质的思路分析”内容。教科书中相关内容如下：

活动天地 4-3

实验室制取气体物质的思路分析

在实验室里制取一种气体时，首先要选择反应物，知道如何控制反应条件，然后要确定气体发生和收集装置，最后要审查整个反应体系是否符合环保、安全的要求。

请认真思考以下问题：

1. 你认为下列哪些物质不能作为实验室制取氧气的反应物？依据是什么？

①水（H_2O） ②二氧化碳 （CO_2） ③氯化钠（NaCl）

④高锰酸钾（$KMnO_4$） ⑤过氧化氢（H_2O_2） ⑥甲烷（CH_4）

2. 某同学认为：确定实验室制取气体的化学反应时，应考虑以下几方面因素。你是否同意他的观点？你还考虑到了哪些因素？

A. 原料是否容易获得 B. 实验条件是否容易控制

C. 实验装置是否容易装配 D. 实验操作是否安全可靠

3. 选择气体发生装置和收集装置的依据分别是什么？

从训练学生实验技能角度看，用高锰酸钾、氯酸钾制取氧气便于学生练习固体药品的取用及酒精灯、铁架台的使用，组装实验装置对学生动手操作能力训练更全面。氯酸钾在加热时会伴随副产物氯气生成，导致制得的气体不纯，对人体和环境有害，所以部分教科书未呈现用氯酸钾制取氧气这一反应，而是对用高锰酸钾制取氧气介绍得更为详细。

二、功能探析

该实验的教育教学功能如下图所示：

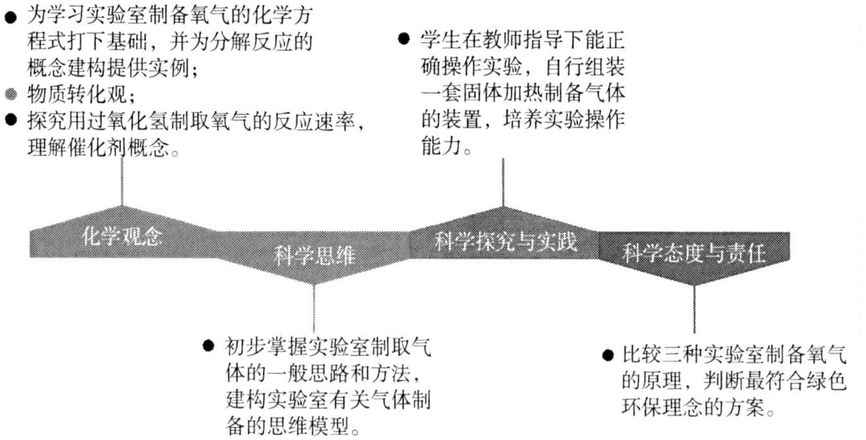

这部分实验内容为学生第一次接触的实验室制备气体，且有实验活动，需要学生在教师指导下正确进行实验，自行组装一套加热固体制备气体的装置，培养实验操作能力。

在气体制备方面，初步形成包括药品选择、装置选取、实验操作等方面的规范方法，发展思维能力。

三、教学策略

1. 保证实验成功的策略

(1) 检查装置的气密性时，需先将导管放入盛水的烧杯中，再搓热双手，用手紧握试管，以防观察不到气泡冒出的现象。手握时要尽可能地用双手握住整支试管，不要仅握住试管底部，以免热量不足以使气泡冒出。如果导管特别长，能观察到气柱往外移动或松手后往回移动即可。

(2) 过氧化氢溶液稀释配制后要及时使用，不能久放。

2. 实验优化策略

(1) 加热高锰酸钾制取氧气时，可以在导管中串联一个有“止回”作用的单向阀，可阻止水槽中的水倒吸入试管。

(2) 二氧化锰呈粉末状，需要借助实验探究其作为催化剂反应前后质量不变这一特性时，不便于操作，可将二氧化锰粉末和白乳胶或快干水泥进行等质量混合，制成直径为 1～2 cm 大小不等的凝块，晾干后即可使用。有了块状的二氧化锰，用过氧化氢制取氧气时就可以借助带有多孔塑料隔板的装置达到随开随用、随关随停的效果。优化装置如图 4-13、图 4-14 所示。

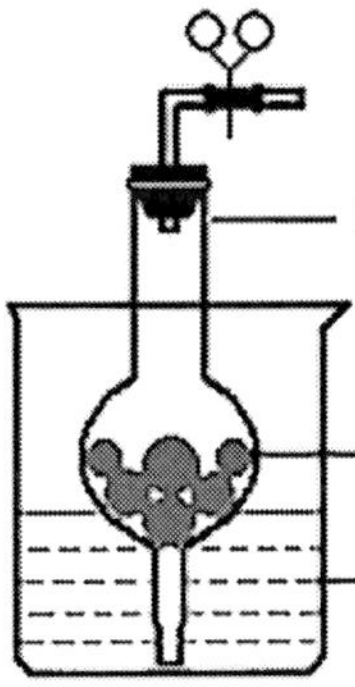

图 4-13　**优化装置 1**

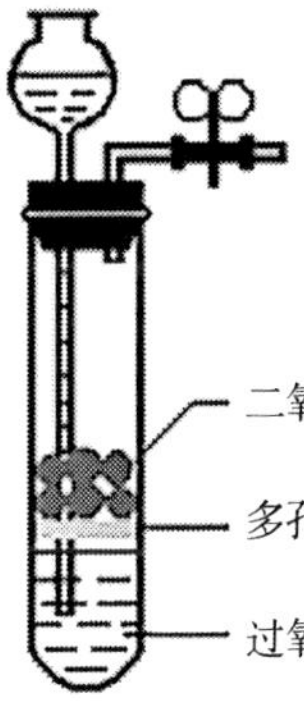

图 4-14　**优化装置 2**

(3) 实验探究化。可以进一步挖掘本实验的探究功能。

探究方向一:采用多种固液常温型发生装置,使学生初步了解不同装置的特点。

探究方向二:结合多功能瓶装置(如图 4-15)探究如何设置导管长度,达到收集氧气及验满的目的。

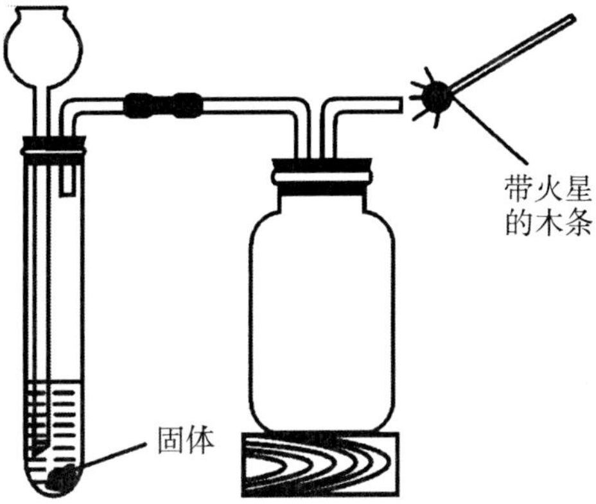

图 4-15　**多功能瓶装置**

实验二——制备并检验二氧化碳

一、实验的基本情况及不同版本教科书呈现

【实验名称】

制备并检验二氧化碳。

【实验原理】

$$2HCl + CaCO_3 = CaCl_2 + H_2O + CO_2\uparrow$$

$$CO_2 + Ca(OH)_2 = CaCO_3\downarrow + H_2O$$

【实验用品】

石灰石(或大理石)、稀盐酸(1∶3)、水、澄清石灰水、试管、集气瓶(配毛玻璃片)、酒精灯、镊子、药匙、火柴、细木条、试管架。

实验装置如图 4-16、图 4-17、图 4-18。

图 4-16:试管、带导管的单孔橡胶塞、铁架台(带铁夹)。

图 4-17:锥形瓶、长颈漏斗、带导管的双孔橡胶塞。

图 4-18:锥形瓶、分液漏斗、带导管的双孔橡胶塞。

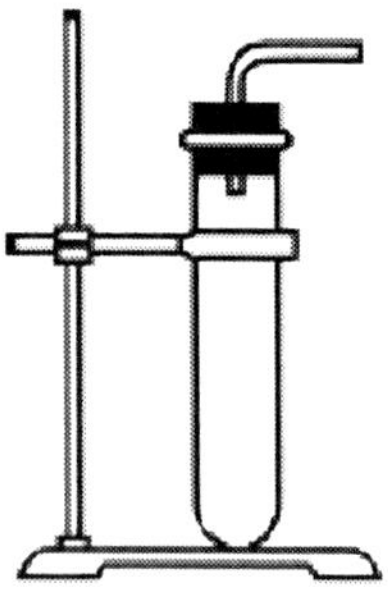

图 4-16　实验装置(一)

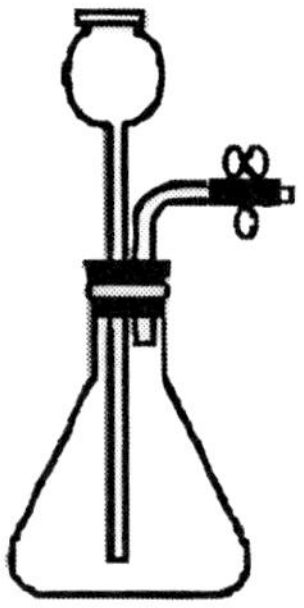

图 4-17　实验装置(二)

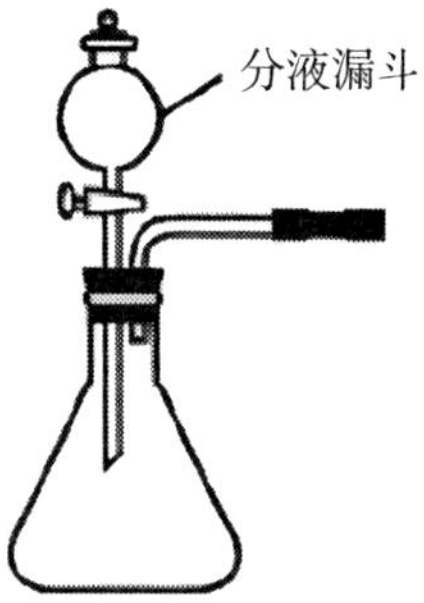

图 4-18　实验装置(三)

【实验操作要点】

(1) 装药品前先检查装置的气密性,防止漏气。

(2) 采用向上排空气法收集时,注意要将导管伸入到接近集气瓶底,以便于排出瓶内空气。

(3) 添加药品时遵循“先固后液”。若用图 4-17 发生装置,先向锥形瓶中加入石灰石,旋好橡胶塞,沿长颈漏斗向锥形瓶中加稀盐酸,至长颈漏斗末端浸没在液面以下,防止生成的气体沿长颈漏斗逸出。

(4) 如图 4-19 所示,验满时,拉开玻璃片,将燃着的木条放在集气瓶口,若木条立即熄灭,则说明已集满。将集气瓶正放在桌面上,防止气体逸出。

图 4-19　二氧化碳验满方法

(5) 检验时,将玻璃片拉开一半,注入少量澄清石灰水,盖上玻璃片,用食指按压住玻璃片,其余四指握住瓶身,振荡并观察现象。切勿上下振荡,以防止液体溅出。

【不同版本教科书呈现】

各版本教科书关于实验室制取二氧化碳的原理和装置大体一致，先后顺序和详略各有不同。

在人教版教科书中，先呈现实验室制取二氧化碳反应的化学方程式，通过探究活动，结合确定发生装置和收集装置需考虑的因素，将二氧化碳与氧气的实验室制取原理、反应物状态、反应条件及相关性质进行比较，对比二者的发生装置和收集装置有何不同，并自行选取仪器设计制取二氧化碳的装置。引导学生通过对二氧化碳和氧气实验室制取的探究，总结实验室制取气体的一般思路和方法。

在“实验活动 2　二氧化碳的实验室制取与性质”中，探究了制取二氧化碳并检验其相关性质，如密度、不助燃性、不可燃性、与石蕊溶液反应、与澄清石灰水反应、溶解性等。

其他版本教科书与之相似之处不再赘述，不同之处介绍如下：

北京版教科书通过对石灰石和稀硫酸、石灰石和稀盐酸、石灰石粉末和稀盐酸三个生成二氧化碳的反应进行速率对比，来探究反应原理，使学生自己体验探究适用于实验室制取二氧化碳的化学反应特点。教科书中相关内容如下：

活动·探究

【探究目的】选择实验室制取二氧化碳的反应。

【探究操作】观察并比较下列三个生成二氧化碳的反应，记录反应时观察到的现象。

准备三套如图 8-13 所示的装置，分别在小试管中加入石灰水，再往大试管中加入少量固体和液体反应物，迅速塞紧胶塞，把导管伸入石灰水中。

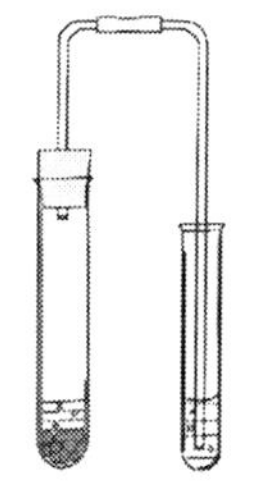

图 8-13　制取二氧化碳

反应物	大试管中现象	石灰水中现象
①石灰石和稀硫酸		
②石灰石和稀盐酸		
③石灰石粉末和稀盐酸		

【探究结论】

三个反应由快到慢的顺序是____________，最适合用于制取二氧化碳的是____________。

【思考讨论】

1. 三个反应的快慢为什么会有差异？
2. 适合用于制取二氧化碳的反应应具有什么特点？

总的来说，人教版和科粤版教科书更注重结合学生已有的制备氧气的经验，结合二氧化碳的相关性质，选择适合实验室制取二氧化碳的装置和方法，组装多套装置，建构制取气体的思路模型。沪教版和鲁教版教科书直接呈现制取二氧化碳的原理和装置。

二、功能探析

该实验的教育教学功能如下图所示：

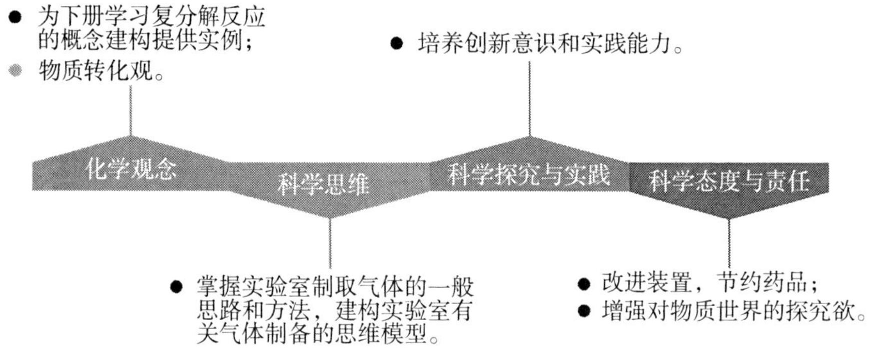

结合氧气和二氧化碳的实验室制备和检验，掌握实验室制取气体的一般思路和方法，建构实验室有关气体制备及性质验证的思维模型，并转化为实验操作。实验室制取气体的一般思路和方法如下：

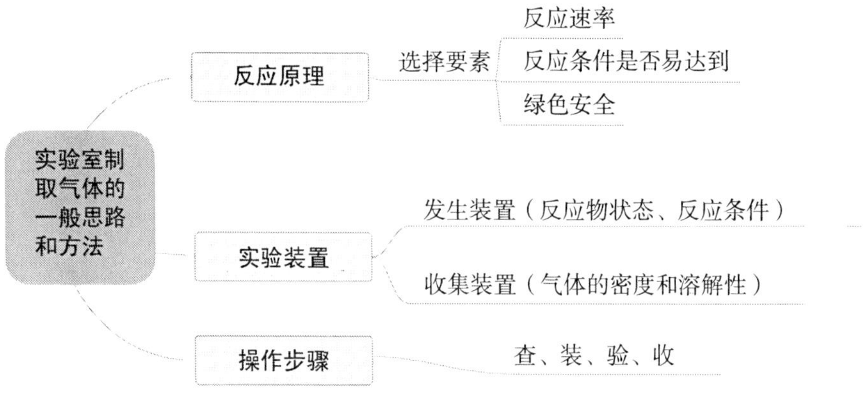

在科学探究方面，通过让学生利用生活中的物品自行组装实验室制备二氧化碳的装置，并对装置进行评价，培养学生的创新意识和实践能力，发展核心素养。

三、教学策略

1. 保证实验成功的策略

(1) 盐酸的浓度不要过高，浓盐酸与水以 1∶3 的体积比混合即可。若盐酸浓度过高，可能观察不到澄清石灰水变浑浊现象。

（2）澄清石灰水需要新配，以防久置变质。

2. 实验优化策略

（1）现象明显化。在探究实验室制取二氧化碳时，石灰石和稀硫酸反应刚开始产生少量气泡时无明显现象，这一过程不易被学生观察到，可结合数字化实验测定二氧化碳产生的速率，最终选择反应速率适中的石灰石和稀盐酸制取二氧化碳。

（2）实验探究化。

探究方向一：可以设计多种装置进行实验（如图 4-20），使学生在弄清实验原理的过程中深化对装置的理解，提高自主探究实践能力。

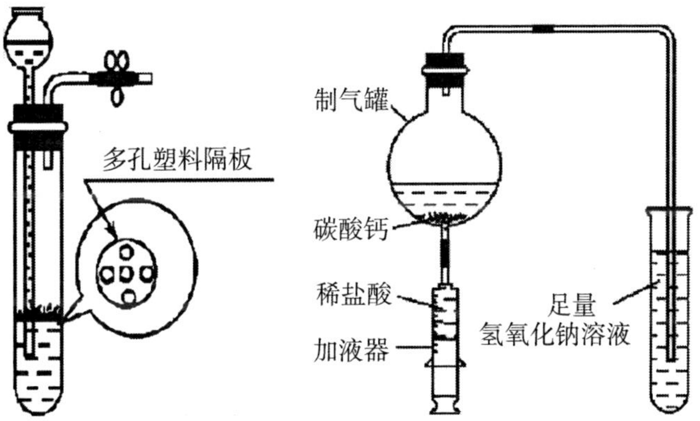

图 4-20　实验室制取二氧化碳的改进装置

探究方向二：采用如图 4-21 所示的装置对生成的二氧化碳进行除杂处理，学生可通过分析了解每种试剂的作用。

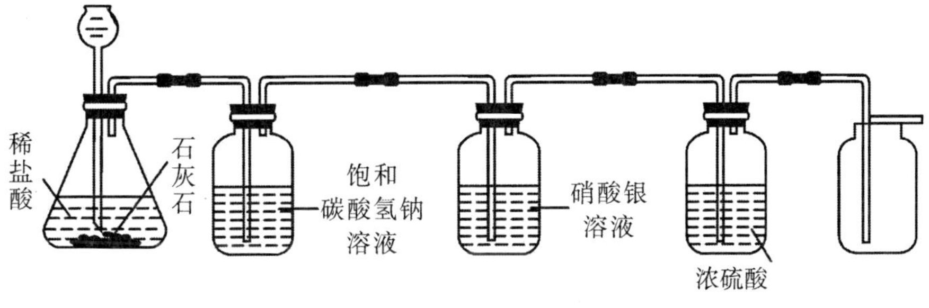

图 4-21　实验室制取二氧化碳的除杂装置

探究方向三：将实验室二氧化碳的制备与性质检验进行一体化改进（如图 4-22）。在同一个装置中通过 U 形管中两边石蕊试纸现象的对比，可以更直观地得出二氧化碳和水反应生成了新物质——碳酸，同时通过 U 形管底部澄清石灰水变浑浊，可知二氧化碳和澄清石灰水发生了反应。

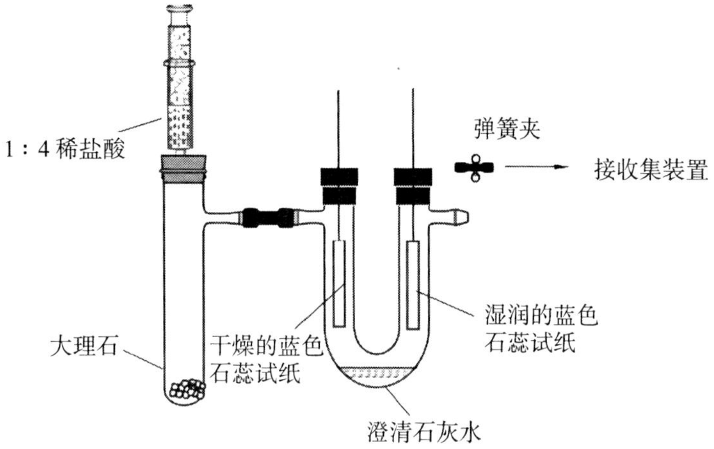

图 4-22　实验室二氧化碳的制备与性质检验一体化改进

第 5 节　制取蒸馏水

一、实验的基本情况及不同版本教科书呈现

【实验名称】

制取蒸馏水。

【实验目的】

(1) 初步学会装配简单仪器装置的方法。

(2) 初步掌握制取蒸馏水的操作技能。

(3) 知道蒸馏水是净化程度最高的水。

【实验用品】

蒸馏烧瓶、玻璃导管、乳胶管、烧杯、单孔橡皮塞、温度计、铁架台(带铁夹、铁圈)、酒精灯、石棉网、碎瓷片、锥形瓶、试管、自来水、肥皂水等。

【实验原理】

蒸馏是分离和提纯液态混合物常用的方法之一。根据液态物质的沸点不同，通过蒸馏可以把某种物质从混合物中分离出来，还可以把混在液体里的杂质去除。水中所含的杂质主要是一些无机盐，一般是不挥发的。把水加热到沸腾，会生成大量水蒸气，然后将水蒸气冷凝就可得到蒸馏水。

【实验操作步骤】

蒸馏装置如图 4-23、图 4-24 所示。

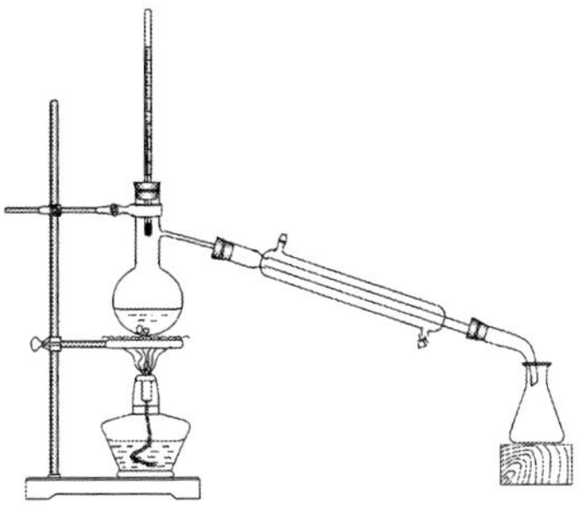

图 4-23　实验室常用的蒸馏装置

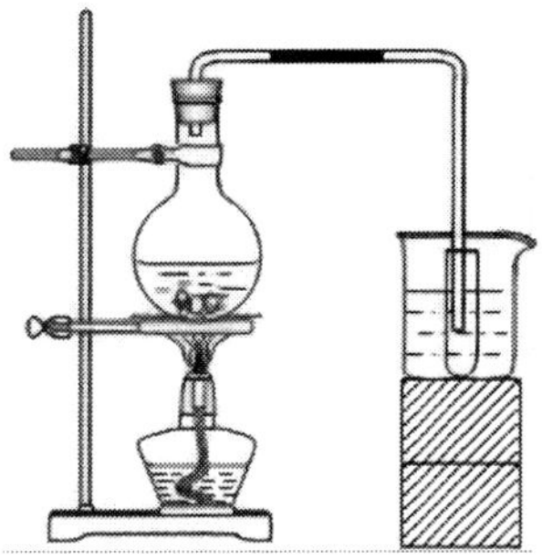

图 4-24　制取蒸馏水的简易装置

实验室常用的蒸馏装置的实验操作步骤：

(1) 按图 4-23 所示组装仪器(按照从下到上、从左到右的顺序组装仪器)，然后检验装置的气密性(利用给固定装置微热的方法)。

(2) 向蒸馏烧瓶中放入几片碎瓷片，向烧瓶中加入约 1/3 体积的自来水，塞好带玻璃导管的单孔橡皮塞，把玻璃导管另一端伸入冷凝管中。

(3) 点燃酒精灯，加热蒸馏烧瓶。

(4) 用肥皂水比较水蒸馏前后的硬度变化。

制取蒸馏水的简易装置的实验操作步骤：

(1) 按图 4-24 所示连接好装置，使各连接部位严密不漏气。

(2) 在烧瓶中加入几粒沸石(或碎瓷片)，以防加热时出现暴沸，再加入约 1/3 体积的硬水。

(3) 加热烧瓶(注意不要使液体沸腾得太剧烈，以防液体通过导管直接流到试管里)，弃去开始蒸馏出的部分液体，收集到 10 mL 左右的蒸馏水后，停止加热。

(4) 用肥皂水比较水蒸馏前后的硬度变化。

【实验现象】

(1) 加热一段时间后水沸腾，水蒸气经过冷凝后液化。

(2) 盛有硬水的试管中出现大量浮渣；盛有蒸馏水的试管中浮渣较少，出现大量泡沫。

【实验结论】

蒸馏可以使硬水软化，达到净化水的目的。

【不同版本教科书呈现】

由于中学实验条件及授课时间的限制，人教版教科书中制取蒸馏水用的是简易装置，从科学素养培养的角度考虑，应该让初中学生认识规范的蒸馏装置。部分版本教科书没有给出蒸馏装置，如北京版、鲁教版和沪教版教科书；科粤版、科普版教科书虽给出了蒸馏装置，但缺乏详细的操作步骤。

科粤版教科书将水过滤后进行蒸馏。教科书中相关内容如下：

▶ 蒸馏法

【实验 4-4】 将前述过滤法所得的水倒进图 4-11 所示蒸馏装置的蒸馏烧瓶中，加热，使水沸腾变成蒸汽，再冷却凝结成水，这样制得的水，叫蒸馏水，它是一种纯净水。

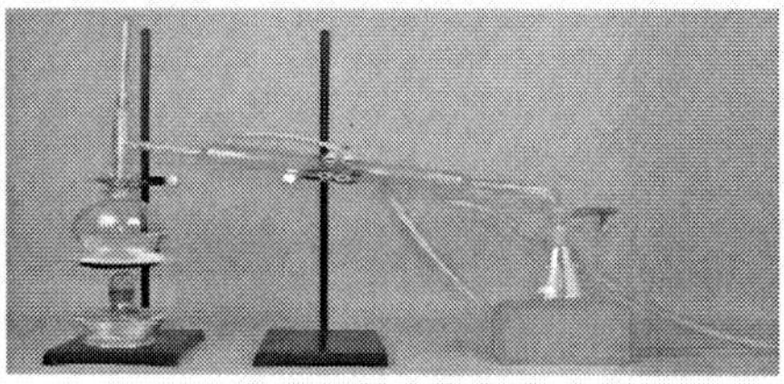

图 4-11　水的蒸馏

科普版教科书介绍了制取蒸馏水的原理及装置。教科书中相关内容如下：

长期饮用硬水对身体不利，因此，我们必须将硬水软化。在日常生活中，我们可以通过煮沸水的方法降低水的硬度。如要进一步制备纯水，可以通过蒸馏的方法（如图 2-21），即将自来水加热变成水蒸气然后冷凝得到比较纯净的水。

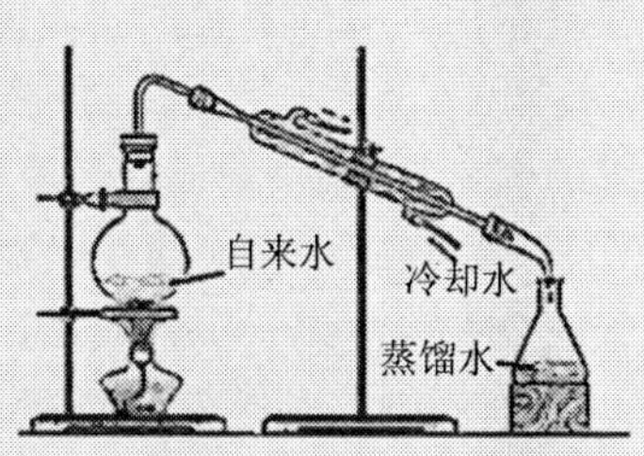

图 2-21 实验室制取蒸馏水的装置

鲁教版教科书中实验操作简单，节约实验时间。教科书中相关内容如下：

实验探究 8-1

蒸馏法淡化海水

想一想：用什么方法能除去海水中的盐，得到淡水？

实验用品：酒精灯、试管、单孔橡皮塞、玻璃导管、铁架台（带铁夹）、胶头滴管；食盐水、硝酸银溶液。

实验步骤：

（1）按右图所示组装仪器，并检查装置的气密性。

（2）向大试管中加入约 5~10 mL 食盐水，塞好橡皮塞，用酒精灯加热。观察现象。

（3）向小试管里的冷凝水中滴加几滴硝酸银溶液，观察现象（已知氯化钠溶液能与硝酸银溶液反应，产生白色沉淀）。

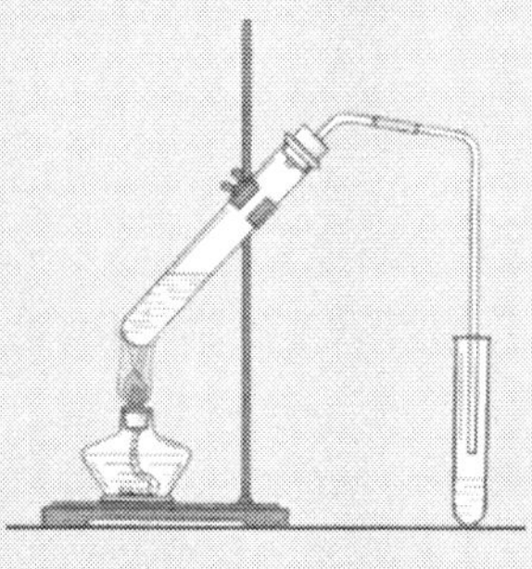

思考：为使水蒸气的冷凝效果更好，可对实验装置做哪些改进？

北京版教科书中讲解了用蒸馏法除去水中的高锰酸钾，并介绍了太阳能海水淡化装置。教科书中相关内容如下：

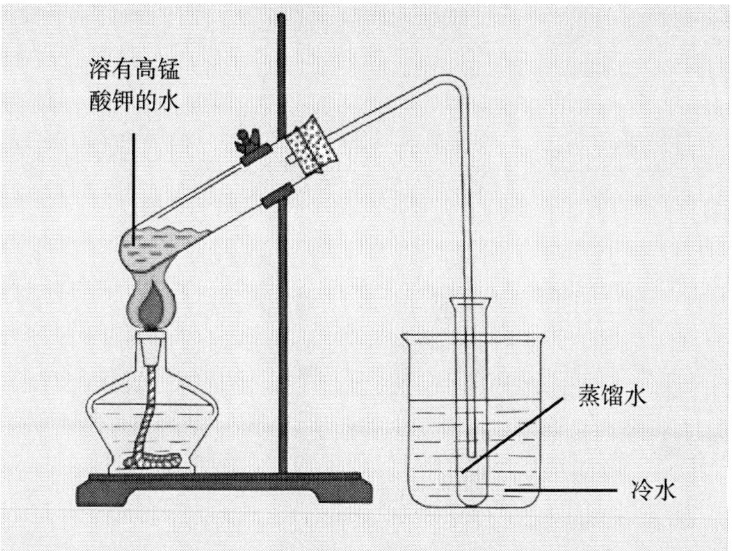

图 4-2　蒸馏法除去水中的高锰酸钾

蒸馏法

太阳能海水淡化装置利用的就是蒸馏法。当太阳光透过玻璃顶棚射入盛在黑色石槽中的海水时，海水温度不断升高并变成水汽，水汽在倾斜的玻璃顶棚上凝结成水珠流入水槽，并汇集在水管中。只要及时把浓缩的海水换成新鲜的海水，淡水就可以不断流出。

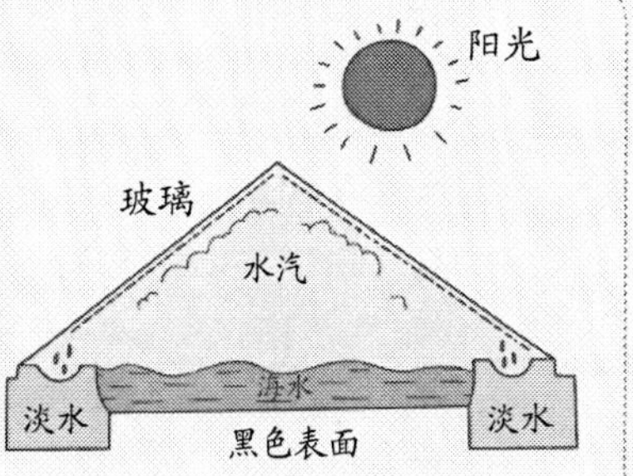

图 4-15　太阳能海水淡化装置

沪教版教科书简单介绍了制取蒸馏水的方法。具体内容如下：

> 如需制备更纯净的水，可用蒸馏的方法。在实验室里，通常采用特定的实验装置，加热自来水至沸腾，再将水蒸气冷凝，收集得到蒸馏水。

二、功能探析

制取蒸馏水是从化学的视角认识生活中的水，了解水的净化方法。蒸馏是中学化学中一个重要的实验，是物质分离和提纯的一种常见手段，也是海水淡化的一种重要方法。学习制取蒸馏水可以为高中学习海水淡化打下良好基础，同时使学生在化学学习中进一步体会化学对改善我们生活的重要性，体会化学知识的价值。

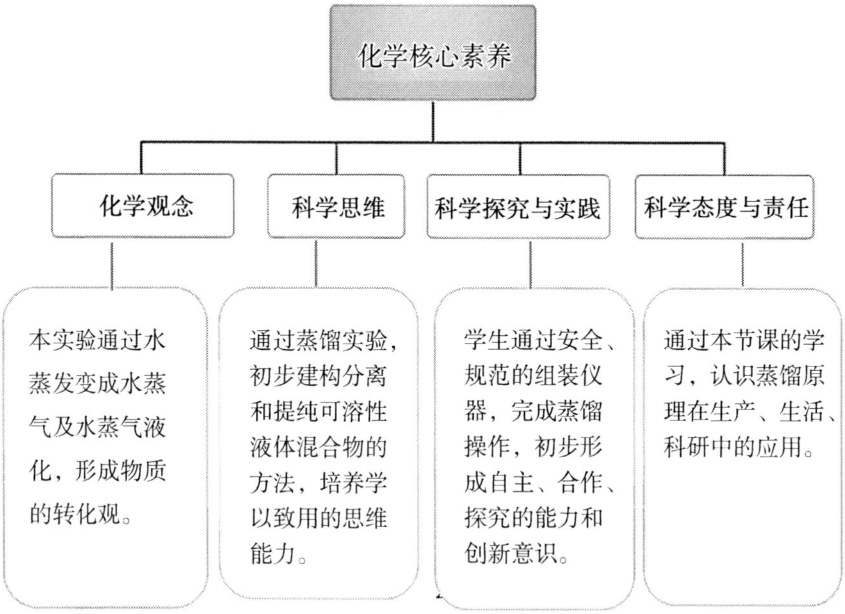

三、教学策略

1. 保证实验成功的策略

制取蒸馏水是净化水的方法之一。有条件的学校可以按照实验室常用的蒸馏装置进行演示实验。由于实验室常用的蒸馏装置复杂，实验用时较长，部分学校受实验条件等的限制，制取蒸馏水实验一般采用简易装置。建议在教学中结合蒸馏原理的讲解，向学生介绍实验室常用的蒸馏装置，提前录制实验视频，让学生认识规范的蒸馏操作。教学流程如下：

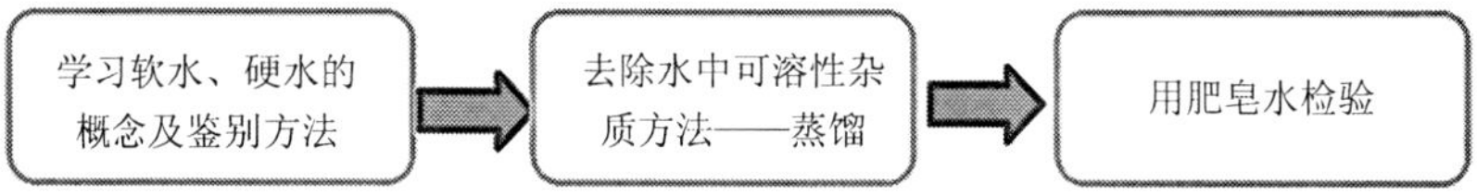

2. 实验优化策略

改进制取蒸馏水的装置

改进装置如图 4-25 所示。

【实验用品】

试管、烧杯、单孔橡皮塞、导管、酒精灯、铁架台、自来水。

【实验操作步骤】

(1) 按照装置图组装实验装置并检查装置的气密性。

(2) 在大试管中加入约 1/3 容积的水和几片碎瓷片。将长玻璃导管一端插入洁净的试管中，导管末端应该距试管底部 2～3 cm。把试管放入盛有冷水的烧杯中。

(3) 用酒精灯加热大试管中的水至小试管里有蒸馏水生成。

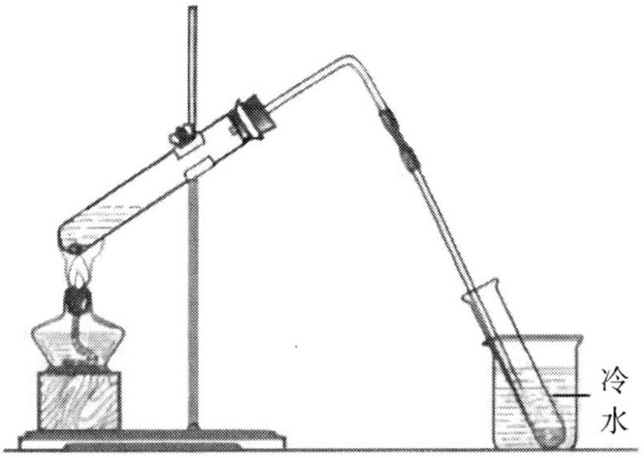

图 4-25　改进的自制蒸馏水装置

家庭制取蒸馏水的方法

【实验用品】

蒸锅、小碗、冰块或者冷水袋等。

【实验步骤】

(1) 在锅里放一个耐热、结实的碗，在锅内倒入一定量的水，确保碗不到处漂，将锅盖倒放在锅上。

(2) 加热锅中的水，等到稍有蒸汽时，将冰块或者冷水袋放在锅盖上。上升的水蒸气在锅顶遇冷凝结成水珠，滴落到锅中的碗里即得到蒸馏水。

3. 注意事项

(1) 实验时要在烧瓶中加入几粒沸石或碎瓷片，防止液体暴沸而冲进导管。

(2) 导管要适当长些，兼作冷凝管用。

(3) 温度计水银球在蒸馏烧瓶支管口的位置，测得的温度是馏出物的温度。

(4) 开始蒸馏出的部分液体要弃去。

(5) 此实验装置只能说明蒸馏的原理，并验证用蒸馏方法可以去除液体中的杂质，而不能用于大量制取蒸馏水。

(6) 冷水应从下部流入冷凝管，可以使管内充满冷水且停留较长时间，然后从上面流出，使热的水蒸气得到充分冷凝。

(7) 蒸馏方法最易去除的是蒸气压极低的无机和有机盐类。这种蒸馏分为两种情况：一种情况是液体里含有不挥发性杂质，通过蒸馏把混在液体里的杂质去除，这种蒸馏是比较简单的；另一种情况是把可以互溶且都具有挥发性的两种或几种液体组成的溶液，用蒸馏方法分离，这种蒸馏就比较复杂了，必须经过反复蒸馏和冷凝(称为精馏或分馏)，才能将溶液分离成纯组分。

下篇

实验教学典型案例及其评析

第五章　物质性质与应用类实验教学典型案例及其评析

第1节　二氧化碳性质的探究

教学设计

【内容分析】

二氧化碳是中学化学中继氧气之后的又一种重要气体，本节课的学习内容以二氧化碳的性质和用途为主。本节教学可以以问题为导向，充分调动学生的学习积极性，通过开展科学的实验探究活动，体验科学探究的一般过程和方法。在此过程中运用比较、分析等科学方法，基于实验事实进行证据推理，推测、归纳二氧化碳的性质，既发展了学生的科学思维和科学探究能力，也有助于建立“物质性质决定用途”的化学观念。同时，妙趣横生的实验活动可以激发学生对物质世界的好奇心、想象力和探究欲，使学生保持对化学学习和科学探究的浓厚兴趣。

【学情分析】

二氧化碳与日常生活联系非常紧密，学生在前期的学习中就有所接触，但对二氧化碳性质的认识较为零散，对性质和用途的关系也可能认识不够到位。学生在“氧气”的学习中已掌握了一定的学习方法，具备了一定的观察、分析、推理和语言表达能力，能够设计简单的化学实验方案。然而，学生有时看问题多停留于表面，缺乏深思的习惯，实验的动手能力也较弱，尚未具备较强的自主探究能力。

【教学目标】

(1) 通过实验探究活动，进一步加深学生对科学探究一般过程和方法的认识，培养学生证据推理的科学思维和以实验为主的科学探究能力。

(2) 通过实验探究活动，推理和归纳二氧化碳的性质，建立用途体现性质、性质决定用途的化学观念。

【评价任务】

针对目标(1)，根据要探究的问题，能提出合理的猜想；通过师生的交流讨论，设计并实施实验；收集证据，得出有关二氧化碳性质的合理结论。

针对目标(2)，以思维导图的形式梳理二氧化碳常见性质与用途的关系，对小组代表的汇报成果进行评价。

【教学过程】

环节	教师活动	学生活动	设计意图
一、畅所欲言，导入新课	提问：上一节我们学习了二氧化碳的制取，制出的二氧化碳在日常生活中有哪些常见用途呢？ 追问：我们之前学习过物质的性质与用途的关系，大家提到的上述应用中体现了二氧化碳的哪些性质呢？ 过渡：俗话说“眼见为实，耳听为虚”，咱们通过实验来验证一下吧！	回答：灭火、制汽水、人工降雨等。 回答：二氧化碳不支持燃烧等。	联系生活实际，激发学生学习的兴趣，同时为本节课后续的学习创设问题情境。
二、师生合作，探究二氧化碳的性质	任务1　检验二氧化碳是否有助燃性，比较二氧化碳的密度与空气的密度的大小。 实验：将提前固定在烧杯中的一高一低两根蜡烛点燃，将二氧化碳气体慢慢倒入烧杯中。 提问：你观察到什么现象？这种现象说明二氧化碳具有什么性质？ 追问：氮气不可燃，也不助燃，为什么氮气不常用于灭火？	观察并思考 1. 现象：两支蜡烛自下而上，依次熄灭。 2. 结论： (1) 二氧化碳不助燃，也不可燃； (2) 二氧化碳的密度比空气的大。 交流讨论：因为氮气的密度比空气略小，难以使根部的火焰熄灭。	培养学生观察实验现象和联系实际生活经验，进行证据推理、分析总结的能力，强化物质的用途体现性质、性质决定用途的化学观念。
	任务2　检验二氧化碳能否溶于水。 提问：刚才还有同学提到了二氧化碳可用来制汽水。汽水中有水和二氧化碳，二氧化碳能溶于水吗？ 引导：可以根据什么现象判断物质能溶解在水中？	回答：能，选择二氧化碳的收集方法时，教科书中的上一节介绍过。 回答：可以根据被溶解物质的量减少来判断。	通过实验探究，体会科学探究的一般过程，从问题出发，进行猜想和假设，设计并实施实验；通过观察和实验等方法获取证据，基于证据进行分析、推理，并最终形成结论。

续表

环节	教师活动	学生活动	设计意图
	追问：二氧化碳无色无味，基于上述思路，我们该如何设计实验证明二氧化碳溶于水呢？ 实验：向一个收集满二氧化碳的质地较软的塑料瓶中加入约1/3体积的水，立即旋紧瓶盖，振荡。 资料：在通常情况下，1体积的水能溶解约1体积的二氧化碳，增大压强会溶解得更多。	交流讨论，提出思路：可以通过密闭容器中压强的变化，证明二氧化碳减少了。 观察并思考：塑料瓶变瘪了，说明瓶内的气压变小，二氧化碳能溶于水。 阅读资料：定量感知二氧化碳在水中的溶解能力。	
二、师生合作，探究二氧化碳的性质	任务3 检验二氧化碳是否与水反应。 提问：生产汽水等碳酸饮料就是利用了二氧化碳能溶于水的性质。汽水为何常被称为碳酸饮料呢？碳酸从何而来？二氧化碳溶于水的过程中，有没有发生化学变化呢？ 引导：结合化学变化的基本特征，请大家思考：如何证明物质之间发生了化学变化？ 资料：石蕊是一种色素，遇酸变红。 实验：分别向醋酸、稀盐酸和二氧化碳的水溶液中加入紫色石蕊溶液，紫色石蕊溶液均变成红色。 追问：二氧化碳的水溶液中，使石蕊变红的究竟是何种物质？	倾听、思考、猜想：二氧化碳与水反应生成碳酸。 思考并交流：证明有新的物质生成。 观察并思考：石蕊溶液确实遇酸变红，也说明二氧化碳的水溶液为酸性溶液。 猜想：①水，②二氧化碳，③二氧化碳与水反应生成的新物质。	利用科学探究的一般思路和方法解决实际问题，并学习对比实验和控制变量的实验设计方法，分析实验现象，归纳二氧化碳的性质，得出科学结论。

续表

环节	教师活动	学生活动	设计意图
二、师生合作，探究二氧化碳的性质	提问：探究二氧化碳能否使石蕊变红时，能否将二氧化碳通入石蕊溶液中？ 启示：我给大家准备了石蕊溶液染成的紫色干燥纸花。整个实验该如何设计？ 指导实验：指导操作，答疑解惑。 总结：二氧化碳与水反应生成的新物质是碳酸。 提问：碳酸具有哪些性质呢？ 实验：将变红的石蕊纸花取出，小心地用吹风机烘干。	回答：不能，既然要探究二氧化碳本身能否使石蕊变红，就不能让二氧化碳接触到水，应该用干燥的石蕊。 交流讨论，得出实验方案。 1. 向一朵干燥的紫色石蕊纸花上喷水，观察纸花的颜色变化； 2. 另取一朵干燥的紫色石蕊纸花直接放入盛满二氧化碳的集气瓶中，观察纸花的颜色变化； 3. 再取一朵干燥的紫色石蕊纸花，先喷上水，再放入盛满二氧化碳的集气瓶中，观察纸花的颜色变化。 分组实验：依据实验方案，认真操作，细心观察，详细记录，分组讨论，得出结论：水和二氧化碳均不能使石蕊变红，它们发生化学反应生成了一种新的物质，这种新物质可使石蕊变红。 观察并思考：红色石蕊纸花被烘干后重新变成紫色，说明碳酸不稳定。	

续表

环节	教师活动	学生活动	设计意图
二、师生合作，探究二氧化碳的性质	任务4　检验汽水中是否含有二氧化碳。 提问：碳酸很不稳定，容易分解成二氧化碳和水。怎样用实验证明碳酸饮料（如汽水）中含有二氧化碳？ 实验：打开一个汽水瓶的盖子，塞上带导管的橡皮塞，导管的另一端插入澄清石灰水中，轻轻振荡汽水瓶。 补充讲解：二氧化碳与氢氧化钙的反应还可以用来制造轻质碳酸钙，用作补钙剂和牙膏摩擦剂等。	交流讨论，提出思路：将汽水中的气体导出，利用澄清石灰水进行检验。 观察并思考：汽水瓶中有气泡产生，澄清石灰水变浑浊，说明汽水中有二氧化碳。 倾听：了解二氧化碳在生活中的一些应用场景。	学以致用，利用所学知识设计实验方案，解决生活中的简单问题，激发学生对化学学习和科学探究的兴趣。
	任务5　理解干冰用于人工降雨的原理 提问：固态的二氧化碳叫作干冰，可用于人工降雨，这是利用了二氧化碳的什么性质呢？请大家阅读教科书中相关内容，寻找答案。	阅读并回答：干冰易升华，吸收大量的热，可使空气中的水蒸气迅速冷凝成水滴，于是就开始下雨了。	培养学生从资料中提取和加工信息的自主学习能力。
三、课堂小结，畅谈收获	提问：请同学们归纳二氧化碳的主要性质和用途。这些性质和用途之间有何关联？	小组讨论，画思维导图，交流汇报： 1. 常温下二氧化碳为无色、无味气体，固体二氧化碳叫作干冰。干冰可作制冷剂，用于人工降雨。 2. 密度比空气大，不助燃，也不可燃，可用来灭火。 3. 能溶于水，也能与水反应，可用于制汽水。 4. 还能与氢氧化钙反应，可用于二氧化碳的检验、制造补钙剂等。	通过对零散知识进行梳理，培养学生归纳知识的能力，引导学生建立起对二氧化碳性质和用途的整体认知，并深化对“性质决定用途”的理解。

案例点评

【亮点】

该教学设计特别突出各环节与学科素养的结合，对学生形成化学观念、发展科学思维（如证据推理）有着积极的引导作用。在二氧化碳的性质实验的探究上，特别注重学生自主探究意识和探究思维的培养。二氧化碳溶于水和二氧化碳与水反应这两个实验之间存在关联性和差异性，在实验探究方案的设计上既有递进的关系，又有控制变量的方法的应用，并在此基础上进一步探究了碳酸的性质和验证了汽水中有二氧化碳，构成了一个探究实验和知识认知的圆环结构。

【建议】

如果添加上二氧化碳在光合作用中的转移途径、二氧化碳与碳的反应，学生对二氧化碳性质的认识就更完整。

第 2 节　金属的物理性质和化学性质

教学设计

【内容分析】

本节课旨在通过实验探究加深对金属性质的认识。具体内容上，物理性质主要是硬度和导电性等，化学性质主要是金属能与氧气、酸、金属化合物溶液发生反应，侧重于对金属活动性顺序的探究、理解和应用。

这节课重在培养学生研究一类物质性质的思路与方法，内容安排主次分明、重点突出。实验探究部分既是课标中对金属性质的要求的重要组成部分，也是学生突破金属性质相关难题的有效途径。同时，本节课的实验也充分体现了化学与生活的关系。

【学情分析】

通过上册的学习，学生已经熟悉了科学探究的一般环节，对设计实验常用的方法，比如分类、对比、控制变量等有较好的理解。但是，由于上册的实验主要是围绕氧气、二氧化碳等气体的性质的研究，金属性质的探究与它们有着不一样的角度和思路，所以这部分实验探究既开拓了学生的思路，又提高了学生实验探究能力。本节课的实验探究，旨在提高学生实验设计能力，学会一类物质的性质的研究方法，从化学思维、科学探究、学科态度与精神等方面提升化学学科素养。

【教学目标】

（1）知道金属具有一些共同的物理性质，但不同金属也有不同的个性。

（2）通过实验探究等活动认识常见金属的主要化学性质及金属活动性顺序，能依据规律推测常见金属的性质。

(3) 通过实验初步探究金属与酸反应的速率与哪些因素有关，能根据实验探究过程进一步丰富实验设计的思路与方法。

【评价任务】

针对目标(1)，提供不同的金属标本，让学生提前准备生活中常用的一些金属制品，如小剪刀、铝箔、铜丝等，进行分组讨论，先从金属的颜色、状态、光泽等角度进行总结，然后比较多种合金与纯金属的硬度，最后设计实验探究金属的导热性和导电性(结合物理实验中的电路设计，体现跨学科实践活动)，并汇报、展示小组的成果，包括实验方案、现象、结论，对小组代表的汇报进行评价。

针对目标(2)，通过实验探究，总结归纳金属的化学性质，以表格或思维导图的形式呈现金属与氧气、金属与酸、金属与盐溶液的反应，总结金属的化学性质，将其与金属活动性顺序表的应用结合起来，对小组代表的汇报成果进行评价。

针对目标(3)，设计实验探究金属与酸反应的速率和哪些因素有关，主要从金属的活动性、金属与酸的接触面积、酸的浓度这三个角度进行实验探究，通过实验设计进一步理解控制变量的实验设计手段。

【教学过程】

环节	教师活动	学生活动	设计意图
环节一：金属的展示与观察	教师展示几种金属标本，从颜色、状态、光泽等角度引导学生观察和总结。 提问：是不是所有的金属都具有这些物理性质呢？	学生先通过对标本的观察总结出金属通常具有银白色、固态、有金属光泽等共同的物理性质。 回答：铜是紫红色；金是金黄色；汞在常温下是液态；铁粉是黑色，而铁块是银白色。	使学生知道认识一类物质的共性具有很重要的意义，进而能从共性到个性逐步深入地了解物质的性质。
环节二：学生分组进行观察、讨论，就每个同学自己准备的金属制品的性质及用途进行观察和分析	引导学生分小组进行观察、分析，寻找金属制品的物理性质及其与用途的内在关系。	分享自己准备的各种金属制品，小组内通过观察讨论，能得出金属的物理性质、金属的产量及价格等都和金属用途有着深刻的内在关系。	进一步形成“物质性质决定用途”的学科观念，认识到化学与生活的密切关系。

续表

环节	教师活动	学生活动	设计意图
环节二：学生分组进行观察、讨论，就每个同学自己准备的金属制品的性质及用途进行观察和分析	分配任务：1～4小组设计实验探究合金和纯金属的硬度；5～8小组设计实验探究金属的导热性；9～12小组探究金属的导电性（提前提醒学生带物理学具盒）。	小组进行实验，专人记录实验现象，合作讨论得出实验结论，小组代表进行展示和说明。 1～4小组：通过黄铜片和纯铜片、铝片和硬铝片互相刻划，发现纯铜片和铝片上留下划痕，说明一般合金的硬度比组成该合金的纯金属大。 5～8小组：加热铁丝的一端，过一会儿感觉另一端也发热；换成铜丝做相同的实验，现象也相同。这说明金属一般有良好的导热性。 9～12小组：将一根铜丝表面打磨后接入一个有灯泡的电路中，闭合开关，灯泡变亮；将铜丝换成铁丝或铝丝，灯泡也能变亮。这说明金属一般有良好的导电性。	金属导电性的实验将物理和化学结合起来，具有跨学科学习的实践意义；金属良好的导热性与炊具的使用，也将学科知识和生活联系起来。
环节三：探究金属的化学性质	提问：我们之前学习过的金属与氧气的反应有哪些？这些反应的难易和剧烈程度如何？ 老师拿钠作为非常活泼的金属代表，用小刀切一小块钠，展示其切面，引导学生观察切面在空气中很快由银白色、有光泽变成白色并失去光泽。将其投入一个盛有水的烧杯中，观察现象。 提问：金属钠应该怎么保存？	书写金属镁、铁、铜、铝等和氧气反应的方程式，回顾各反应的现象，判断金属和氧气反应的情况与金属活动性之间是否存在相关性。 展示方程式。 回答反应现象。 判断钠的活动性很强，能与氧气反应，与水反应。 通过比较说明金属越活泼，越容易和氧气发生反应。 回答：为了隔绝空气、隔绝水，可以将钠保存在煤油中。	认识金属与氧气反应和金属活动性之间的关联性，学会通过证据推理得出实验结论，形成从表象到本质的认识路径。 理解“物质性质决定用途”，知道钠的保存方法。

续表

环节	教师活动	学生活动	设计意图
环节三:探究金属的化学性质	提问:不同的金属都能与酸反应吗?反应的剧烈程度是否相同呢? 提问:在金属活动性顺序表中,铝在锌之前,铝和锌与盐酸反应,前期的剧烈程度与活动性相符吗?为什么? 铝制炊具是否可以用钢丝球刷洗?为什么?	分组实验:将打磨后的镁、铝、铁、锌、铜分别和稀盐酸混合,观察现象,小组讨论,得出反应与否及剧烈程度和金属活动性顺序的关系。 学生回答:铝的表面有致密的氧化物薄膜,刚开始铝和盐酸反应不如锌和盐酸反应快,但是过一会儿,铝和盐酸反应速率明显提高。 铝制炊具不能用钢丝球刷洗,以免除去氧化物薄膜,使其失去保护层而容易被腐蚀。	金属活动性顺序的应用之一:用于判断金属和酸是否发生反应。 知道理论和实际之间可能会有差距,要勇于质疑,善于分析,要尊重事实,并且学以致用。
	提问:金属和其他种类的金属的盐溶液之间是否能反应?	分组实验:铝丝和硫酸铜溶液,铜片和硝酸银溶液,铁丝和硫酸铜溶液,铜片和硫酸锌溶液。通过对实验过程的分析,思考此类反应发生需要满足的条件,总结金属与盐溶液发生反应的规律。	金属活动性顺序的应用之一:用于判断金属和盐溶液是否发生反应,知道比较金属活动性的方法。
环节四:探究影响反应速率的因素	在上一个环节中,我们发现,不同的金属与酸反应的剧烈程度是不同的。那么,此类反应的速率和哪些因素有关呢?	通过讨论,答出各种猜想:金属本身、酸的浓度、金属和酸的接触面积、温度等因素。	使学生体会科学探究中猜想的环节对后续实验设计的决定性影响,知道猜想需要的科学性、合理性和验证的可行性。

续表

环节	教师活动	学生活动	设计意图
环节四:探究影响反应速率的因素	提问:如果想通过实验设计证明某一种因素的影响,我们该如何设计实验呢?	先分小组讨论,合作设计出不同的实验验证方案,然后进行实验操作,通过观察现象,得出结论,改进实验设计,小组展示。 1～4 组:将铁丝和铁粉分别投入 5%稀盐酸中,发现铁粉和盐酸反应更快,说明(在其他条件相同时)金属与酸的接触面积越大,反应越快。 5～8 组:将铁丝分别投入 5%和 10%稀盐酸中,发现在 10%盐酸中反应更快,说明(在其他条件相同时)酸的浓度越大,反应越快。 9～12 组:将相同大小的镁带和铁片分别投入 5%稀盐酸中,发现镁和盐酸反应更快,说明(在其他条件相同时)金属的活动性越强,反应越快。	知道控制变量是一种常用的实验设计手段,知道各实验中的变量分别是什么。 能利用控制变量设计实验,并进行实验操作;能根据现象分析得出结论;会用准确的语言进行描述和交流。
环节五:课堂小结	今天我们通过实验探究进一步了解金属的物理性质和化学性质。大家都有哪些收获或者新发现呢?	学生发言,课后以实验报告的形式书面总结。 1. 金属的活动性越强,越容易和氧气反应。 2. 在金属活动性顺序表中,位于氢前面的金属,能和盐酸、稀硫酸反应。 3. 位置靠前的金属能把位置靠后的金属从其盐溶液中置换出来。 4. 金属与酸反应的速率和金属的活动性、酸的浓度、金属与酸的接触面积等因素有关。 学生提出:铁和酸反应或铁和硫酸铜反应都是生成亚铁的化合物。那么,怎么生成三价铁的化合物? 铁和硫酸铜溶液反应时为什么有少量气泡产生?	培养学生善于总结的习惯和能力;培养学生善于观察、勇于质疑的学习态度和科学精神。

案例点评

【亮点】

(1) 本节课基于课程标准，教学目标指向明确，具有层次性和逻辑性。

(2) 学习任务具有挑战性，能驱动学生展开学习；学生在科学探究中进行实验方案的设计和实验探究思路与方法的提炼；课中关键问题能促进学生进行深度学习和完成学习任务，促进知识结构的构建和知识的迁移应用。

(3) 学习方式选择适切，有独立学习、讨论探究、分享展示等多种学习方式，彰显学生主体地位，充分体现了“教—学—评”一体化的教学理念。

【建议】

(1) 这个课题可以分为 2 个课时进行，这样学生实验探究进行得比较充分，对知识的理解比较深入透彻，目标达成度高。

(2) 对金属的物理性质的探究还可以扩展到更多的物理性质，比如熔点、延展性。

第 3 节　常见酸、碱的化学性质

教学设计

【内容分析】

本节课让学生认识酸、碱能与指示剂作用的性质，从而初步体现酸和碱作为不同类物质具有不同的性质，使学生对酸和碱的性质有一些初步的了解。在此基础上，具体介绍了几种常见酸和碱的性质，并通过学生总结的方式，简单归纳酸和碱各自具有的化学性质。

【学情分析】

对于酸和碱，在已有的生活经验和以往的学习过程中，学生已经接触到这两类物质，对它们已经有了零散、初步的认识。关于酸，学生已有的认识有：调味品食醋中有醋酸；在学习“二氧化碳的性质”时，学生通过实验发现稀醋酸能使紫色石蕊溶液变红，二氧化碳与水反应生成的碳酸也能使紫色石蕊溶液变红；在学习“能源的开发和利用”时，曾经用稀硫酸与锌反应制取氢气；在学习“金属的化学性质”时，学生通过实验了解到稀盐酸和稀硫酸分别与镁、锌、铁等金属反应的异同。关于碱，学生已有的认识有：在学习“二氧化碳的性质”时，学生知道二氧化碳能使澄清石灰水变浑浊的反应原理；在学习“溶解时的吸热或放热现象”时，学生认识了固体氢氧化钠溶于水的放热现象；在学习“溶解度”时，学生知道了石灰水中的溶质是氢氧化钙，氢氧化钙的溶解度随温度升高而降低。上述有关酸和碱的零散知识，是学生进一步学习酸和碱的基础。

在学习本课题时，学生可能会遇到的困难有：酸和碱的知识，内容零散、细碎，涉及物质种类、名称、化学式、化学方程式和反应类型等。这些内容会给学生的学习带来一定的困难。如何将零散的知识纳入合理有序的系统中，运用怎样的方法来学习这些零散的知识，将成为克服上述学习困难的关键。

【教学目标】

1. 课程标准相关要求

以盐酸、硫酸、氢氧化钠和氢氧化钙为例，通过实验探究认识酸、碱的主要性质和用途；了解检验溶液酸碱性的基本方法，知道酸碱性对人体健康和农作物生长的影响；了解食盐、纯碱、小苏打和碳酸钙等盐在日常生活中的应用；知道一些常用化肥及其在农业生产中的作用。

2. 学习目标

(1) 通过魔术情境和实验活动，加深对酸和碱主要化学性质的认识。

(2) 通过实验总结归纳酸和碱的化学性质。

【评价任务】

针对目标1，提供不同的实验药品，让学生分组进行探究活动，相互合作，并汇报、展示小组的成果，包括实验方案、现象，书写化学方程式，对小组代表的汇报进行评价。

针对目标2，通过实验探究，总结归纳酸和碱的化学性质，对小组代表的汇报成果进行评价。

【教学过程】

环节	教师活动	学生活动	设计意图
环节一：情境引入	魔术情境1：实验桌上有A和B两种无色溶液，分别取少许倒入A和B两个小烧杯中。先把B烧杯中的溶液倒入锥形瓶中，振荡后倒回小烧杯中，无明显现象。再把A烧杯的溶液倒入锥形瓶中，振荡后倒回小烧杯中，也没有明显变化。接着再把B烧杯中的溶液倒入锥形瓶中，振荡后，溶液变成了红色。 问题：烧杯中红色的溶液是什么呢？初中化学学习中，什么溶液本来无色，反应后能变成红色？说出你的判断依据。	思考：回顾初中阶段学过的红色物质，如高锰酸钾溶液、遇到碱性溶液的酚酞等，B烧杯中的溶液一定不是高锰酸钾溶液，因为高锰酸钾溶液本来就是红色的，所以B烧杯中的溶液可能是变红的酚酞溶液。	通过溶液变色的实验，吸引学生的眼球，引起学生的注意，让学生以热情、主动的状态参与到本节课的学习、探究中，从而提高学习效率，活跃课堂气氛。

续表

环节	教师活动	学生活动	设计意图
环节二：酸的化学性质	追问：酚酞溶液在哪个烧杯中？A还是B？为什么？ 活动1：实验用品有稀盐酸、稀硫酸、氢氧化钙溶液、氢氧化钠溶液、紫色石蕊溶液、酚酞溶液。 实验1：比较酸和碱与指示剂的作用。 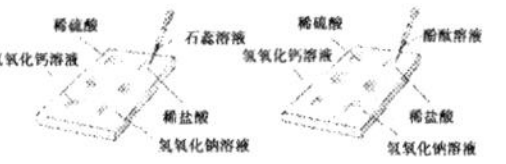 小结：紫色石蕊遇酸变红，遇碱变蓝；酚酞遇碱变红，遇酸无明显变化。 魔术情境2：取魔术情境1中的A溶液样品，加入锌粒，发现冒气泡，锌粒逐渐消失。 问题：初中阶段学习的哪一类物质能和锌粒反应冒气泡？如何证明？ 追问：硫酸可以吗？ 问题：请写出化学方程式。 活动2：实验用品有生锈的铁钉、稀盐酸、试管。 实验2：取两个生锈的铁钉放入两支试管中，然后加入约2 mL稀盐酸，观察现象。当观察到铁钉表面的锈去掉，铁钉变得光亮时，将其中一支试管中的铁钉取出，洗净。继续观察另一支试管中的现象。过一段时间将铁钉取出，洗净，比较两个铁钉。 问题：请写出相关化学方程式。 小结：酸可以和金属氧化物反应生成金属化合物和水。	讨论：学生讨论后得出结论：A烧杯中的溶液可能是酸和酚酞的混合液，B烧杯中的溶液是碱性溶液。 小组活动：进行实验。 实验现象：紫色石蕊遇稀盐酸、稀硫酸均变红，遇氢氧化钙溶液、氢氧化钠溶液均变蓝；酚酞遇氢氧化钠溶液、氢氧化钙溶液均变红，遇稀盐酸、稀硫酸均无明显变化。 学生：盐酸。 学生：硫酸也可以。 书写方程式： $Zn + 2HCl = ZnCl_2 + H_2\uparrow$ $Zn + H_2SO_4 = ZnSO_4 + H_2\uparrow$ 小组活动：分组实验，观察现象。 A、B两支试管中的铁钉表面的锈均消失；B试管中的铁钉继续放在稀盐酸中，表面有气泡产生。 书写化学方程式： $Fe + 2HCl = FeCl_2 + H_2\uparrow$ $Fe_2O_3 + 6HCl = 2FeCl_3 + 3H_2O$	通过魔术实验情境2，进一步吸引学生的眼球，提高学生的兴奋度，进一步激发学生探究的欲望。通过让学生书写酸和常见金属反应的化学方程式，并通过化学方程式的梳理，分类得出酸的化学性质之一：与活泼金属发生化学反应。 通过活动，学生认识酸的化学性质之一——酸能和某些金属氧化物发生化学反应；同时，复习巩固活泼金属和酸的反应。

续表

环节	教师活动	学生活动	设计意图
	魔术情境 3：取魔术情境 1 中 B 烧杯里的溶液，请一个学生用玻璃管向其中吹气，澄清的溶液变浑浊了。		
	追问：B 烧杯中的溶液是什么？请说出反应原理。	回答：澄清石灰水。 书写化学方程式： $Ca(OH)_2 + CO_2 = CaCO_3 \downarrow + H_2O$	
	魔术情境 4：分别向系有气球的二氧化碳集气瓶中滴加等体积的水和氢氧化钠溶液，观察实验现象。 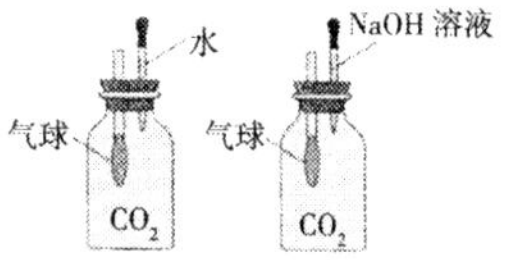 	观察现象：两个气球都变大，且滴加氢氧化钠溶液的集气瓶中的气球变大程度比滴加水的气球高。	通过魔术情境 3 认识碱的化学性质之一：碱可以与某些非金属氧化物发生反应。 氢氧化钠和二氧化碳的反应没有明显的实验现象。魔术情境 4 根据集气瓶中压强变化导致气球的体积变化，让学生直观感受到氢氧化钠和二氧化碳发生了反应。
环节三：碱的化学性质	追问：氢氧化钠能否与二氧化碳发生反应？请书写反应原理。 小结：碱可以和非金属氧化物发生反应。	回答：能。 书写化学方程式： $2NaOH + CO_2 = Na_2CO_3 + H_2O$	
	活动 3：向活动 1 中变红的酚酞溶液中，分别滴加稀盐酸，观察现象。	观察现象：溶液由红色变为无色。	
	要求：请说出反应原理。	回答：氢氧化钙和稀盐酸、氢氧化钠和稀盐酸均发生中和反应，碱被反应完，所以酚酞由红色变为无色。	
	问题：请写出相关化学方程式。 小结：酸和碱能发生中和反应。	书写化学方程式： $Ca(OH)_2 + 2HCl = CaCl_2 + 2H_2O$ $NaOH + HCl = NaCl + H_2O$	

续表

环节	教师活动	学生活动	设计意图
环节四：微型实验	活动4：实验药品有硫酸铜溶液、氢氧化钠溶液、稀盐酸。 实验3：在试管中加入约2 mL硫酸铜溶液，然后加入几滴氢氧化钠溶液，观察现象。然后再向试管中加入稀盐酸，观察现象。 问题：请书写相关化学方程式。 问题：通过魔术情境和小组实验，相信同学们对酸、碱的化学性质有了进一步认识。请以小组为单位总结归纳酸和碱的化学性质。 问题：在实验过程中，有的同学因取用药品过多而造成浪费，实验后要处理大量废液；实验用到的仪器和药品多，准备实验和实验后仪器的清洗及药品的归类要耗费大量的时间。因此，在进行实验的过程中，我们应该考虑哪些因素呢？	观察现象：硫酸铜溶液和氢氧化钠溶液发生反应，产生蓝色沉淀。 加入稀盐酸后，蓝色沉淀消失。 $2NaOH+CuSO_4=Na_2SO_4+Cu(OH)_2\downarrow$ $Cu(OH)_2+2HCl=2H_2O+CuCl_2$ 小组合作： 1. 酸可以和酸碱指示剂、多种活泼金属、某些金属氧化物以及碱发生反应。 2. 碱可以和酸碱指示剂、某些非金属氧化物以及酸发生反应。 思考：节约药品，实验用品生活化，装置微型化……	通过微型实验，拓展学生改进实验的思路。

续表

环节	教师活动	学生活动	设计意图
环节五：课堂小结	通过本节课的学习，同学们不仅认识了酸、碱的化学性质，在观察实验现象的同时，也提升了实验探究和科学创新能力，同时也增强了小组间的交流与合作，为大家点赞。		通过课堂小结，进一步对本节课的知识进行梳理归纳，构建知识网络图，培养学生的知识概括能力，体验化学物质关系之美，为第十一单元盐的学习做铺垫。
环节六：布置作业	请同学们课后利用生活中的废弃物品代替实验用品，设计探究酸、碱性质的实验装置。		利用生活中的物品，设计探究酸、碱性质的实验装置，不仅培养了学生的创新意识，同时也能增强学生的环保意识和社会责任感。

【板书设计】

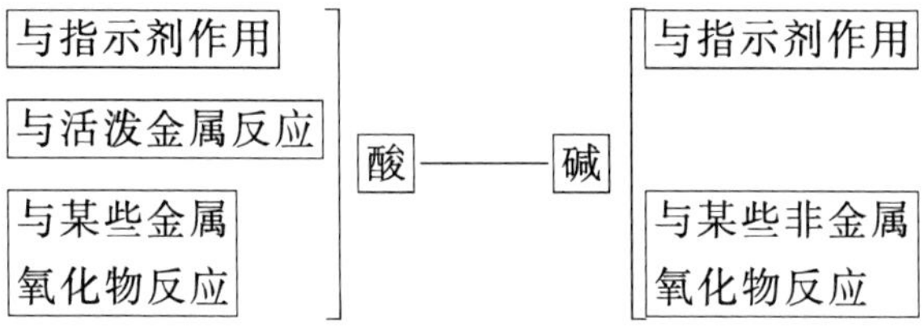

案例点评

【亮点】

（1）本节课通过魔术情境，结合学生已有的知识和生活经验，一步一步地进行了实验探究，有利于知识的学习，帮助学生逐步形成完整的知识网络。利用魔术情境，吸引学生的眼球，让学生主动参与到本节课的学习、探究中，从而提高学习效率，活跃课堂气氛。

（2）本节课的设计注重凸显学生的主体作用，在小组内部进行实验活动，通过实验探究，总结酸和碱的化学性质。

（3）本节课注重实验创新，利用生活中的物品组装微型实验装置，药品用量少，现象明显，便于回收废液，能增强学生的环保意识和社会责任感；同时，培养了学生的创新意识，也能加深学生对酸的化学性质和碱的化学性质的理解。

【建议】

(1) 建议将多媒体信息技术引入课堂，比如平板投屏技术，可同步展示学生的小组活动过程和老师的实验演示过程。

(2) 建议学生课后搜集生活中的用品，以小组为单位自制探究酸、碱化学性质的微型装置并进行展示和评比。

第六章　化学反应与规律类实验教学典型案例及其评析

第1节　探究铁钉生锈的条件

教学设计

【内容分析】

铁的锈蚀实验是初中化学"金属和金属材料"单元中的一个重要实验，它对学生了解铁生锈的条件、如何防止铁制品生锈，进而根据金属锈蚀的原因采取一定的措施防止金属锈蚀具有重要的意义。

【学情分析】

知识水平：金属生锈是学生身边习以为常的现象，学生已有在潮湿的环境中铁制品易生锈，以及在铁制品表面涂油、刷漆等可以防止铁生锈的生活经验，但对铁生锈的条件并不清楚。此外，学生已初步掌握化学实验的基本操作，具备一定的实验探究能力，在探究可燃物燃烧的条件实验中已学会用对比的方法分析实验。基于此，教师在教学过程中要充分挖掘学生的生活认知，将生活逻辑与教学逻辑紧密结合，引导学生猜想铁钉生锈的条件，基于猜想设计实验，进行科学探究。

心理特点：九年级的学生处于充满好奇、善于思考、善于质疑的年龄段。在教学过程中，通过教科书中的实验与改进实验的对比，对学生的思维产生强烈冲击，激发其求知欲望。

【教学目标】

(1) 通过实验探究，利用控制变量法了解铁钉生锈需要与水和氧气接触，且受酸性、碱性、盐溶液的环境及温度的影响，以此提高学生实验探究能力，培养创新精神。

(2) 学生依据真实生活情境——自行车的构件，了解防止金属生锈的简易方法，提高应用物质性质解决实际问题的能力。

(3) 学生通过搜集材料、查阅资料、讨论交流，知道废弃金属对环境的影响，认识保护金属资源的重要性及主要途径，培养学习化学的兴趣，树立珍惜资源、爱护环境、合理利用化学物质的观念。

【评价任务】

(1) 针对目标(1)，能够运用控制变量法设计出探究铁生锈的方案，了解铁生锈的条件。

(2) 针对目标(2)，能针对生活中金属锈蚀的实际问题找到合理的解决方案。

(3) 针对目标(3)，知道废弃金属对环境的影响，认识保护金属资源的重要性及主要途径。

【教学过程】

环节	教师活动	学生活动	设计意图
创设情境，导入新课	将生锈的铁钉带到课堂展示，并展示几幅生锈的金属物品的图片。 提问：铁制品为什么会生锈呢？生活中你观察到哪些铁制品生锈的现象？	讨论交流生活中观察到的铁制品生锈的现象，并分享自己对于现象的描述和解释。	畅所欲言所观察到的现象，通过分析现象得出结论，对发生的现象作出解释，基于学生已有认知对问题作出猜想。
学生实验	任务1：准备好铁钉、试管、煮沸的蒸馏水、橡胶塞、干燥剂、植物油等物品，接下来同学们四人为一组，根据以上猜想设计实验。 方法提示：注意对比实验中相同与不同的条件。 提问：煮沸的蒸馏水有何作用？氯化钙的作用是什么？ 课下观察一周，进行分析。	小组合作，基于猜想设计实验，小组代表讲解设计方案。 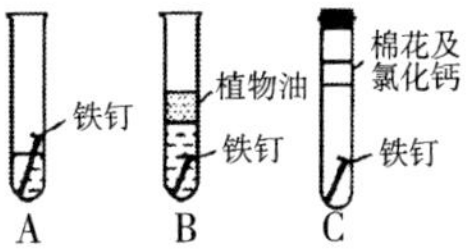	学生基于猜想设计实验，了解科学探究的步骤，发展科学探究的能力。
演示实验，拓展延伸	实验1：将洁净的铁钉放在干燥的试管中，管口塞上一团棉花，棉花团上放适量无水氯化钙，用橡胶塞密封试管口。 实验2：将洁净的铁钉全部浸没在盛满煮沸过的蒸馏水的试管中，用橡胶塞密封试管口。 实验3：把洁净的铁钉的一半浸入试管中 pH≈9.5 的稀氨水中，将试管敞口放置。	观察并记录试管中铁钉生锈的时间顺序，分析实验，思考与讨论。	通过实验为讲授铁钉生锈的条件这一反应规律提供直观认识。 课堂上学生即可观察到实验现象，加深对铁钉生锈条件的理解，拓展了铁钉生锈的影响因素。通过进一步设计实验方案，使学生在实验探究中发展分析、评价和创造的高阶思维。

续表

环节	教师活动	学生活动	设计意图
演示实验，拓展延伸	实验4:将洁净的铁钉的一半浸入试管中的蒸馏水里，将试管敞口放置。 实验5:将洁净的铁钉的一半浸入4%左右的食盐水里，将试管敞口放置。 实验6:将洁净的铁钉的一半浸入试管中pH≈4.5的稀醋酸里，将试管敞口放置。 把6支试管同时放入盛有150 mL、70 ℃左右的热水的250 mL烧杯中进行水浴加热，水浴加热3分钟后可观察到实验现象。 任务2:通过分析上述实验现象可以得出如下结论： (1) 铁钉锈蚀的必要条件是____________； (2) 促进铁钉锈蚀的因素是____________； (3) 减缓铁钉锈蚀的因素是____________。		
归纳总结，智能反馈	任务3:讨论与交流。 (1) 为了使月饼保鲜，月饼包装盒中常常放入一小袋黑色铁粉，其主要作用是什么？ (2) 比较吐鲁番盆地和海南岛两地，铁生锈相对较慢的地区是哪里？请说明理由。 (3) 根据铜绿的化学式 $Cu_2(OH)_2CO_3$ 分析铜生锈的条件。	思考：灵活应用所学知识。	使学生在真实的学习情境下将知识迁移运用，用所学的化学知识解决生活中的实际问题，认识到化学的重要作用。

续表

环节	教师活动	学生活动	设计意图
归纳总结，智能反馈	新知应用：了解了铁制品锈蚀的条件，现在我们来讨论防止铁制品锈蚀的方法。 (1) 展示自行车的图片。学生思考：自行车的构件如支架、链条、钢圈等，分别采取了什么防锈措施？ (2) 展示铁制品的图片，学生回答防止铁生锈的方法。 师生共同总结铁制品防锈蚀的原理和方法，教师介绍除铁锈的方法。		
交流讨论，素养提升	问题：对于金属资源，除了采取防止金属腐蚀的措施，还可以通过什么途径来保护金属资源呢？ 展示图片，据此估计一些矿物可供开采的年限。	学生阅读： (1)矿物可供开采的年限坐标分析图； (2)金属回收公司情况介绍； (3)废旧电池的污染； (4)保护金属资源的方法。 小组总结：保护金属资源。	通过查询资料和小组交流，让学生认识到矿物的储量是有限的，而且不能再生，引导学生树立珍惜资源、爱护环境、合理使用化学物质的观念。
课堂小结	学完本节课你有哪些收获？	学完本节课我的收获为： 知识层面我学会了…… 能力层面我掌握了…… 思维认知层面我懂得了…… 我还存在的疑惑……	引导学生从知识、能力、思维认知等方面进行回顾总结。

案例点评

【亮点】

(1) 以学生生活中熟悉的铁钉生锈现象引入，结合学生已有经验迅速拉近学生与化学的距离，使学生产生对铁生锈条件的探究欲望，并大胆猜想。通过创设真实情境，使学生运用所学知识解决化学实际问题，体会到化学学科的价值。

(2) 由学生设计实验，使学生体会科学探究的过程。该实验时间较长，教师可以改进实验，使学生在几分钟内观察到明显的实验现象，激发学生的探究兴趣。在实验探究中学生运用对比、分析、归纳等方法进行证据推理，得出铁生锈的条件。与教科书中的实验进行对比分析，可知改进实验不仅探究了铁钉生锈的必要条件，还探究了铁钉生锈快慢的影响因素，发展了学生分析、评价和创造的高阶思维。

(3) 通过实验探究，让学生理解实验设计原理，这有助于学生理解铁钉生锈的条件。通过自主阅读、探索交流，以及教师的思维点拨，学生提高了阅读能力、表达能力、小组合作能力。学生认识到铁生锈对生活的影响，从破坏铁生锈条件的角度思考保护金属的措施，形成节约资源、保护环境的意识，培养科学态度与责任素养。

【建议】

(1) 课堂容量较大，要结合学生的情况适当调整课堂容量。

(2) 改进实验较教科书中的实验略微复杂，需要在水浴条件下进行，涉及酸、碱、盐、温度四种影响铁钉生锈的因素，这无形中增加了学生理解的难度。

(3) 结合教学实际，教师加强引导，由教科书中的基础实验入手，逐步引导学生理解改进实验的目的，掌握对比实验的方法。改进实验也可用于单元复习课或主题复习课。

第2节　探究氢氧化钠溶液和稀盐酸发生中和反应时的pH变化

教学设计

【内容分析】

酸和碱之间能发生中和反应，而且中和反应在实际生产、生活中有广泛的应用。所以教科书没有简单地介绍酸和碱的性质，而是综合起来专门编成一个课题来说明。

学生已经学习了酸和碱的一些性质。本课题从最优实验方案直接入手，借助酚酞溶液指示反应物氢氧化钠的消失，间接证明氢氧化钠与盐酸确实发生了化学反应，从而提高了学生的实验探究及批判性思维能力；借助微观示意图分析反应后溶液中的物质，了解酸和碱反应的实质，帮助学生从宏观现象向微观解释转化，促进思维方式的转变；通过化学反应方程式的书写实现从微观解释向符号表达的转化，帮助学生从类别的角度初步建构盐与中和反应的概念，建立酸、碱、盐之间的联系，为第十一单元盐的学习及高中知识的学习奠定基础，起到承上启下的作用；通过对酸和碱性质的总结，建立“同类物质在性质上具有一定相似性”的“大概念”。

【学情分析】

学生已较系统地学习了常见的酸和碱，能根据性质的不同，利用指示剂进行简单的区分，并从微观角度初步了解酸、碱具有通性的本质原因。以前学习的化学变化多数都伴随有明显的现象，学生习惯于通过实验现象判断反应的发生。本节课学生可能会遇到两个主要问题：一是很多中和反应没有明显现象，怎么用有明显现象的实验证明中和反应发生了？二是中和反应为什么很容易发生？所以，应把如何设计用有明显现象的实验证明中和反应的发生作为本节的学习重点。已有认知（本单元“课题1”中学习的两种指示剂，教科书内容整合后已学习的测定溶液的 pH，第六单元“课题 3　二氧化碳和一氧化碳”实验中，利用石蕊作为指示剂判断反应的发生）为探究做好了铺垫。学生已经具备从微观、分类角度分析问题的能力，所以从微观视角理解中和反应的实质及概念的建构便水到渠成。

【教学目标】

(1) 通过实验探究认识酸和碱之间的反应，学会从反应物消失的角度证明无明显现象发生的反应，提升证据推理、批判质疑和模型建构能力。

(2) 通过动手绘制微观示意图及观看微观视频，了解中和反应的微观实质；从类别的角度初步建构中和反应的概念，并能正确书写化学方程式，体验从个别到一般、从宏观现象到微观解释再到符号表达的思维过程的转变。

(3) 通过联系生活实际，了解中和反应的实际应用，体会化学与人类生活、生产的密切联系和应用价值。

【评价任务】

(1) 针对目标(1)，能从反应物消失、pH 的变化多角度设计实验方案，判断中和反应的发生，分析、解释有关的实验现象。

(2) 针对目标(2)，理解中和反应的微观实质，能对中和反应进行判断并正确书写化学方程式。

(3) 针对目标(3)，能利用中和反应解决生活中的实际问题。

【教学过程】

教学环节	教师活动	学生活动	设计意图
环节一： 创设情境， 提出问题	班里有同学胃不舒服，经医生诊断，是由胃酸过多引起的，服用了医生开具的含有 $Mg(OH)_2$ 的药物来缓解症状。为什么服用含有碱 [$Mg(OH)_2$] 的药物能缓解症状呢？酸和碱能发生反应吗？	【思考讨论】 【提出猜想】症状的缓解，可能是由于胃酸和服用的碱发生了化学反应。	由生活经历导入新课，激发学生学习化学的兴趣，引出酸和碱两类物质。
环节二： 实验验证， 酸与碱能发生反应，产生明显实验现象	【演示实验】如图所示： 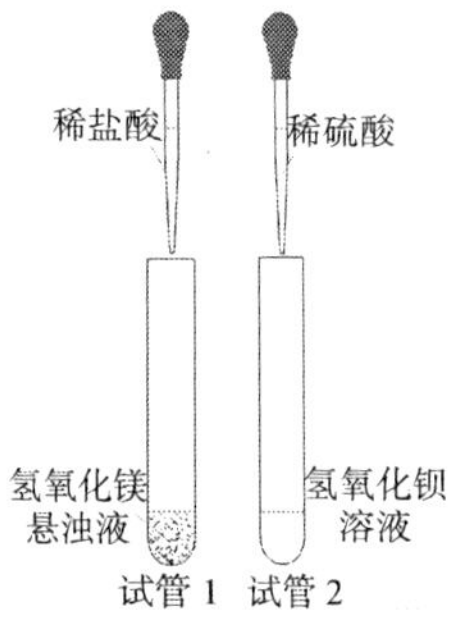 【提问】实验中两组酸和碱发生反应了吗？理由是什么？	【观察和描述】观察实验现象，并据此作出判断。 【回答】试管 1：氢氧化镁消失了，说明它们之间发生了反应。 试管 2：有白色沉淀生成，说明它们之间发生了反应。	根据实验现象，获得正确结论，培养学生证据推理能力。
环节三： 设计实验， 酸和碱发生反应，发现无明显实验现象	【演示实验】如图所示： 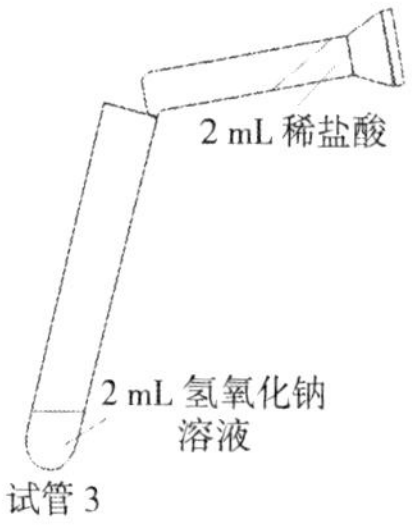 	【实验证明】实验能证明二者发生了反应，因为稀释不可能将碱性溶液变为酸性。溶液由碱性变为酸性，说明氢氧化钠因参加了化学反应而被消耗掉。	引导学生步步深入。无明显现象的反应，可以从定量的角度进行分析。需要通过 pH 的变化程度，经历 pH=7 的过程，才能判断发生了反应。

续表

教学环节	教师活动	学生活动	设计意图
环节三：设计实验，酸和碱发生反应，发现无明显实验现象	【提示】能否利用上节课学习的 pH 知识验证二者是否发生反应？依据实验台上的物品进行实验验证。 【展示交流】 【师生互评】	【结论】pH 变化不能说明发了生化学反应。溶液的酸碱度需经历 pH=7 的过程，才能证明反应的发生。 【观察和描述】无明显现象。 【质疑】是否发生化学反应？ 【分组实验】测定反应前后溶液 pH 的变化：反应前 pH 为 11，反应后 pH 为 6。	
	【提问】证明二者反应除了测定 pH 法，还有其他更简单的方法吗？ 【播放微观视频】氢氧化钠溶液与盐酸反应。 【提示】回忆二氧化碳与水反应的验证方法。 【讲解】因为反应前溶液中有水，无法从“有水生成”证明二者发生反应。	【交流讨论】 应从反应物的消失，还是新物质的生成，哪个角度入手更合适？ 【结论】从反应物消失角度。	引导学生分析问题的本质，培养学生缜密的科学思维习惯。
	【引导】无明显现象时，可借助其他物品，获取证据，间接验证反应的发生。	【思考】根据课题 1 所学知识，学生认为可以利用石蕊和酚酞两种指示剂来判断反应是否发生。	为学生提供解决问题的思路和方法，增强学生学以致用的意识。

续表

教学环节	教师活动	学生活动	设计意图
环节三：设计实验，酸和碱发生反应，发现无明显实验现象	【提问】同学们能设计出怎样的实验方案呢？ 【提示】请以小组为单位，设计尽可能多的方案并进行实验，讨论选出最佳方案。 【展示评价】请以小组为单位，讨论选出最佳方案，并说出它能证明反应发生的理由。	【实验探究】 经小组讨论，确定了四种方案： 1.NaOH 溶液 $\xrightarrow[\text{振荡}]{\text{滴加酚酞溶液}}\xrightarrow[\text{振荡}]{\text{滴加稀盐酸}}$ 2.NaOH 溶液 $\xrightarrow[\text{振荡}]{\text{滴加石蕊溶液}}\xrightarrow[\text{振荡}]{\text{滴加稀盐酸}}$ 3. 稀盐酸 $\xrightarrow[\text{振荡}]{\text{滴加酚酞溶液}}\xrightarrow[\text{振荡}]{\text{滴加 NaOH 溶液}}$ 4. 稀盐酸 $\xrightarrow[\text{振荡}]{\text{滴加石蕊溶液}}\xrightarrow[\text{振荡}]{\text{滴加 NaOH 溶液}}$ 按照实验方案进行实验，并记录实验现象。 【回答】方案 1、3 颜色变化明显，为最佳方案。方案 1 酚酞溶液红色消失，说明溶液中已无 NaOH，可判断二者发生了反应。方案 3 刚开始滴入 NaOH 溶液时不变色，后来变为红色，说明开始滴入的 NaOH 被消耗，可证明发生了反应。	通过实验选出最佳方案，培养学生严谨的科学态度，发展通过实验探究解决问题的能力。
	【质疑】两种物质反应都存在量的问题。请同学们思考：若要找到恰好反应的点，是不是方案 1、3 都可以呢？请说明理由。	【讨论交流】 【回答】方案 1 可以，逐滴滴加另一种试剂，颜色刚好褪去时即刚好完全反应，而方案 3 颜色变化时碱已过量。因此方案 1 为最佳方案，既能证明二者发生了反应，又能找到恰好反应的点。	培养学生定量分析问题的意识和能力。

续表

教学环节	教师活动	学生活动	设计意图
环节三：设计实验，酸和碱发生反应，发现无明显实验现象	【质疑】大家利用不同的方法证明了氢氧化钠溶液与稀盐酸发生了化学反应，也观看了反应的微观视频。请同学们分析：反应后试管内液体中的微粒是什么？猜想并尝试画出微观示意图。 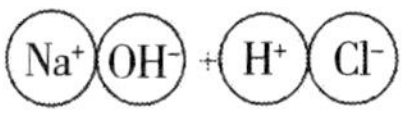 【提问】你的猜想是否正确？请同学们认真观看氢氧化钠溶液与稀盐酸反应的微观动画，评价自己的成果。 【质疑】酸和碱发生反应的实质是什么？	【动手】画出微观示意图。 【再次观看】微观反应视频。 【互评】所画图示是否规范、准确？ 【书写】反应的化学方程式： $NaOH+HCl=NaCl+H_2O$ 【讨论交流】 酸和碱反应的实质： $H^++OH^-=H_2O$	从微观角度认识酸和碱反应的实质，帮助学生从宏观向微观转化，促进思维方式的转变，培养学生的抽象思维能力。
	【提问】通过实验探究，酸和碱发生反应了吗？	【交流讨论】 总结：酸中都有 H^+，碱中都有 OH^-，H^+ 和 OH^- 能结合成水分子，因此酸和碱一定能发生反应。	运用分析、综合、归纳的科学思维方法。
	【引导】依据酸与碱反应的实质，解释含有 $Mg(OH)_2$ 的药物缓解胃酸过多症状的原理。(用化学方程式表示) 【纠错评价】方程式书写的规范性。	【练习】写出下列反应的化学方程式： $Mg(OH)_2+HCl=$ $Ca(OH)_2+HCl=$ $Ca(OH)_2+H_2SO_4=$ $NaOH+H_2SO_4=$ $KOH+HCl=$ 【学生互评】方程式书写的准确率。 【讨论方程式书写技巧】	使学生完成对化学反应的认识从微观到符号的转化。

续表

教学环节	教师活动	学生活动	设计意图
环节三：设计实验，酸和碱发生反应，发现无明显实验现象	【引导】请同学们从物质分类角度分析你所书写的化学反应方程式。 【提问】上述反应都属于中和反应。你能为中和反应下一个定义吗？	【归纳】盐的概念。 【讨论总结】 中和反应：酸与碱作用生成盐和水的反应。 【练习】判断下列反应是不是中和反应： $2NaOH + CO_2 = Na_2CO_3 + H_2O$ $Al(OH)_3 + 3HCl = AlCl_3 + 3H_2O$ $Fe_2O_3 + 6HCl = 2FeCl_3 + 3H_2O$	培养学生的观察、分析、归纳、总结能力，强化本节课所学内容。
环节四：酸碱中和反应的应用	【过渡】中和反应在实际生活中有哪些应用呢？请结合问题阅读下册教科书第61页。 (1)为什么常用熟石灰改良酸性土壤，而不用氢氧化钠溶液？ (2)硫酸厂排放的废水为什么常用氢氧化钙处理？ (3)为什么治疗胃酸过多采用药物氢氧化铝而不用氢氧化钠？ (4)你还能举出一些常见的酸碱中和反应的实例吗？ 【教师点评】	【阅读与思考】中和反应的实际应用。 【归纳总结】 (1)农业方面：调节土壤的酸碱性，以利于农作物生长。 (2)工业方面：处理工厂酸性或碱性废水。 (3)生活方面：用含氢氧化铝的药物治疗胃酸过多；被蚊虫叮咬后，涂抹一些含有碱性物质的溶液，以中和蚁酸。	对于设置的系列化问题，一是引导；二是让学生意识到，分析和解决生产和生活中的实际问题时，除考虑化学原理外，还要考虑很多问题，如对土壤的影响、对人体的伤害，以及成本和价格等。
环节五：课堂小结	通过本节课的学习，你有哪些收获？	学生之间相互补充。	培养总结表达能力。

续表

<table>
<tr>
<td>环节六：
达标检测</td>
<td>1.某同学在做氢氧化钠溶液与稀盐酸反应的实验时，用 pH 传感器测得溶液的 pH 变化如图(1)所示，用温度传感器测得溶液的温度变化如图(2)所示，据此回答下列问题。
(1)氢氧化钠溶液与稀盐酸的反应属于______反应，该反应的化学方程为______________________________。
(2)向 A 点溶液中滴加紫色石蕊溶液，出现的现象是______________。
(3)曲线上____点表示酸和碱恰好完全反应。
(4)C 点溶液中含有溶质____种。
(5)图(2)为该反应的温度变化图像，从能量变化的角度看，该反应属于____("吸热"或"放热")反应。
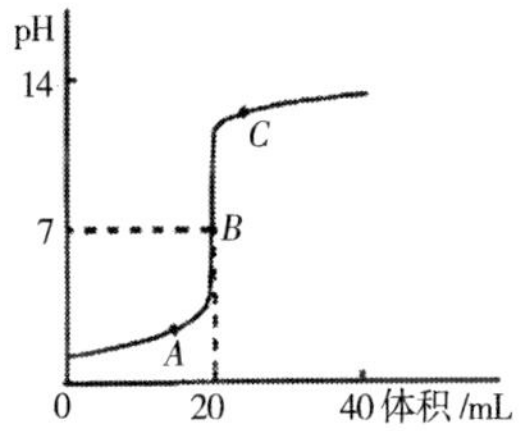

(1)
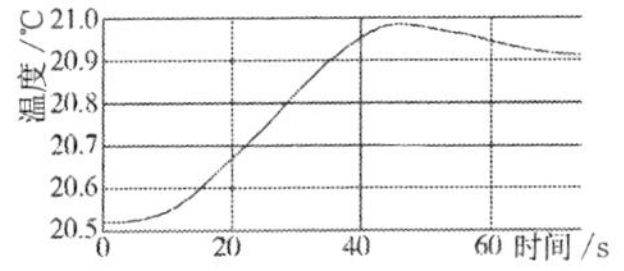

(2)
2.某工厂排出的废水中含有硫酸，若用氨水($NH_3\cdot H_2O$)中和硫酸，能得到一种氮肥——硫酸铵[$(NH_4)_2SO_4$]，试写出反应的化学方程式______________________________。
3.根据你的生活经验或查阅资料，举出利用中和反应的实例。</td>
<td>第 1 题是关于中和反应的考查，包括反应类型、书写化学方程式、指示剂的显色情况、恰好完全反应的位置、溶质种类、能量变化等。
第 2 题考查学生对中和反应实质的理解及化学方程式的书写。
第 3 题考查中和反应的应用，培养学生通过查阅资料获取信息的能力。</td>
</tr>
<tr>
<td>板书设计</td>
<td colspan="2">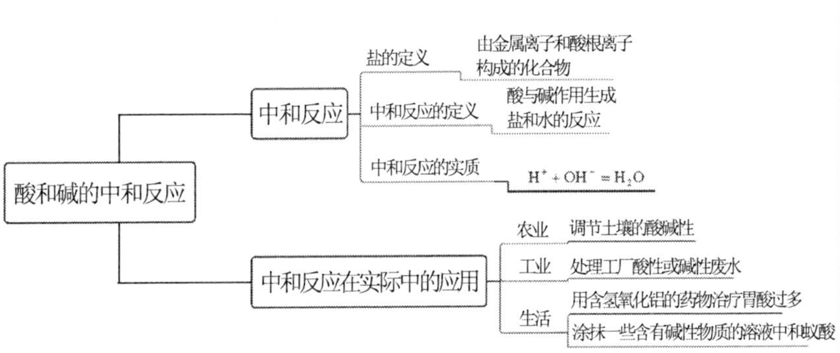
</td>
</tr>
</table>

案例点评

【亮点】

本节课力求突出学生的主体作用，通过创设情境引发学生思考；通过对比、分析、设计验证、归纳总结、交流等教学活动，培养学生自主、合作、探究的能力。

1. 设置探究实验，引发学生思考

氢氧化钡溶液、氢氧化镁悬浊液分别与稀硫酸、稀盐酸反应，均是碱与酸的反应，一个是有新物质生成，一个是反应物消失，以此引导学生思考：是否常见的酸与碱的反应都有明显现象呢？氢氧化钠溶液与稀盐酸反应，无明显现象，究竟有没有发生化学反应？通过探究实验，确定化学反应的发生。除了测定 pH 这种方法，还可采用何种方法将实验现象显示出来呢？以问题引起学生的好奇。根据已学知识，可以考虑用指示剂，引导学生一步步思考，注重对学生核心素养考查的进阶性，提高了学生分析问题和解决问题的能力。

2. 注重过程和方法的教学

化学是一门以实验为基础的学科。本节课以学生的学习活动为中心，以实验探究活动贯穿整节课的教学，通过学生动手探究获取知识，培养学生的探究能力，提高学生的实践能力，能有效地激发学生的学习兴趣，引导学生从生活中发现化学、从化学中感悟生活，形成热爱生活、关注社会的意识。

3. 注重学科思维的渗透

通过设计实验、实验验证、选出最佳实验方案等一系列活动，培养学生严谨的科学态度和缜密的科学思维，以宏观、微观、符号相结合的方式，从定性和定量两方面认识和表征了化学变化。本节课体现了方法和思路是教学的根本。

【建议】

(1) 学生用 pH 试纸测定溶液的 pH，存在一定的误差；pH 计测出来的较准确；若能利用 pH 传感器更有利于判断反应的终点。

(2) 实验增加了从定量角度(测定 pH 法)判断反应的发生，导致课堂容量较大。

(3) 教学评价单一，教学过程要多层次、多维度对学生进行评价。

第 3 节　金属的化学性质

(第 1 课时)教学设计

【内容分析】

1. 教科书

本课题选自人教版教科书九年级化学下册第八单元课题 2 第 1 课时。

2. 课标

《义务教育化学课程标准(2022 年版)》中“物质的性质与应用”学习主题对本部分内容的要求为:通过实验探究等活动认识常见金属的主要化学性质及金属活动性顺序。

3. 功能价值

学习典型金属是由学习单一物质到学习一类物质的过渡,开始实质性地认识分类观在化学学科中的应用;发展化合物性质的认识方法及从个别到一般认识物质性质的方法;通过从物质的类别认识具体物质的性质,进而分析、归纳物质的共性和差异性,认识一类物质的性质,为之后从物质类别的角度认识酸、碱、盐等物质做铺垫。

【学情分析】

1. 学科知识

学生在学习本节课之前,已经学习了金属的物理性质,且对锌与稀硫酸的反应、铁与硫酸铜的反应等有了一些感性认识,对这些反应的条件、剧烈程度等也都有一定的了解,但尚未对金属的化学性质进行分类研究和系统总结,更缺乏对金属有关反应规律的深入探讨。

2. 学科能力

学生已掌握基本的科学探究方法,能够独立完成简单实验,并通过描述实验现象得出简单结论,具备课堂实验探究的能力。

3. 学科思维

学生已经能以单一物质为核心建构知识,但还没有从类别的角度系统认识一类物质的意识,不具备分析同类物质的性质规律的能力。

【教学目标】

依据课程标准,以发展学生学科核心素养为宗旨,确定了以下三个学习目标(见下表),每个目标都同时指向学生多方面的核心素养。

序号	学习目标
1	通过实验探究和小组讨论,发现并认识不同金属与酸反应的化学性质,并应用金属活动性顺序发现金属化学性质的相似性和差异性。
2	通过实验探究,发现并认识不同金属与金属化合物溶液反应的化学性质,并应用金属活动性顺序发现金属化学性质的相似性和差异性。
3	在真实的问题情境中,运用金属活动性顺序解释常见现象和解决实际问题,提高运用化学知识解决实际问题的能力。

【教学重点】

认识金属的化学性质,理解金属活动性顺序的意义。

【教学难点】

通过对实验事实的分析、归纳、综合,认识金属化学性质的相似性和差异性。

【评价任务】

针对目标1，学生能参与实验探究，根据实验现象发现不同金属与酸反应的相似性和差异性，进而认识到金属化学性质的相似性和差异性，能写出金属与盐酸或稀硫酸反应的化学方程式。课堂上"学以致用"环节的第1题考查了目标1，"课后作业"设计的第2、3题考查了目标1。

针对目标2，学生能参与实验探究，发现并认识不同金属与金属化合物溶液反应的化学性质，从中发现金属活动性顺序的普遍规律，然后应用金属活动性顺序认识金属化学性质的相似性和差异性，能写出金属与盐溶液反应的化学方程式。课堂上"学以致用"环节的第2题考查了目标2，"课后作业"设计的第1、3、4、5题考查了目标2。

针对目标3，学生能运用金属活动性顺序解释常见现象或解决实际问题。课堂上"学以致用"环节的第1、2、3题考查了目标3，"课后作业"设计的第1、3题考查了目标3。

【教学过程】

环节	教师活动	学生活动	设计意图
导入新课	今天我们继续围绕本单元学习主题"易拉罐的前世、今生、未来"展开探究学习。在上一节课"易拉罐材料的选择"中我们知道了金属易拉罐选用铝、铁两种金属的合金作为罐体主要材料。本节课我们来揭开易拉罐的秘密，在揭秘中探究学习金属的化学性质。	回顾上节课内容，做好探究学习本节课内容的心理准备。	帮助学生唤醒对单元学习主题的记忆，迅速进入学习状态，对新的驱动性问题和新知识产生好奇心和探究欲。
展示目标	了解本节课的学习目标；本节课的重点是认识金属的化学性质，理解金属活动性顺序的意义；难点是对实验事实进行分析、归纳、综合，进而认识金属化学性质的相似性和差异性。	了解学习目标及重点、难点。	让学生明确学习目标及重点、难点，在探究学习中更容易有的放矢。

续表

环节	教师活动	学生活动	设计意图
讲授新课	环节一　针对目标1 【过渡】老师今天带了一瓶铝合金易拉罐饮料，哪位同学愿意品尝一下，说出它的口感？ 观察标签，你猜测哪一种物质使它尝起来酸酸的？ 【探究问题1】铁合金罐、铝合金罐能否直接盛装这样的酸味饮料？ 猜想铁合金罐、铝合金罐能否直接盛装酸味饮料。针对猜想阐述相应理由。 各小组利用老师给出的实验仪器和药品[试管、铁丝、铝丝、铁片(1 cm×2 cm×1 mm)、铝片(1 cm×2 cm×1 mm)、稀盐酸、稀硫酸]，设计实验方案证明猜想，针对方案的可行性进行讨论并形成统一方案。 【活动】现在请同学们以小组为单位展示你们设计的实验方案。 【点评】同学们设计的实验方案用到了控制变量法，考虑周全，非常棒！ 【过渡】在实验过程中，同学们要注意以下事项：注意观察金属表面是否产生气泡以及产生气泡的速率，并观察溶液颜色是否发生变化；液体用量取1～2 mL；稀硫酸、稀盐酸都有一定的腐蚀性，要小心操作，不要洒到皮肤或衣服上。接下来请同学们分组进行实验，观察现象，进行分析，并完成学案中的表格。 【活动】现在请同学们以小组为单位与大家分享你们的实验现象和学案。 【提问】你推测出反应产物是氢气？ 【演示实验】点燃铁与稀盐酸反应后生成的气体。	品尝饮料，观察标签，作出猜测。 作出猜测，说明理由，小组讨论设计实验方案。 展示实验方案。 进行实验探究，观察现象并分析，完成表格。 展示实验现象。 深入思考，回答问题。	通过解决生活中的问题展开探究学习，使学生深切感受到化学与生活息息相关，体会学科价值。 从作出猜想、设计实验，到进行实验、收集证据，再到得出结论、交流评价，学生经历了完整的科学探究过程，提高了科学探究素养，增强了创新意识。 学生在设计实验方案的过程中多次用到控制变量法，提高了实验设计能力。 教师的适时提问和引导使学生的思维外显化，发展了学生类比推理、证据推理的科学思维和元素守恒观念。 学生在解决实际问题的探究活动中分析现象，自己总结出金属的化学性质。 在讲解中，注重化学学科思维方法的渗透。

续表

环节	教师活动	学生活动	设计意图
讲授新课	【讲解】根据实验现象推测出气体是氢气,我们的推测用的是证据推理法。根据锌与稀硫酸反应生成氢气推测铁与稀盐酸反应生成氢气的推理方法是类比推理法。 【提问】你认为铁与稀盐酸反应后的另外一种产物是氯化亚铁,是如何推理出来的呢? 【讲解】用到的正是元素守恒思想。 【过渡】化学方程式是用符号表示出化学变化的实质。请你来展示反应的化学方程式。 【提问】我们能得出什么结论?金属有什么化学性质?铁合金罐、铝合金罐能直接盛装酸味饮料吗? 【归纳】铝、铁都能与酸反应,说明不同金属有相似的化学性质。但是反应的剧烈程度不同,说明金属的化学性质也有差异性。 【提问】分析实验中的四个反应,有什么特点? 【讲解】我们将这些反应归为置换反应进行研究,正是化学中常用的分类法。我们曾学过化合反应、分解反应、置换反应,它们同属于基本反应类型。	分析,归纳,思考,回答问题。	
	环节二　针对目标1 【探究问题2】所有的金属都能与酸发生反应吗? 请同学们利用给出的实验仪器和药品(试管、铜丝、稀盐酸、稀硫酸)进行探究,并完成学案中的表格。 【活动】现在请各小组展示你们的实验现象。 【提问】能得出什么结论呢? 【讲解】铝、铁能与酸反应,铜不能与酸反应,所以铝、铁的化学性质比铜更活泼,我们说铝、铁的金属活动性比铜强。	作出猜想,进行实验,观察现象,填写表格。 展示现象。 思考,回答。	通过实验探究,进一步完善对金属化学性质的认识,并体会金属化学性质的相似性和差异性。

续表

环节	教师活动	学生活动	设计意图
讲授新课	环节三　针对目标 2 【探究问题 3】如何比较金属的活动性强弱？ 【提问】我们曾学过铁与硫酸铜溶液的反应，现象是什么？ 【讲解】分析反应，我们发现，活动性较强的铁把活动性较弱的铜置换出来了。 【提问】比较金属活动性强弱的方法是什么？ 【过渡】我们以实验来验证假设。各组做以下三个实验：铝丝浸入硫酸铜溶液，铜丝浸入硫酸铝溶液，铜丝浸入硝酸银溶液。实验中要注意以下事项：铝丝、铜丝打磨后才可用于实验；注意观察金属表面是否产生气泡或附着其他固体；液体用量为 1～2 mL。 【提问】哪组同学来分享你们的实验现象？ 【提问】你推测铝丝和硫酸铜反应产物是铜，用到了什么推理方法？推测产物是硫酸铝，用到了什么思想方法？ 【提问】通过以上实验，你能分析得出什么结论呢？ 【讲解】活动性强的金属才能把活动性较弱的金属从它的化合物溶液中置换出来。 【提问】还能得出金属的什么化学性质？ 【讲解】这体现了金属化学性质的相似性。只有活动性较强的金属才能置换出活动性较弱的金属，活动性较弱的金属不能置换出活动性较强的金属，这体现了金属化学性质的差异性。 【过渡】科学家们进行了许多类似的金属之间的相互置换实验之后，经过认真的由表及里的分析，得出了金属在溶液中的活动性顺序——金属活动性顺序。	回顾学过的知识。 思考，回答。 进行实验，观察现象，填写表格。 展示实验现象。 深入思考，回答问题。 分析，思考，回答问题。	通过实验探究，掌握比较金属活动性强弱的方法，并分析现象，得出活动性较强的金属能与活动性较弱的金属的化合物溶液发生反应的化学性质，体会金属化学性质的相似性和差异性。 引导学生说出思维方法，注重对学生化学学科思想和方法的渗透。 发展了学生认识物质的新思维方式：从类别角度认识物质，既认识共性，又认识差异性。 以问题引导学生深入理解金属活动性顺序。

续表

环节	教师活动	学生活动	设计意图
讲授新课	【提问】氢不是金属,为什么在金属活动性顺序表中有氢? 结合本节课的实验探究,同学们从金属活动性顺序表中还能发现什么规律? 【归纳】位于氢前面的金属能置换出盐酸、稀硫酸中的氢;位于前面的金属能把位于后面的金属从它们的化合物溶液里置换出来。	结合实验探究结果及教科书内容,分析、思考问题,回答问题。	
	环节四　学以致用(针对目标 1、2、3) 【过渡】金属的化学性质和金属活动性顺序在日常生活和工农业生产中有广泛的应用,请同学们学以致用。 【思考】 1.请判断下列说法是否正确。 (1)铁锅炒菜加食醋可以补铁。 (2)某饭店用轻便的铝盆盛放招牌菜"酸菜鱼"。 2.波尔多液是一种农业上常用的杀菌剂,它由硫酸铜、生石灰水按比例配制而成。能否用铁制容器来配制波尔多液?为什么? 3.我国出土的金器保存得很好。青铜器为什么比铁器保存得好? 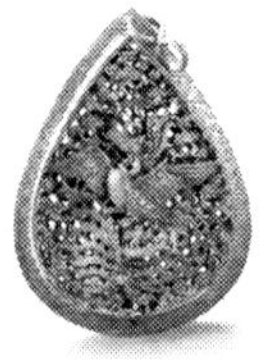 金凤纹帔坠 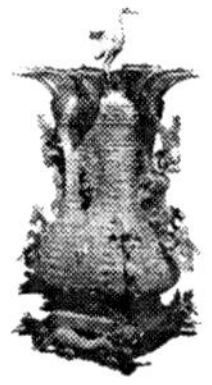 春秋莲鹤方壶  玉柄铁剑 【过渡】铝、铁都能与酸反应,为什么仍然能用铝易拉罐盛装酸味饮料,铝却没有溶解在酸中呢?请同学们观看老师拍摄的视频,揭开易拉罐的这一秘密。 播放视频…… 【提问】易拉罐的秘密是什么?易拉罐内涂层选用什么材料合适呢?请同学们阅读科普短文,找到最适合用作易拉罐内涂层的材料。	学以致用,思考,回答。 观看视频,阅读科普短文。	深化对知识的理解,迁移应用,解决实际问题。发展"性质决定用途"的观念,认识到化学学科对促进人类文明和社会发展的价值。 第 1 题指向目标 1 和目标 3,是关于铁和铝等氢前面的金属能与酸反应的化学性质的考查,还考查了学生运用化学知识解决实际问题的能力。第 2 题指向目标 2 和目标 3,是关于铁与硫酸铜溶液反应的考查,还考查了学生运用金属活动性顺序解释常见现象的能力。第 3 题指向目标 3,考查学生运用金属活动性顺序解释生活现象的能力。 观看老师拍摄的视频,揭开易拉罐的秘密。

续表

环节	教师活动	学生活动	设计意图
归纳总结	环节五　归纳总结(针对目标1、2、3) 【过渡】同学们,到这里我们本节课就要结束了。请同学们讨论并归纳:本节课都学习了哪些化学知识?掌握了哪些化学方法?领会到了哪些化学思想? 【结束语】不知不觉中一节课接近尾声了,我们都收获满满。下节课我们继续探究“易拉罐的前世与未来”。如何从自然界的矿石中获得铁、铝金属材料?使用过的金属材料去向何处?	从科学思维、化学观念、探究实践等方面盘点收获。	通过课堂小结反馈,培养学生认真听讲、动脑思考的习惯。
作业设计	课后作业: 1.(基础性作业)2022年北京冬奥会铜牌设计精美,厚重大气。铜的冶炼有火法冶炼和湿法冶炼两种主要的方式。我国古代劳动人民已经发明了湿法冶铜,在西汉淮南王刘安所著的《淮南万毕术》中有记载:“曾青得铁则化为铜。”(曾青指的是硫酸铜晶体) (1) 由上述材料分析,Fe比Cu的金属活动性____(填“强”或“弱”)。 (2) 写出该反应的化学方程式________,该反应所属的基本反应类型为________。 2.(基础性作业)运用手持技术探究金属与酸的反应。向250 mL的烧瓶内注入25 mL溶质质量分数为8.8%的稀盐酸,分别剪取长约0.4 cm、宽约0.4 cm的镁、铝、锌、铁、铜金属片,打磨后投入烧瓶中,迅速塞紧带有压强传感器的橡胶塞(见下左图),点击数据采集器上的“采集”,得到如右图所示的压强变化曲线。据此回答下列问题: 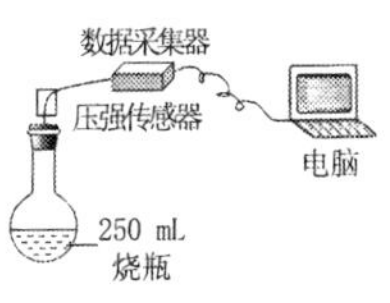 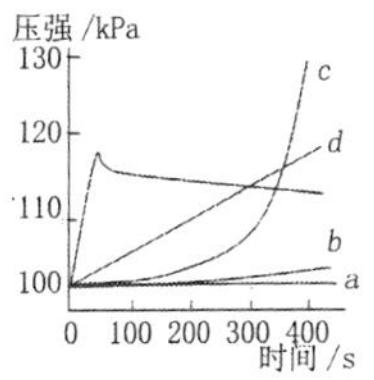 (1) 曲线a对应的金属是______。 (2) 曲线b对应的金属是铁,反应的化学方程式为____________。		作业1蕴含了对金属活动性顺序、置换反应、化学方程式等必备知识的考查,还考查了学生对生产生活中的实际问题进行分析解释的能力。 作业2考查了金属与酸反应的化学性质,还考查学生建立曲线与金属化学性质关系的能力。

续表

环节	教师活动	学生活动	设计意图
作业设计	3.(探究性作业)2022年北京冬奥会仪式火种台以“承天载物”为设计理念,创意灵感来自中国传统青铜礼器——尊。《周礼·考工记》中有关于将铜、锡以不同比例熔合制成功能各异的青铜器的记载。将铜片和锡片分别伸入到稀盐酸中,锡片表面有气泡生成而铜片没有,说明金属活动性锡____(填“>”或“<”)铜。请再设计一种实验方案,证明铜、锡的活动性强弱。 4.(综合性作业)选择实验用品,设计实验方案验证铁、铜、银的金属活动性顺序。 实验用品:铁丝、铜丝、稀盐酸、硫酸铜溶液、硫酸亚铁溶液、硝酸银溶液。 5.(实践性作业)置换反应生成的金属单质呈树枝状,称为“金属树”。请同学们以小组为单位,利用课下时间,到化学实验室制作“铜树”“银树”。[化学实验室已经备好实验用品:培养皿、胶头滴管、宣纸(白色生宣或黑宣)、锌粒、金属化合物溶液(硫酸铜溶液、硝酸银溶液、氯化铜溶液)等。]		作业3蕴含了对金属活动性强弱的比较这一必备知识的考查,还考查了学生设计实验证明金属活动性强弱等科学思维、探究实践能力。 作业4综合考查了学生设计实验方案比较多种金属活动性的能力。本题开放性较强,可以设计出多种方案,有利于学生开阔思维。 作业5考查了学生的实验探究能力。该实验富有趣味性,能让学生直观感受到化学之美,激发学生对化学的求知欲。宣纸上的微型实验耗费金属盐类药品较少,未反应的锌粒也可以进行回收处理,能让学生体会微型实验的优势。
板书设计	金属的化学性质——揭开易拉罐的秘密 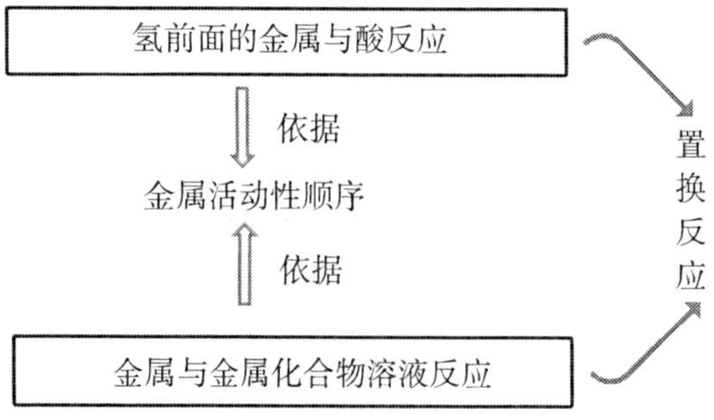 		

案例点评

【亮点】

1. 整合教材，进行单元教学设计

以“易拉罐的前世、今生、未来”为单元主题，围绕主题设置了三个驱动性任务——易拉罐材料的选择、揭开易拉罐的秘密、易拉罐的前世与未来。本节课的驱动性任务是“揭开易拉罐的秘密”，整节课围绕“铁合金罐、铝合金罐能否直接盛装酸味饮料？”“所有金属都能与酸发生反应吗？”“如何比较金属的活动性强弱？”这三个问题展开探究，包含了金属与酸的反应、金属与盐溶液的反应、金属活动性顺序这三部分知识。学生在解决问题的过程中认识金属的化学性质和金属活动性顺序。

2. 注重发展学生核心素养，重视思维方法的点拨

在探究中从宏观、微观、符号三个方面认识了金属的化学性质，从类别的角度认识金属这一类物质及其变化，发展了学生的结构决定性质、性质决定用途、证据推理、类比推理、创新意识等化学学科核心素养。在探究金属与酸的反应中，学生设计实验方案，教师点拨学生运用控制变量法，学生在实验中体会到控制变量法的重要性。

3. 生活进入课堂，揭秘出人意料

将生活中常见的易拉罐带入课堂，学生兴致盎然。在揭秘易拉罐的环节，教师将易拉罐浸入盐酸中，金属逐渐溶解，最后竟然看到饮料盛在一层薄薄的膜中，学生大为惊叹，至此才真正揭开易拉罐的秘密，了解到易拉罐金属外壳有内涂层。

【建议】

(1) 有条件的学校可以进行金属与酸反应的数字化实验，这样更能精确地反映金属与酸反应的快慢。

(2) 课堂容量较大，教师需要及时关注课堂进度，注意分配各环节所用时间。

第4节　质量守恒定律

(第1课时)教学设计

【内容分析】

1. 教科书

本课题选自人教版教科书九年级化学上册第五单元课题1第1课时。

2. 课标

本部分内容属于《义务教育化学课程标准(2022年版)》中“物质的变化与化学反应”学习主题中的化学反应的定量关系及质量守恒定律。课标对本部分的要求是，认

识化学反应中的各物质间存在定量关系，化学反应遵循质量守恒定律，理解化学反应前后参加反应的各物质的总质量守恒的微观本质。

【学情分析】

1. 知识水平

学生已学习了一些化学反应，知道在化学变化中变化的是分子，原子没有发生变化，化学变化的实质是分子分解成原子，原子重新组成新的分子，但学生对于化学反应中各物质间存在定量关系还不清楚。学生已掌握基本的科学探究方法，能通过实验现象得出简单结论，但还不具备定量研究化学变化的能力。

2. 心理特点

九年级的学生处于充满好奇、善于思考、勇于质疑的年龄段。在教学中，教师基于学生已有认知，以问题串驱动学生逐步思考，促进学生思维品质的提升，使学生领会从定性到定量、从宏观到微观的学科思想。

【教学目标】

(1) 通过观察实验、交流讨论，能够得出“质量守恒定律”的结论，并描述反应中的质量关系，提升基于实验进行证据推理的科学探究能力，进一步建构变化观、守恒观。

(2) 通过观察电解水的模拟动画，能够从微观角度解释质量守恒，进一步学习宏观、微观相结合探究物质变化规律的认识方式。

(3) 通过对质量守恒定律的理解，认识定量研究对化学科学发展的重大作用，能够解释生活中常见的相关现象。

【教学重点】

认识化学反应中的各物质间存在定量关系，化学反应遵循质量守恒定律。

【教学难点】

理解化学反应前后参加反应的各物质的总质量守恒的微观本质。

【评价任务】

(1) 针对目标(1)，学生能参与实验探究，观察实验现象，记录并分析实验数据，得出“质量守恒定律”的结论，能够描述反应中的质量关系。通过对碳酸钠与盐酸以及镁条燃烧的实验分析，学生知道所有化学反应都遵循质量守恒定律，能说出设计实验时的注意事项。

(2) 针对目标(2)，学生能从微观角度分析质量守恒定律成立的原因，知道质量守恒定律的微观实质是化学反应前后原子的种类、个数、质量均不变，学会宏观、微观相结合探究物质的变化规律。

(3) 针对目标(3)，学生能运用质量守恒定律解释生活中常见现象并能够解决与质量守恒定律有关的实际问题。

【教学过程】

环节	教师活动	学生活动	设计意图
创设情境，导入新课	引入：物质是不断变化的。物质的变化过程常伴随着能量变化。通过化学变化还可以实现物质的转化。 我们知道能量不会凭空产生，也不会凭空消失，它只会从一种形式转化为另一种形式，或者从一个物体转移到其他物体，这就是能量守恒定律。 问题1： 物质在发生化学变化时，反应物的质量总和与生成物的质量总和之间存在什么关系呢？ 追溯历史，你认为化学变化前后质量变化的研究历史中谁的结论是合理的？ 1. 波义耳实验 1673年，波义耳在一个敞口的容器中煅烧金属，发现金属质量增加了。他得出结论：化学反应后质量会变大。 2. 罗蒙诺索夫实验 1756年，罗蒙诺索夫把锡放在密闭的容器里煅烧。他发现，物质的总质量煅烧前后并没有发生变化。 3. 拉瓦锡实验 1774年，拉瓦锡在密闭容器中加热汞，得到红棕色固体后，再加热使其分解。他发现，化学反应前后总质量保持不变。	讨论交流生活中常见的化学反应，如呼吸作用、铁生锈、燃料燃烧、光合作用等。 思考物质在发生化学变化时，反应物的质量总和与生成物的质量总和之间存在什么关系。 猜想与假设： 反应物的质量总和等于生成物的质量总和； 反应物的质量总和小于生成物的质量总和； 反应物的质量总和大于生成物的质量总和。	基于学生已有认知和化学变化前后质量变化的研究历史，对问题作出假设，使学生体验提出问题、作出假设的科学探究过程。通过化学史的讲解，使学生体会到科学家大胆质疑、不断探索的精神以及严谨求实的科学态度。

续表

<table>
<tr><th>环节</th><th>教师活动</th><th>学生活动</th><th>设计意图</th></tr>
<tr>
<td>探究化学变化前后“质量变化”</td>
<td>过渡:哪种猜想正确呢?我们通过实验来验证。
探究实验一:红磷燃烧前后质量的测定
实验步骤:
1.在锥形瓶底部铺上一层细沙(细沙的作用是防止因红磷燃烧放热使瓶底受热不均而破裂)。
2.在细沙中间放一小粒红磷。
3.将带有玻璃管和气球的橡胶塞放在锥形瓶上称量并记录。(气球的作用是缓冲气压,防止因红磷燃烧放热,压强太大而冲开橡胶塞)
4.取出橡胶塞,用酒精灯加热玻璃管下端,迅速塞上橡胶塞,并引燃下端红磷。
5.待锥形瓶冷却后再次称量。
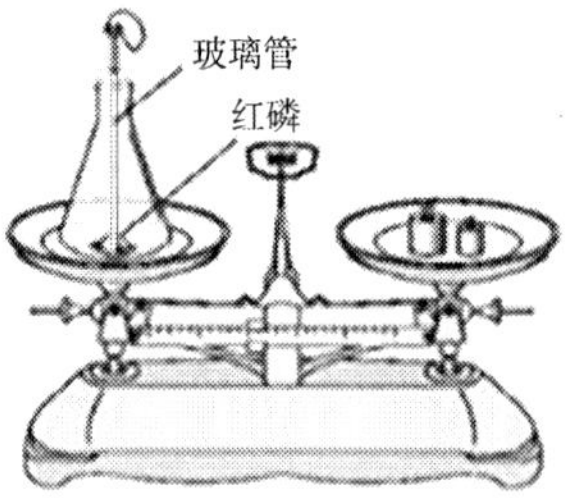

讨论总结:
参加反应的红磷和参加反应的氧气两者的质量总和等于生成的五氧化二磷的质量。
参加反应的P + 参加反应的 O_2 =生成的 P_2O_5</td>
<td>观察实验现象,记录实验数据,填写表格,分析数据得出结论。
<table><tr><td>实验现象</td><td colspan="2"></td></tr><tr><td>表达式</td><td colspan="2"></td></tr><tr><td>称量结果</td><td></td><td></td></tr></table>
思考1:称量的结果说明了什么?
思考2:反应前,称量了哪些物质的质量?
思考3:反应后,称量了哪些物质的质量?
思考4:化学反应前后不变的物质有哪些?
思考5:去掉这些不变物质的质量可以得到什么结论?
<table><tr><th>反应前</th><th>反应后</th></tr><tr><td>锥形瓶
橡胶塞、玻璃管、气球
沙子
红磷<(参加反应部分)(剩余部分)
氧气(全部参加反应)
其他气体</td><td>锥形瓶
橡胶塞、玻璃管、气球
沙子
红磷(剩余部分)
五氧化二磷
其他气体</td></tr></table></td>
<td>通过观察实验,交流讨论得出质量守恒定律的内容,并描述出反应中的质量关系,提升基于实验进行证据推理的科学探究能力,学会从定量的角度研究化学问题,进一步建构变化观、守恒观。</td>
</tr>
</table>

续表

<table>
<tr><th>环节</th><th>教师活动</th><th>学生活动</th><th>设计意图</th></tr>
<tr>
<td>探究化学变化前后“质量变化”</td>
<td>探究实验二：铁钉和硫酸铜溶液反应前后质量的测定

实验步骤：
1. 取一个锥形瓶，倒入少量硫酸铜溶液。
2. 取一个铁钉，先用砂纸打磨掉铁锈。
3. 将锥形瓶和铁钉一起放在托盘天平上称量并记录。
4. 将铁钉轻轻放入锥形瓶中，一段时间后记录。
讨论总结：
参加反应的铁钉和参加反应的硫酸铜两者质量之和等于生成的铜和生成的硫酸亚铁的质量之和。
参加反应的 Fe + 参加反应的 $CuSO_4$ = 生成的 Cu + 生成的 $FeSO_4$
在以上探究实验中，反应物的质量总和 = 生成物的质量总和。
进一步建构变化观：
化学反应中的物质间存在定量关系，化学反应都遵循质量守恒定律。
质量守恒定律：大量实验证明，参加化学反应的各物质的质量总和，等于反应后生成的各物质的质量总和。</td>
<td>观察实验现象，记录实验数据，填写表格，分析数据得出结论。
<table>
<tr><td>实验现象</td><td colspan="2"></td></tr>
<tr><td>表达式</td><td colspan="2"></td></tr>
<tr><td>称量结果</td><td></td><td></td></tr>
</table>
思考 1：反应前，称量了哪些物质的质量？
思考 2：反应后，称量了哪些物质的质量？
思考 3：化学反应前后不变的物质有哪些？
思考 4：去掉这些不变物质的质量可以得到什么结论？
<table>
<tr><th>反应前</th><th>反应后</th></tr>
<tr><td>锥形瓶
橡胶塞
铁钉＜(参加反应部分)(剩余部分)
硫酸铜(全部参加反应)
水
空气</td><td>锥形瓶
橡胶塞
铁钉（剩余部分）
硫酸亚铁和铜（新生成的）
水
空气</td></tr>
</table>
</td>
<td></td>
</tr>
</table>

续表

<table>
<tr><th>环节</th><th>教师活动</th><th>学生活动</th><th>设计意图</th></tr>
<tr>
<td>再探“质量守恒定律”</td>
<td>蜡烛燃烧后蜡烛的质量减少了，铁生锈后质量增加了，这些反应符合质量守恒定律吗？
问题 2：
为什么称量的反应后的物质总质量不等于反应前的物质总质量？
探究实验三：碳酸钠与盐酸反应前后的质量测定
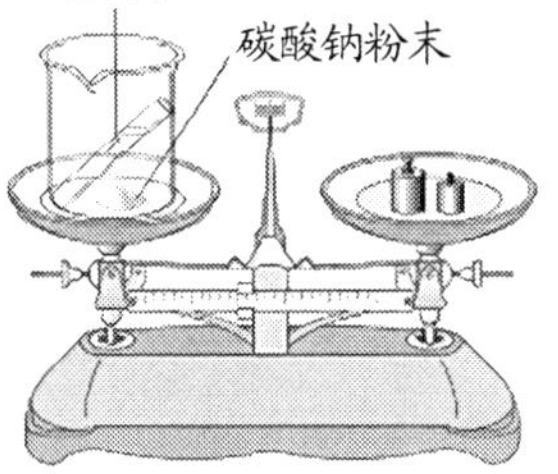

总结：反应符合质量守恒定律。参加反应的 HCl ＋ 参加反应的 Na_2CO_3＝ 生成的 NaCl ＋ 生成的 H_2O ＋ 生成的 CO_2
探究实验四：镁条燃烧前后的质量测定
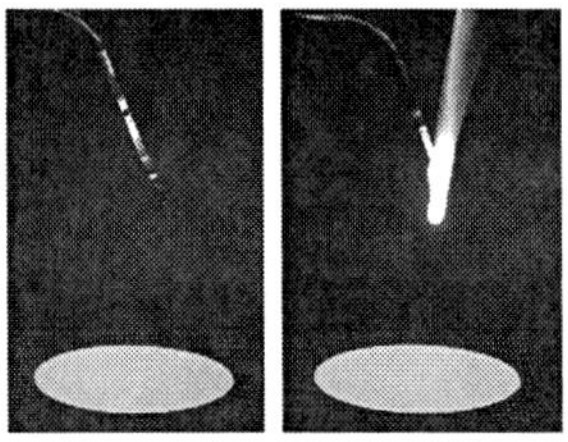
总结：反应符合质量守恒定律。参加反应的 Mg ＋ 参加反应的 O_2＝ 生成的 MgO</td>
<td>观察实验现象，记录实验数据，填写表格，分析数据得出结论。
<table><tr><td>实验现象</td><td colspan="2"></td></tr><tr><td>表达式</td><td colspan="2"></td></tr><tr><td>称量结果</td><td></td><td></td></tr></table>
思考 1：该反应是否遵循质量守恒定律？
思考 2：按照质量守恒定律的概念，如何表示物质间的质量关系？
思考 3：为什么测出的反应后的物质总质量比反应前的物质总质量小？

观察实验现象，记录实验数据，填写表格，分析数据得出结论。
<table><tr><td>实验现象</td><td colspan="2"></td></tr><tr><td>表达式</td><td colspan="2"></td></tr><tr><td>称量结果</td><td></td><td></td></tr></table>
思考 1：该反应是否遵循质量守恒定律？
思考 2：按照质量守恒定律的概念，如何表示物质间的质量关系？
思考 3：为什么测出的反应后的物质总质量比反应前的物质总质大？
思考 4：生成物中的烟是否会逸散到空气中？该实验的称量结果还有没有其他情况？</td>
<td>让学生在生活经验和实验中形成认知冲突，激发学生的探究欲和求知欲。</td>
</tr>
</table>

续表

环节	教师活动	学生活动	设计意图
再探“质量守恒定律”	再析问题2:为什么称量的反应后的物质总质量不等于反应前的物质总质量? 没有把反应物或生成物中的气体、烟的质量计算在内。 设计验证质量守恒定律的实验装置时,必须要注意什么? 总结:有气体参加或有气体生成的反应,设计实验时要将装置密闭。 拓展延伸,设计实验:以“碳酸钠和稀盐酸反应验证质量守恒定律”为例,利用家中用品或实验室仪器,如何改进装置,才能成功验证质量守恒定律?请你画出设计的草图。	自主思考,画出草图,小组交流,提升能力。	通过讨论交流,引导学生再探质量守恒定律,加深对质量守恒定律的理解,培养学生的思维能力和科学探究能力。
探析“质量守恒”的原因	问题3: 为什么化学反应前后的物质质量总和相等? 我们从微观的角度探寻原因。 回忆思考:化学变化的实质是什么? 思考:以电解水为例,分析化学变化前后原子的种类、质量和数目是否改变。 化学反应前后,原子的种类、质量和数目都不变→元素的质量和种类不变→物质的总质量不变。 进一步讲述化学变化前后质量变化的研究历史。 原子论(1803年)和分子学说(1811年) 总结:物质是由原子和分子构成的,分子中原子的重新组合是化学变化的基础,这奠定了质量守恒定律的理论基础。	微观探析:以电解水实验为例,观察思考,讨论描述,分析质量守恒定律成立的原因。 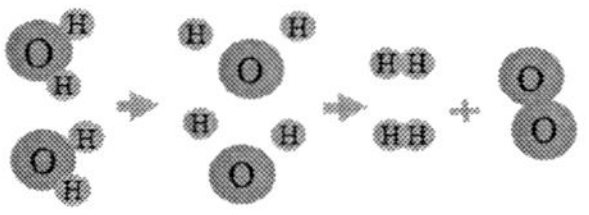 分析化学反应前后的变与不变: 五个不变:宏观{物质的总质量不变;元素的种类不变}；微观(实质){原子的种类不变;原子的个数不变;原子的质量不变} 两个变:分子种类变,物质种类变 两个可能改变:分子个数可能变,元素的化合价可能变	将研究的问题提到理论高度,从宏观辨识到微观探析,学生在观察水分子分解的模拟动画的基础上,归纳总结,从微观角度感知质量守恒定律成立的原因,加深对质量守恒定律的理解。

续表

环节	教师活动	学生活动	设计意图
质量守恒定律的实际应用	1. 请利用质量守恒定律解释下列现象： (1)铁丝燃烧后，质量增大。 (2)蜡烛燃烧后，质量减小。 2. 如图表示两种气体发生的化学反应，其中相同的球代表同种原子。下列说法正确的是(　　)  A. 生成物一定是混合物 B. 反应前后各元素化合价均不变 C. 反应前后原子的种类和数目均不变 D. 该反应既不是化合反应，也不是分解反应 3. 请用质量守恒定律揭穿骗局。  点石成金	思考回答，迁移运用所学知识解决生活中的问题。	通过创设拓展式的问题情境，促使学生进一步理解质量守恒定律的内涵，并启发学生将知识迁移运用，用所学知识解决生活中的实际问题，认识到化学的重要作用。
课堂小结	学完本节课你有哪些收获？	学完本节课我的收获有： 知识层面我学会了…… 能力层面我掌握了…… 思维认知层面我懂得了…… 我还存在的疑惑……	引导学生从知识、能力、思维认知等方面进行回顾总结。
板书设计	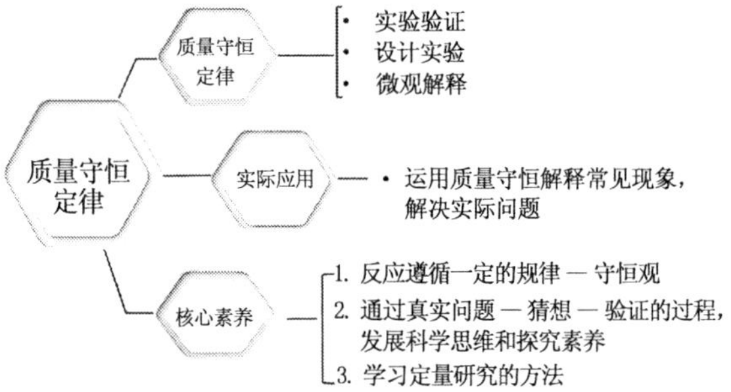		

案例点评

【亮点】

(1) 本节课教师采用启发式教学，创设渐进式的问题情境，以物质在发生化学变化时，反应物的质量总和与生成物的质量总和之间存在什么关系设问，探究化学反应前后的质量变化；以为什么称量的反应后的物质总质量不等于反应前的物质总质量设问，制造认知冲突，再探质量守恒定律；以为什么化学反应前后的物质质量总和相等设问，探析质量守恒定律成立的原因。通过教师引导下的思维活动和科学探究，学生体会到化学反应前后物质的质量关系，认识、理解质量守恒定律的内涵，发展发散性思维、批判性思维、创造性思维等高阶思维。

(2) 教师把实验现象作为客观事实和依据，让学生进行分析、比较、判断、归纳。在探究中，从定性、定量以及宏观、微观、符号的多重视角建立质量守恒定律，并理解质量守恒定律的本质内涵，渗透科学思想和科学方法，发展学生的变化观与科学思维。教师在教学中引导学生注重观察、勤于思考、敢于探究，培养学生运用科学探究的方法解决化学问题的能力。

(3) 本节课将反思性探究活动和科学史料的教学相结合，引导学生要像科学家那样采用定量的科学方法研究质量守恒定律，强化定量研究的重要性，在知识的形成、联系、应用过程中逐步培养科学态度，掌握科学方法。

【建议】

本课例不足之处：一是本节课课堂容量较大，在具体教学过程中，要结合学生的情况调整课堂容量；二是化学实验是进行探究的重要方式，本节课主要通过教师演示实验，引导学生观察、记录实验现象，进行证据推理，缺少学生分组探究实验。教师可设计学生实验，使学生在“做中学”中发展核心素养。

建议本课例的教师应进一步引导学生反思自己认识质量守恒定律的过程，并与科学家探索发现质量守恒定律的历程进行比较，体会到“定律”的产生和发展的实质，知道“定律”需要从大量的实验事实中归纳总结出来，知识并不是一成不变的，需要不断修正和完善。

第七章　物质的组成与结构类实验教学典型案例及其评析

第1节　测定空气中氧气的含量

教学设计

【内容分析】

测定空气中氧气的含量是研究空气组成的一个基本实验。这个实验对于认识空气的组成起着重要的作用，同时为下节课氧气的性质教学打下了基础。

【学情分析】

1. 知识水平

空气是学生身边最熟悉的物质。学生在过去的学习和生活中，对空气已经有了一定的认识，知道空气的存在、空气中含有氧气及二氧化碳等。这些为本课题的学习打下了坚实的基础。

2. 心理特点

九年级的学生处于善于发问、勇于质疑的年龄段。在教学中，教师通过对比教科书中的实验与改进实验，对学生的思维产生强烈冲击，激发他们的求知欲望。

【教学目标】

(1) 理解并掌握空气中氧气含量的测定实验原理及测定方法。

(2) 初步学会观察、记录实验现象，并对实验证据进行分析和推理，得出合理的结论。

(3) 初步树立科学的物质观，科学看待科学家的实验过程及结论。

(4) 树立珍惜资源、爱护环境的观念。

【评价任务】

(1) 能正确描述观察到的实验现象。

(2) 通过小组交流与讨论，得出合理的结论。

(3) 基于实验的原理和装置特点，能从创新的角度提出自己的见解。

【教学过程】

教学环节	教师活动	学生活动	设计意图
创设情境，导入新课	猜谜语："看不见，摸不着，没颜色没味道，你的身边常围绕。"该谜语的谜底是什么？今天，我们一起进一步认识空气。 头脑风暴：你对空气知道多少？请同学们尽可能多地提出有关空气的问题。 今天我们将一起来探究空气的成分。	学生可能提出的问题： ①怎么证明空气确实存在？ ②空气由什么物质组成？ ③如果空气是由多种物质组成的，各种物质的含量是多少？	以头脑风暴的形式，增强学生的问题意识，培养学生的发散性思维。
实验演示，学习新知	大家对空气的认识主要来自生活常识。除了氧气和二氧化碳，空气中还有其他的成分吗？空气中的各种气体的含量分别是多少呢？ 为了弄清楚空气的成分，有很多科学家致力于这方面的研究，其中最有名的就是法国化学家拉瓦锡做的实验。 请同学们以小组为单位分享你们的自学成果，并展示小组自制的简易装置。 在拉瓦锡实验的基础上，我们今天利用教科书中的实验装置及红磷，来测定空气中氧气的含量。 教师完成演示实验，请学生观察现象。 1.观察红磷燃烧现象。 2.冷却后打开止水夹，再由学生观察现象。	体会科学家的探索精神和科学态度。 通过真实体验，加深对实验的理解。 在教师引导下对实验的现象加以描述，并得出结论。 学生分组讨论，并汇报讨论结果。	通过实验增强感性认识，培养观察能力及思考能力，增进同学间的友谊，增强凝聚力。

续表

教学环节	教师活动	学生活动	设计意图
归纳总结，及时反馈	指导学生交流讨论，对以下问题进行科学的分析。 ①打开止水夹后烧杯中的水进入集气瓶中的原因。 ②进入集气瓶中的水的体积相当于原瓶内空气中哪种气体的体积？空气中氧气的体积分数约为多少？ ③集气瓶内余下的气体主要是什么？它有何性质？ 最后，引导学生写出对应的文字表达式。 做这个实验时，如果①装置气密性不好，②红磷不足，没有把氧气耗尽，③没有等到冷却就打开止水夹，那又会出现怎样的结果呢？ 思维点拨：完成这个实验的关键是，红磷的用量要充足，要保证能够将瓶内氧气耗尽；整个装置气密性要好，不能漏气；要注意待集气瓶冷却至室温时再打开止水夹。	学生通过交流、讨论，理解实验原理并从中得出正确的实验结论。 正确写出文字表达式。	培养学生的表达能力，在交流中取长补短。 培养学生对实验的评价能力，建立宏观现象与符号表达之间的联系。
交流研讨，拓展延伸	反思与评价：按上述方法测定空气中氧气的含量，你认为有何不足？红磷可否用木炭等其他物质代替？ 最后展示一些改进装置的图片，让学生了解测定空气中氧气含量的其他方法。	结合学过的知识发挥想象，提出不同方案。	培养学生的创新能力、想象力及对知识的理解能力。

案例点评

【亮点】

(1) 以“猜谜语”引入研究的课题，迅速拉近学生与化学的距离，使学生对化学产生亲近感。

(2) 教学策略方面，基于本实验的原理，让学生自制简易装置，更有助于学生理解。

(3) 引导学生通过自主阅读、探索交流以及教师的思维点拨，培养阅读能力、表达能力、小组合作能力。

【建议】

(1) 结合教学实际，对拉瓦锡研究空气成分的科学史实进行分析，体会科学家探索物质的组成与结构的智慧。

(2) 从绿色化学的角度，给学生讲解改进实验、微型化实验，也可以让学生对比、讨论各种实验的优缺点。

第 2 节　水的组成

(第 1 课时)教学设计

【内容分析】

本节课研究的水是继空气之后，学生日常生活中最为熟悉的物质之一。本课题使学生对水的认识进入分子层面。本节课内容呈现的方式模拟了史实的研究过程，分"水的生成"和"水的分解"两步展开。整个过程将知识的获取、科学过程的体验和科学方法的学习融为一体，教育内涵丰富，学习情境生动，有利于激发学生学习的积极性。教科书结合前面所学的元素、氧气等知识，从物质组成上的区别归纳出单质、化合物、氧化物的概念。本节课的学习也能为学生从宏观到微观的跨越奠定基础。单质、化合物的学习不仅丰富了物质分类的内容，也是将物质进一步分类的依托。因此，本节课在知识的衔接上处于承上启下的地位。

【学情分析】

通过小学科学课和中学物理课的学习以及生活经验的积累，学生不仅知道水是常见的物质之一，而且对水的物理性质也有一定的了解，但对于水的组成并不完全了解。在学习本节课之前，学生具备了判断化学变化、鉴别氧气的方法、书写化学反应文字表达式等技能，但如何以变化观念和平衡思想探究水的组成，对于他们来说是崭新的。学习过程中将宏观、微观和符号结合起来，这对学生来说也是陌生的。

【教学目标】

(1) 认识水的组成。

(2) 通过实验，观察并能正确描述氢气的常见物理性质及可燃性，会进行氢气的验纯。

(3) 通过分组实验及对实验现象的观察，能准确描述水通电分解实验的现象、结论。

(4) 通过氢气的燃烧和水的分解实验探究水的宏观组成及微观构成。

【评价任务】

(1) 能正确描述观察到的实验现象。

(2) 通过小组交流与讨论，能得出合理的结论。

(3) 基于实验现象能实现宏观—微观—符号的转化。

【教学过程】

教学环节	教师活动	学生活动	设计意图
创设情境	化学是研究物质的哪些方面呢？物质组成的基本成分是什么呢？水是否由一种元素组成的？ 拉瓦锡发现水的组成的故事(教科书中的资料)。	感受水的存在及与人类的关系。回忆已学过的知识，过渡到水的组成。 阅读教材，体验科学家进行科学探究的过程。	创设情境，激发求知欲。 对元素的提出有个大体认识。
自主学习	如何证明一种物质是由不同种元素组成的？	学生讨论、交流、发言。 得出结论：要证明一种物质是由不同种元素组成的，可以把这种物质分解，通过证明产物的方法来证明，也可以通过把不同物质化合来证明。	认识实验研究和创新思维的重要性，学会从个别到一般、从一般到个别的学习方法。
合作交流	提供资料： 1. 水$\xrightarrow{电解}$氢气＋氧气 通过电解水的方式把水分解，然后验证产物。 2. 如何检验氧气？ 3. 如何检验氢气？ 介绍检验氢气的方法。	回忆已学过的知识，思考讨论。	
分组实验	分组实验，引导学生观察以下实验： 1. 电解水； 2. 检验氧气； 3. 检验氢气。 探讨教科书中的“讨论”栏。 以上实验说明水是由什么元素组成的？	观察：气泡、气体体积，检验氧气、氢气等。 分析，讨论，交流，发言。 书写文字表达式。 学生阅读教科书中的相关内容，对这段内容进行理解并提出质疑。	培养观察能力，体会实验探究的辛苦与成功的喜悦。
宏微结合	用磁扣等直观演示水电解、氢气在氧气中燃烧反应的微观过程。	思考并分析水电解的微观本质。	从定性实验到定量实验，引导学生培养运用不同研究思路与方法进行科学探究的能力。

案例点评

【亮点】

(1) 利用多种教学方式,使学生了解人类认识水的组成的过程,体验人类探究世界的方法,增强科学探究的精神和科学态度与责任。科学史的教育使学生认识到人类认识自然、了解物质经历了复杂的过程,这有助于增强学生的科学责任。

(2) 本课例利用空气成分的测定、汞与氧气反应、氧化汞分解,分析探讨研究化合物元素组成的方法,比较有新意。氢气的燃烧实验是认识水的组成的开始。对水的电解实验的探究,让学生主动体验探究过程,增强其科学探究和创新意识。本课例从水的分解和氢气与氧气反应这两个反应来研究水的组成,从设计实验、观察实验现象、分析实验现象到推导结论,层层深入,是关于科学探究方法应用得很好的实例。

(3) 学生通过磁扣演示进行模型认知,直观感受水的组成,初步了解化合物、氧化物和单质的概念的区分。

(4) 在氢气燃烧、水的电解、磁扣演示过程中,学生进行观察和比较,认识从理论到实践、从一般到具体的研究方法。学生学会从宏观到微观的观察和分析,进一步深化对宏观—微观—符号表征之间的相互解释和相互关系的理解。

【建议】

本节课有关水的组成的内容比较抽象,尽管应用了多种方式来建构知识框架,但是教师仍需要做好学生学习不够透彻的心理准备。不要着急,一定要循序渐进。

第 3 节　水的三态变化

教学设计

【内容分析】

本节课的内容以学生身边很熟悉的物质——水为载体,引导学生从微观角度分析水的三态变化,通过想象、讨论、交流,归纳概括分子的共同特征。本节课的目的是帮助学生尽早建立起物质世界的微粒观,为后面学习化学变化的实质做好铺垫。

【学情分析】

通过小学科学课和中学物理课的学习以及生活经验的积累,学生不仅知道水是常见的物质之一,而且对水的物理性质以及三态变化也有一定的了解。

初三的学生已了解物质能发生三态变化和发生这些变化的条件,但不能自发地从微观角度去看待和分析物质的变化,对于水的凝结、蒸发等司空见惯的现象的本质的探究欲望还有待激发。所以,要在学生生活和已有知识的基础上,设置情境,激发思维,交流碰撞,释放潜能,形成共识。

学习过程中将宏观、微观和符号结合起来,对学生来说也是陌生的。

【教学目标】

通过实验，能观察到冰、水、水蒸气之间的转化，并能认识到物质状态的变化是分子之间间隔的变化。

【评价任务】

（1）能正确描述观察到的实验现象。

（2）通过小组交流与讨论，能得出合理的结论。

（3）基于实验现象能实现宏观—微观—符号的转化。

【教学方法】

讲授法、以实验为主的“引导发现法”、合作探究教学方法等。

【教学过程】

<table>
<tr><th rowspan="2" colspan="2">活动环节</th><th colspan="2">师生活动过程</th><th rowspan="2">活动设计目的</th></tr>
<tr><th>教师活动</th><th>学生活动</th></tr>
<tr><td colspan="2">活动引入</td><td>用课件展示云、雾、雨、露、霜、雪、冰等自然景象。</td><td>观看并思考水为什么有三态变化。</td><td>利用学生熟悉的生活常识激发学生的兴趣，调动学生的积极性。</td></tr>
<tr><td rowspan="3">活动的展开与深化</td><td>活动的展开</td><td>讲解：要想弄清水为什么有三态变化，就要进入微观世界，以分子观点进行探讨。</td><td></td><td>知道水是由水分子构成的，引导学生建立宏观世界和微观世界的联系，并逐渐形成物质世界的微粒观。</td></tr>
<tr><td rowspan="2">活动的深化</td><td>提问：如果将 20 毫升酒精和 20 毫升水混合，体积是多少？为什么会这样？
在学生实验和表达的基础上得出“分子间有间隔”的结论。</td><td>探究一：每个小组的学生把 20 毫升酒精和 20 毫升水混合。实验验证并进行交流。</td><td>1. 培养动手能力和同学之间的协作能力。
2. 通过探究结果让学生知道：构成物质的分子间有间隔。</td></tr>
<tr><td>探究二：进行如图所示的演示实验。
</td><td>1. 观察，思考，发挥想象力，进行猜想。与教师形成共识：冰融化是由水分子间隔变化引起的。
2. 利用橡皮泥、烧杯和牙签，设计水的固、液、气三态模型。</td><td>1. 培养学生的空间想象能力和动手能力。
2. 培养学生设计并完成实验的能力。
3. 通过探究结果让学生知道“水分子的间隔能变化”，进而得出“分子在不停地运动”这一结论。</td></tr>
</table>

续表

活动环节		师生活动过程		活动设计目的
		教师活动	学生活动	
活动的展开与深化	活动探究	将冰块放入烧杯中，用酒精灯缓慢给冰块加热，观察现象。	探究三：利用氨水、酚酞试液进行如图所示的实验。 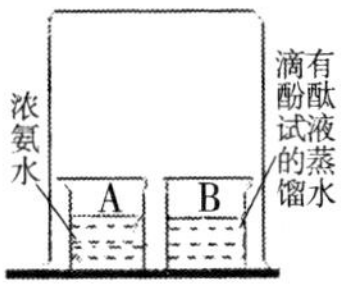	
		结论： 分子是构成物质的一种微粒，它们都是由原子构成的；分子的质量和体积都很小；分子是不断运动的；分子之间有间隔。	分析下面的资料并计算："已知 1 滴水大约有 1.67×10^{21} 个水分子。如果将每个水分子比喻成直径为 4 厘米的乒乓球，这些'乒乓球'排在一起有多长？能绕地球几圈？" 小组内交流：分子的性质。	让学生认识分子的大小，感受它们的"小"，进一步激发学生对微观世界的兴趣。
		构成物质的分子间有间隔，且分子是不断运动的。那么，分子运动速率的高低和彼此间的间隔与什么因素有关？ 总结：分子间隔和运动快慢的变化是由分子吸收或失去能量导致的。	探究四：学生进行猜想，并以小组为单位选择利用玻璃片、滴管、酒精灯、火柴、水等验证猜想。	1. 让学生学会用对比实验的方法进行探究。 2. 探究了能量与分子运动的关系。
		教师出示一组课堂练习。	学生独立完成。	完成知识的反馈，学生能初步学会用分子的观点解释日常生活中的现象。
		同学们，本节课你们学到了哪些知识？	学生从知识、思维方法、情感方面对知识进行重新构建。	让学生对知识形成过程中使用的思维方法进行新的理解和感悟。

续表

活动环节	师生活动过程		活动设计目的
	教师活动	学生活动	
总结与评价	1.分子是构成物质的一种基本粒子,它们都是由原子构成的。 2.通过探究知道:分子的质量和体积都很小;分子是不断运动的;分子之间有间隔。 3.水的三态变化是由分子自身的能量、运动速率、分子间隔和排列方式的改变造成的。		注重对本节课重点知识的回顾,以利于学生建构知识结构。

案例点评

【亮点】

通过实验探究,学生对水的三态变化有了深入的理解。学生在学习过程中认识到水是由水分子构成的、水分子之间是有间隔的,而且分子之间的间隔会发生变化,从而水的状态也会发生变化。在学习知识的过程中学生从宏观现象深入到了微观本质,建立了化学观念,锻炼了科学思维,发展了科学探究能力。

【建议】

(1) 缺少教学评价。教学过程要有多样化的教学评价,以促进学生更好地发展。

(2) 缺少“布置作业”环节。作业可以帮助学生更牢固地掌握所学内容。

第八章　物质分离、检验与制备类实验教学典型案例及其评析

第1节　粗盐中难溶性杂质的去除

教学设计

【内容分析】

该实验内容主要是去除粗盐中的泥沙等难溶性杂质，在2011年和2022年两版初中化学课标中均为学生必做实验之一，是高中阶段进一步学习粗盐中可溶性杂质去除的基础，起着承上启下的作用。本实验通过引导学生利用实验室的仪器和药品，将粗盐样品进行初步的提纯，从而熟悉溶解、过滤、蒸发等基本实验操作，并从定量的角度根据提纯所得的精盐质量计算精盐的产率，学会分析实验误差产生的原因，从而提高定量分析的能力。此外，该实验是九年级化学教科书中关于物质分离与提纯的实验之一，可以帮助学生建构物质分离类化学实验探究活动的一般思路和方法，提高学生分析、解决真实情境中与简单分离与提纯相关的实验问题的能力。

【学情分析】

学习本节课之前，在知识方面，学生已初步了解氯化钠的性质和用途，知道氯化钠的溶解度与温度的关系；在实验技能方面，学生已学习了溶解、过滤等实验操作的原理和方法，也知道可以通过蒸发结晶的方法提纯食盐。

在学习此实验之前，学生也学习了一些分离物质的实验，如分离液态空气、水的净化等。但学生对溶解、过滤、蒸发等实验操作缺少动手实践，相关实验操作技能需要锻炼，学生的自主探究能力、抽象思维能力有待提高。

【教学目标】

(1) 通过体验固体混合物初步提纯的实验过程，学习蒸发操作技能，巩固溶解、过滤操作技能及注意事项。

(2) 通过经历粗盐提纯的一般步骤，初步学习利用物质溶解性的不同分离物质的思路与方法。

(3) 发展合作探究能力，培养合作精神。

【评价任务】

教学阶段	目标要求	任务名称
深化理解模型	目标 2	深化对建构物质分离模型的理解
设计方案	目标 2	应用物质分离模型，设计粗盐提纯的方案
制订实验步骤	目标 1、2	根据实验方案，设计粗盐提纯的具体实验步骤
实施实验	目标 1、3	开展粗盐提纯的分组实验

【教学过程】

环节	教师活动	学生活动	设计意图
情境导入	播放视频《舌尖上的中国——海水晒盐》，介绍粗盐和精盐，引导学生观察两者外观的异同点。 提出学习任务：如何将粗盐转化为精盐？即如何将氯化钠与杂质进行分离？	听讲，观察，思考	创设情境，情境与生活结合，从实验观察中收集证据，获得感性认识，激发学生的学习兴趣，从情境中引出学习任务。
深化理解模型	回忆并思考空气的分离、水的净化两大物质分离类实验，深化理解分离物质的基本思路与方法。	回忆，思考，讨论，深化理解建构物质分离模型。 ①明确实验目的，确定要分离或提纯的物质； ②分析混合物中的物质组成； ③分析混合物中各组成物质具有的性质，区分物质性质的不同； ④设计实验方案，主要包括选择合适的分离方法和所使用的试剂； ⑤实施实验及交流、反思、评价。	强化了“性质决定用途”的观念，建构物质分离类化学实验探究活动的一般思路和方法。

续表

环节	教师活动	学生活动	设计意图
设计方案	根据物质分离模型，思考：为去除粗盐中的难溶性杂质，实验的具体思路该如何设计呢？ 任务1：明确实验目的，确定要分离或提纯的物质。 任务2：分析混合物中的物质组成。 任务3：分析混合物中各组成物质具有的性质，区分物质性质的不同。 任务4：设计实验方案。	按照物质分离模型，思考粗盐中难溶性杂质去除的相关问题，构建粗盐中难溶性杂质去除的具体思路。 任务1：氯化钠。 任务2：氯化钠、难溶性杂质（如泥沙）及可溶性杂质。 任务3：氯化钠和可溶性杂质都能溶于水，泥沙等难溶性杂质难溶于水，且氯化钠的溶解度受温度影响较小。难溶性杂质可以用过滤的方法去除，氯化钠用蒸发结晶的方法从溶液中分离。 任务4：溶解、过滤、蒸发结晶。	提高学生分析、解决真实情境中与简单分离与提纯相关的实验问题的能力，提高利用知识解决实际问题的能力。
制订实验步骤	做好实验准备，设计实验操作步骤，引导学生总结实验细节和注意事项，并对学生的回答进行点评。 ①溶解：用托盘天平称取5.0 g粗盐，缓慢加入盛有10 mL蒸馏水的小烧杯中，边加边用玻璃棒搅拌至粗盐不再继续溶解。称量剩下的粗盐质量为X，则10 mL水中实际溶解的粗盐为$(5.0-X)$ g。 ②过滤：将浑浊食盐水沿玻璃棒倒入漏斗，遵循“一贴二低三靠”原则进行过滤。 ③蒸发和结晶：将澄清的滤液倒入蒸发皿，用酒精灯加热，并用玻璃棒不停地搅拌，有大量固体析出时停止加热，并在实验操作时介绍此步操作的注意事项。 ④计算产率：用玻璃棒把固体转移到纸上，称量后，回收到指定的容器中。将提纯后的氯化钠与粗盐比较，计算产率。	思考，交流，师生讨论，得出具体的实验步骤，明确各步骤的注意事项。	掌握相关实验仪器的使用方法。 深化对溶解度概念的理解，强化对溶解操作的注意事项的记忆，培养操作技能和观察能力。 培养观察、归纳总结能力。

续表

环节	教师活动	学生活动	设计意图
实施实验	指导学生两人一组完成实验。	两人一组合作完成实验。在实验的具体操作中发现问题，训练实验技能。	培养学生的实验操作技能。提高动手能力，强化合作精神。
交流讨论	引导学生交流讨论，分析实验成败的原因，指导分析影响精盐产量的主要因素。	反思，归纳，总结	系统归纳，形成完整的知识体系。
归纳小结	师生一起归纳本节课的内容。		

案例点评

【亮点】

(1) 学生主动参与，积极探究。本节课是一节以学生为主体、以素养培养为目标的基础实验活动课。该实验改变了传统的讲授式实验教学，改变学生"照方抓药"式的模仿实验操作方式；结合之前所学，使学生深入理解分离物质的思路与方法；引导学生结合实际问题进行充分的自主思考与探究，自主设计实验活动的具体方法和步骤；指导学生在理解原理和步骤的基础上进行实验，在活动中体会独立思考、自主实验的快乐和满足感。该实验学生课堂参与度高，教学效果较好。

(2) 建构模型，解决问题。本节课并不只是停留在粗盐提纯的目的层面，更注重通过粗盐提纯，进一步深入理解物质分离的思路与方法，建构物质分离模型，从而提高学生在陌生的情境中，面临相似的问题时，能够应用模型解决实际问题的能力。

【建议】

可让学生通过学习教科书中的相关内容自主学习实验步骤。在学生实验过程中，教师可通过收集实验设计及操作证据引导学生总结实验的注意事项，进一步激发学生的探究欲。

第 2 节　溶液的酸碱性

教学设计

【内容分析】

1. 课标要求

了解用酸碱指示剂(酚酞、石蕊)和 pH 试纸检测溶液酸碱性的方法。

2. 教材分析

酸、碱与指示剂的作用和溶液的酸碱度这部分内容,在人教版教科书中位于九年级化学下册第十单元。溶液酸碱性的强弱对化学反应、人体健康及工农业生产有重大的影响,因此,学习检验溶液的酸碱性、测定溶液的酸碱度有重要的意义。本节课的内容是初中化学教科书中的重点内容,不仅是对前面所学知识的总结,还与高中化学知识关系密切,具有承上启下的作用。由于溶液的酸碱性与酸碱度有密切的联系,本节课将人教版教科书的相关内容进行整合,把溶液的酸碱性与溶液的酸碱度放在一起学习,以便于学生理解与掌握。

【学情分析】

本节课的教学内容是在学生学习溶液的相关知识之后,知道溶液的某些性质的基础上展开的。而溶液的酸碱性也是溶液的特性之一,对此学生并不陌生。例如,在第三单元学生接触过氨水能使酚酞溶液变红的实验,在第六单元学生接触过二氧化碳的水溶液能使石蕊溶液变红,学生已经具有相应的知识,但没有进行深入系统的学习,对酸碱度的知识还比较陌生。

【教学目标】

(1) 了解使用酸碱指示剂检验溶液的酸碱性。

(2) 了解利用 pH 试纸来定量地测定溶液的酸碱度,知道 pH 与溶液酸碱性的关系。

(3) 认识溶液的酸碱性对生产、生活及生命活动的重要性,提高学习化学的积极性。

【评价任务】

(1) 针对目标(1),能使用指示剂检验酸性溶液、碱性溶液并能正确描述实验现象。

(2) 针对目标(2),能正确使用 pH 试纸测定溶液的酸碱度,根据溶液的 pH 判断溶液的酸性、碱性的强弱。

(3) 针对目标(3),能说出溶液的酸碱性对生活、生产及生命活动的影响。

【教学过程】

<table>
<tr><th>教学环节</th><th>教师活动</th><th>学生活动</th><th>设计意图</th></tr>
<tr><td>创设情境，引入新课</td><td>【播放视频】播放《盛开的绣球花》。初夏是绣球花的世界，绣球花开时，团团簇簇惹人喜爱。更令人惊奇的是，它的花瓣会变色，最初开花时是白色，后为黄绿色，渐转为蓝色或粉红色，最后变为蓝色或红色。
【提问】
1.为什么同一株绣球花的花瓣会呈现不同的颜色？
2.你知道生活中哪些物质呈酸性，哪些物质呈碱性吗？
3.如何检验溶液的酸碱性呢？
【科学小故事】
英国科学家波义耳发现指示剂的过程。</td><td>欣赏绣球花之美，思考绣球花变色的原因。
问题1：可能与土壤的酸碱性有关。
问题2：食醋、柠檬呈酸性，碱面、熟石灰呈碱性。
问题3：回忆之前实验用到酚酞、石蕊溶液，讨论确定物质是酸还是碱的方法。</td><td>通过绣球花的变色及酸碱性检验导入新课，激发学生的学习兴趣，同时把学生的思维引向深层。
联系学生学过的知识，达到温故知新的目的。
介绍化学史实，培养学生严谨求实的科学态度。</td></tr>
<tr><td>自主学习</td><td>【思考】
1.什么是酸碱指示剂？石蕊溶液、酚酞溶液遇到酸溶液、碱溶液的变色规律是什么？
2.如何测定溶液的酸碱度？</td><td>【阅读教科书】
【汇报展示】</td><td>培养学生自主学习、独立思考的良好习惯以及表达交流的能力。</td></tr>
<tr><td>合作学习</td><td>【任务一】探究酸、碱与指示剂的作用。
【分组实验1】分别取少量待测液加入试管中，滴加几滴指示剂，观察并记录现象。
<table><tr><th>待测液</th><th>紫色石蕊</th><th>无色酚酞</th></tr><tr><td>白醋</td><td></td><td></td></tr><tr><td>苹果汁</td><td></td><td></td></tr><tr><td>石灰水</td><td></td><td></td></tr><tr><td>氢氧化钠溶液</td><td></td><td></td></tr></table></td><td>小组合作动手实验，记录实验现象。
【交流展示】
1.紫色石蕊溶液遇酸溶液变红色，遇碱溶液变蓝色；无色酚酞溶液遇酸溶液不变色，遇碱溶液变红色。
2.石蕊溶液、酚酞溶液可用于检验溶液的酸碱性。
3.生活中一些花卉或果实的汁液也可以作为酸碱指示剂。</td><td>使学生初步感受酸碱指示剂的作用，培养学生的观察能力、动手能力、归纳总结能力，激发学生学习化学的兴趣。
体会化学源于生活，进一步激发学生的学习兴趣。</td></tr>
</table>

续表

<table>
<tr><th>教学环节</th><th>教师活动</th><th>学生活动</th><th>设计意图</th></tr>
<tr><td>合作学习</td><td>【分组实验 2】自制酸碱指示剂。
把紫甘蓝切碎后放在研钵中，用研杵捣碎，加入酒精浸泡，用纱布将浸泡的汁液过滤，将汁液分别加入酸、碱溶液中，观察汁液颜色的变化。
<table><tr><td rowspan="2">指示剂（汁液）</td><td colspan="4">在不同溶液中的颜色变化</td></tr><tr><td>白醋</td><td>苹果汁</td><td>石灰水</td><td>氢氧化钠溶液</td></tr><tr><td>紫甘蓝</td><td></td><td></td><td></td><td></td></tr><tr><td>牵牛花</td><td></td><td></td><td></td><td></td></tr><tr><td>胡萝卜</td><td></td><td></td><td></td><td></td></tr></table>【任务二】测定溶液的酸碱度。
【讨论】
1. 稀盐酸和稀硫酸的酸性强弱是否一样？氢氧化钠溶液和氢氧化钙溶液的碱性强弱是否相同？
2. 如何用化学方法检验溶液的酸性或碱性的强弱？
【讲解】酸碱度的概念以及测定溶液 pH 的方法。
【演示实验】
在玻璃片上放一小片 pH 试纸，用玻璃棒分别蘸取待测溶液滴到 pH 试纸上，把试纸显示的颜色与标准比色卡比较，读出该溶液的 pH 并填写在下表中。</td><td>小组交流，汇报展示。
问题 1：可能不同。
问题 2：用 pH 试纸。
倾听并观察正确的实验操作，学习基本的操作技能。
观察并记录实验现象。</td><td>认识不同的物质，其酸碱度可能不同。
认识同一种物质，浓度不同时，其溶液酸碱度不同，进一步理解溶液的酸碱度不仅与物质的性质有关，还与溶液的浓度有关。
对知识进行建构，提高学生逻辑思维能力。
认识生活中常见溶液的酸碱性，培养学生的实验操作能力，增强合作意识。</td></tr>
</table>

续表

<table>
<tr><th>教学环节</th><th>教师活动</th><th>学生活动</th><th>设计意图</th></tr>
<tr>
<td>合作学习</td>
<td>
<table>
<tr><th>待测液</th><th>pH</th><th>酸碱性</th></tr>
<tr><td>质量分数为 0.037%盐酸 1 mL</td><td></td><td rowspan="2"></td></tr>
<tr><td>将上述盐酸加水稀释至 100 mL</td><td></td></tr>
<tr><td>质量分数为 0.049%硫酸 2 mL</td><td></td><td rowspan="2"></td></tr>
<tr><td>将上述硫酸加水稀释至 2000 mL</td><td></td></tr>
<tr><td>质量分数为 0.04%氢氧化钠溶液 1 mL</td><td></td><td rowspan="2"></td></tr>
<tr><td>将上述氢氧化钠溶液加水稀释至 100 mL</td><td></td></tr>
<tr><td>氯化钠溶液</td><td></td><td></td></tr>
</table>
【讨论】通过实验,你认为溶液酸碱性的强弱和 pH 有什么关系?
【分组实验 3】测定生活中一些常见物质的 pH。
<table>
<tr><th>待测液</th><th>pH</th><th>酸碱性</th></tr>
<tr><td>糖水</td><td></td><td></td></tr>
<tr><td>肥皂水</td><td></td><td></td></tr>
<tr><td>自来水</td><td></td><td></td></tr>
<tr><td>小苏打水</td><td></td><td></td></tr>
<tr><td>白醋</td><td></td><td></td></tr>
<tr><td>柠檬水</td><td></td><td></td></tr>
<tr><td>洁厕灵</td><td></td><td></td></tr>
<tr><td>炉具清洁剂</td><td></td><td></td></tr>
</table>
</td>
<td>分析实验数据,小组讨论,得出如下结论:
1. 酸性溶液的 pH<7,酸溶液的浓度越大,酸性越强,溶液的 pH 越小;碱性溶液的 pH>7,碱溶液的浓度越大,碱性越强,溶液的 pH 越大;中性溶液的 pH=7。
2. 同一种物质,浓度不同,溶液的酸碱度也不同。
小组合作,完成实验。</td>
<td></td>
</tr>
</table>

续表

教学环节	教师活动	学生活动	设计意图
合作学习	【任务三】溶液的酸碱性与生命活动的关系。 【展示】 人的体液和排泄物的 pH 的正常范围及几种农作物生长最适宜的 pH。 【思考】 正常雨水的 pH≈5.6，为什么正常雨水会呈酸性？ 【揭秘】 为什么同一株绣球花会出现不同的颜色？ 【讲解】绣球花的颜色变化是靠土壤的酸碱性调节的。土壤呈酸性，绣球花变为蓝色，呈碱性变为红色，中间过程会掺杂绿色和白色。	阅读教科书中相关内容，并与同学进行交流、分享。 解释：空气中的二氧化碳与水反应生成碳酸，碳酸呈酸性，pH＜7。 倾听，了解化学对植物的影响。	体会溶液的酸碱性对人类的重要作用，培养应用知识解决问题的能力。
反思交流	1. 这节课你最大的收获是什么？ 2. 你学会了什么新方法？ 3. 你还想了解什么？	请一名学生对照板书，整理思路，进行表述，其他学生进行补充，形成完整的知识体系。	给学生提供交流展示的机会，培养学生的表达能力。
课后巩固	1. 基础性作业 现有三瓶没有标签的溶液，分别是稀盐酸、澄清石灰水和氯化钠溶液，如何把它们鉴别开来？ 2. 实践性作业（任选其一） (1)从家里的花盆里取少量土壤样品。将土壤样品与蒸馏水按照 1∶5 的质量比混合，充分搅拌后静置。用 pH 试纸测澄清液体的酸碱度，并上网查阅该土壤是否适合这种花卉生长。 (2)测定最近一段时间本地雨水的 pH，绘制时间-pH 关系图，判断本地区是否已经出现酸雨。 (3)上网查阅资料，怎样能使家里种植的绣球花开得更蓝或更红？	学生课后按要求完成作业。	1. 基础性作业具有一定的开放性，这有利于培养学生综合应用知识的能力。 2. 实践性作业涉及跨学科知识，这有利于培养学生的实践能力。

续表

教学环节	教师活动	学生活动	设计意图
板书设计	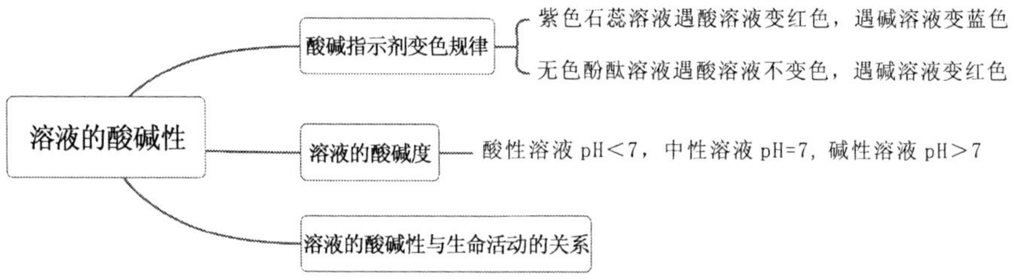		

案例点评

【亮点】

本节课在设计上力求突出学生的主体作用，通过创设情境引发学生思考，通过猜想、实验验证、推理、交流等教学活动，使学生初步形成自主、合作、探究的能力。

1. 注重整合教科书中的内容

本节课对人教版教科书九年级化学下册第十单元的内容进行了整合，将课题 1 第一部分的内容“酸、碱与指示剂作用”和课题 2 第三部分的内容“溶液酸碱度的表示法——pH”整合成一节课，使溶液酸碱性的检验结构更加合理，内容更加完整。

2. 注重过程和方法的教学

化学是一门以实验为基础的学科。本节课以学生的学习活动为中心，以实验探究活动贯穿整节课的教学，通过学生动手探究获取知识，培养学生的探究能力，增强学生的实践能力，能有效地激发学生的学习兴趣，培养学生从生活中发现化学、从化学中感悟生活的能力，形成热爱生活、关注社会的意识。

3. 注重学科思维的渗透

通过指示剂遇酸、碱溶液颜色变化的对比，让学生归纳指示剂的变色规律；通过测定酸性、碱性、中性溶液的 pH，使学生归纳出酸性、碱性、中性溶液的 pH 范围，初步运用比较、分类、分析、综合、归纳等方法认识物质，并运用物质特有的性质鉴别物质。整节课体现了知识是载体、方法和思路是教学的根本。

【建议】

(1) 学生在学习过程中往往认为同一物质的溶液的 pH 一定相同。在检验溶液的酸碱性强弱环节，由于 pH 试纸测定出来的是整数，不够精确。如果能用酸碱计来测定同一物质不同浓度的溶液的 pH、不同物质同一浓度的溶液的 pH，更能帮助学生理解溶液的 pH 不仅与物质的性质有关，还与溶液的浓度有关。

(2) 教学评价单一，教学过程要多层次、多维度对学生进行评价。

(3) 本节课学习难度不是很大，可以让学生亲自设计实验，动手操作，自行探究，体验解决困惑后的喜悦。

第 3 节 制备二氧化碳

教学设计

【内容分析】

1. 课标要求

初步学习二氧化碳的实验室制取方法，归纳实验室制取气体的一般思路与方法。

2. 教材分析

本课题是人教版教科书九年级化学上册第六单元的教学内容，在全书乃至整个化学学习过程中，都占有重要地位。它是培养学生在实验室中制取某种气体时，根据实验需要选择药品和仪器、设计装置、进行科学探究及完善实验室有关气体制备知识等的最佳素材。上好这节课对学生今后学习化合物知识、化学基本实验及提高探究能力都有深远的影响。

【学情分析】

通过学习“氧气的实验室制取与性质”，学生对实验室制取气体的知识有了一定的了解，具备实验室制取氧气的知识基础和相应的实验操作技能，并积累了一定的探索问题的经验，对于气体制备需要考虑的反应原理、实验装置、气体验证等问题也比较熟悉。在老师设置问题的指引下，学生能进行自主探究、小组讨论并得出结论。但学生缺少主动建构实验室制备气体的思维模型，设计并评价制备装置的能力较弱。

【学习目标】

(1) 通过对多种获取二氧化碳方法的讨论和分析，选择能用于实验室制取二氧化碳的反应原理。

(2) 复习制备氧气装置的选取，结合二氧化碳的相关性质，对比不同装置的特点，会选择适合实验室制取、检验、验满二氧化碳的装置和方法。

(3) 结合实验总结梳理实验室制取气体的一般思路和方法。

【评价任务】

(1) 针对目标(1)，学生通过解释和论证实验方案，总结实验室制取气体需要考虑的因素，并会选取合适的实验室制取二氧化碳的方法和原理，能用化学方程式正确书写实验室制取二氧化碳的反应原理。

(2) 针对目标(2)，学生回忆制取氧气时的发生装置和收集装置，会自行设计制取二氧化碳的装置，能对比不同的实验装置并进行合理评价。

(3) 针对目标(3),学生通过参与二氧化碳的制取过程,总结实验室制取气体的一般思路,并能根据资料信息选取合适的实验室制取气体的原理和装置。

【教学过程】

环节	课堂实施		设计意图
	教师活动	学生活动	
情境引入	【导入新课】人工降雨。 二氧化碳是人工降雨小能手。你知道实验室如何制取二氧化碳吗?这就是我们今天要学习的主题。	观看视频。	通过讲解二氧化碳的用途引入课题,激发学生的兴趣,引发学生思考。
	【明确学习目标】 我们需要从反应原理、制取、检验、验满等方面进行研究;然后归纳实验室制取气体的一般思路和方法。		明确目标和学习思路。
探究反应原理	【选择反应物】 你知道通过哪些途径可以获得二氧化碳气体? 引导学生总结实验室制取气体需要考虑的因素:①反应速率是否适中?是否便于收集?②反应条件是否易达到?③制得的气体是否纯净?④是否绿色环保?⑤对实验操作者是否安全?等等。	列举可获得二氧化碳的方法,并逐一进行分析是否适用于实验室制取。	通过对比,学生在真实的情境中对实验方案进行解释和论证,加深理解实验室制取二氧化碳选取反应物的理由。通过观察实验现象获取化学事实,并能初步运用分析、归纳等方法进行论证和推理,培养科学思维。
	【实验探究】资料卡片:含碳酸根离子的化合物能和稀盐酸或稀硫酸反应产生二氧化碳。 取两支试管,分别放入块状大理石和碳酸钠,再加入等量等浓度的盐酸。另取两支试管,分别放入块状大理石和碳酸钠,加等量等浓度的稀硫酸。 因大理石和稀硫酸反应刚开始产生的气泡现象不明显,采用数字化仪器,并与大理石和稀盐酸反应作对比,呈现装置内的压强图像。	观看实验视频并注意记录现象,对比反应速率的快慢。 选择合适的实验原理,并总结选择原则。	

续表

环节	课堂实施		设计意图
	教师活动	学生活动	
探究反应原理	讲解大理石与稀盐酸的反应原理。 $2HCl+CaCO_3=CaCl_2+H_2O+CO_2\uparrow$		使学生将宏观现象与符号表征紧密联系，渗透反应原理书写规律。
	【联系实际】二氧化碳可用于灭火、人工降雨，也可作为气体肥料，需要工业大量生产。	类比工业制氧气考虑的因素，分析工业制取二氧化碳的原理。	
探究实验装置	【温故知新】归纳总结选择发生装置和收集装置的依据。 【类比分析】将二氧化碳和氧气的实验室制取原理与性质进行比较，从而确定实验室制取二氧化碳的发生装置为固液常温型，收集装置通常采用向上排空气法。 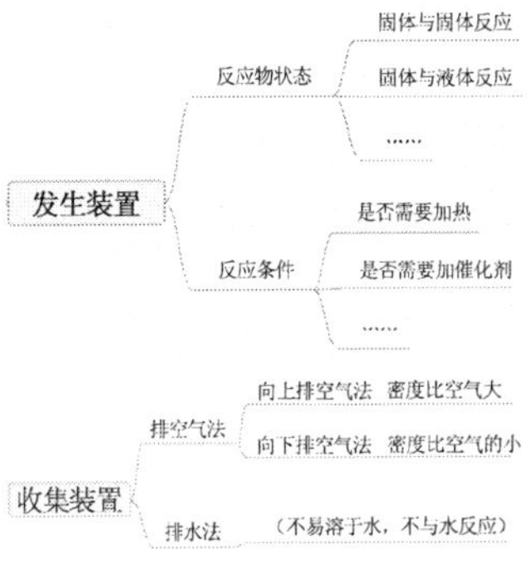	回忆制取氧气时选取的发生装置和收集装置。	使学生在回忆已学知的基础上推测新知，学会类比。涉及二氧化碳性质的内容，以资料卡片的形式呈现，培养学生收集信息、应用知识的能力。
	【课堂小结】引导学生总结实验室制取二氧化碳的反应原理和实验装置。	总结实验室制备气体的一般思路和方法。 1.确定反应原理：选择合适的反应物、生成物和反应条件。 2.确定实验装置：选择合适的发生装置和收集装置。	实现知识从个别到一般的转化，初步建构气体制备实验操作的基本模型，发展科学思维。

续表

环节	课堂实施		设计意图
	教师活动	学生活动	
	提供以下仪器，让学生设计制取二氧化碳的装置。 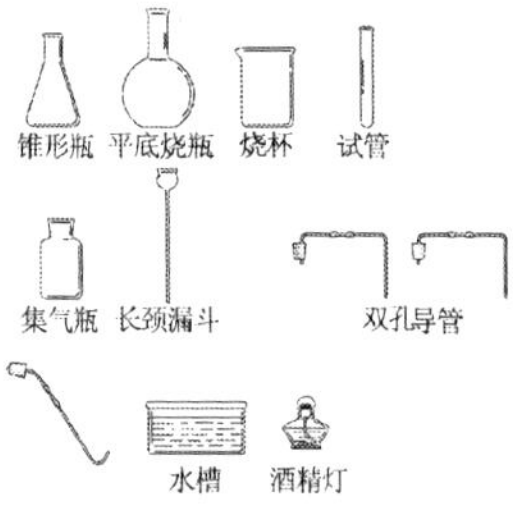 	【小组活动】请根据实验台上提供的仪器设计制取二氧化碳的装置；或另选仪器；还可利用生活中的替代品，在学案上画出装置图。	开阔学生思维，引导学生根据不同的需求，选择不同的装置进行实验，培养学生的创新意识和科学探究能力。
探究实验装置	【总结交流】选取有代表性的学生作品进行展示并分析。用老师提供的实验器材可以组装成多种实验装置。 发生装置通常由反应容器和加液仪器两部分组成。常见的反应容器有试管、平底烧瓶和锥形瓶，常见的加液仪器有长颈漏斗和分液漏斗。 收集装置采用向上排空气法。 【评价装置】老师展示具有不同特点的实验装置，演示并引导学生分析和评价。 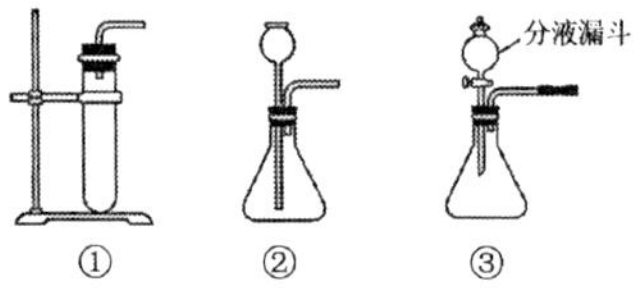 	分析以上制取装置的共同点，进行分类汇总。 1. 分析各装置的特点： (1)装置简单； (2)便于随时添加液体药品； (3)还可以控制反应。 2. 使用装置注意事项： (1)长颈漏斗末端管口须浸没在液面以下； (2)伸入橡胶塞的导管露出橡胶塞少许即可； (3)收集装置中的导管口应接近集气瓶底。	培养学生分析归纳的能力。 培养学生发现问题、分析问题及解决问题的能力。

续表

环节	课堂实施		设计意图
	教师活动	学生活动	
进行实验	【分析步骤】实验室制取二氧化碳的操作分四步：检查装置气密性，装药品，检验气体，收集气体。 (1)如何检查装置的气密性？ (2)装药品的顺序有要求吗？ (3)如何检验二氧化碳？ (4)用什么方法收集二氧化碳？如何验满？	(1)如何检查长颈漏斗装置的气密性？ 先用止水夹将导管夹紧，向长颈漏斗中加水。若长颈漏斗下端出现一段稳定的水柱，则证明装置气密性良好。 (2)装药品时，先固后液。固体药品装在锥形瓶中，液体药品沿长颈漏斗加入。	
	引导学生思考：如何检验二氧化碳？ 要利用二氧化碳的特性——能使澄清石灰水变浑浊，而不用燃着的木条来检验。因为多种气体都不支持燃烧，也不可燃。 用向上排空气法收集，并用燃着的木条在集气瓶口验满。		
	【实验操作】提醒学生要注意操作要点。 【总结交流】引导学生总结实验室制取二氧化碳的步骤。 【课堂小结】总结实验室制取气体的一般思路和方法。	(1)连接装置，检查装置的气密性； (2)取几小块大理石放入锥形瓶中，加入适量稀盐酸，用带长颈漏斗的双孔橡胶塞塞紧； (3)用澄清石灰水检验二氧化碳气体； (4)用向上排空气法收集一瓶二氧化碳气体并验满； (5)整理实验台。	培养学生规范进行实验操作的能力。
反馈测验	【反馈练习】	课堂小测验。	对本节课所学内容进行巩固。

案例点评

【亮点】

（1）本节课的设计坚持发挥学生的主体作用，对比多种可获取二氧化碳的方法，总结适合实验室制取二氧化碳的方法；回忆氧气的实验室制取内容，类比推测实验室制取二氧化碳的装置类型。

（2）通过问题驱动和实验探究活动，并结合生活中的用品，帮助学生将化学实验与实际生活紧密联系。

（3）利用投屏技术，将学生设计的实验装置（尤其是创新的实验装置）展示在大屏幕上。这种展示可以锻炼学生的表达能力，激活学生的思维。

【建议】

这部分涉及的内容较多，课堂容量大，如何分配各个环节的时间是课堂进度把握的难点。